Dem Glück nachgeholfen

UDO BAUS

Dem Glück nachgeholfen

und andere Jugenderinnerungen

mit Illustrationen von
WOLFGANG SEIPENBUSCH

Bibliografische Information der Deutschen Nationalbibliothek:
Die Deutsche Nationalbibliothek verzeichnet diese Publikation
in der Deutschen Nationalbibliografie; detaillierte bibliografische
Daten sind im Internet über http://dnb.dnb.de abrufbar.

© 2015 Udo Baus
Satz, Umschlaggestaltung, Herstellung und Verlag:
BoD – Books on Demand

ISBN: 978-3-7392-7545-1

Inhalt

Vorwort 7

Dem Glück nachgeholfen 9

Die Entdeckung 19

Hochwasser 25

Im Bauch des Donnersberges 33

Nachtmahl 41

Von Saubohnen und Winterkirschen 49

Lagerleben 83

Ein Jugendhaus besonderer Art 99

Unterm Kesselhaus 107

Aufgespiesst 113

Als ich einmal ein Bauernbub war 127

Lumpenbälle 143

Einführung in die Technik 153

Ben Hur 167

Eingemachte Reptilien 183

Kriegsware(n) 203

Epilog: Der erste Kuss.. 249

DANK 257

Vorwort

In den Jugenderinnerungen des Autors wird die Kindheit der im 2. Weltkrieg geborenen Generation lebendig. Jener Generation, deren Wiege der Große Krieg war und deren Heranwachsen, bis in die Nachkriegsjahre, gleichsam eingebettet war in die Schrecken des Krieges und seine vielfältigen Nachspiele.

Wenngleich dieses „kriegerische Leitmotiv" im Schlusskapitel KRIEGSWARE(N) unausweichlich, wie es scheint, in einen grausigen Akkord mündet, kann dies nicht das eigentlich positive Gesamtbild trüben. Das Gesamtbild nämlich einer (erlebnis-)reichen, erfüllten Kindheit, die, im Vergleich zum heutigen, oft sterilen Kinderleben abenteuerliche Freiräume bot und so ein stets frischer und starker Quell der eigenen Erkenntnis und Erfahrung war, die ja doch immer noch die beste bleibt.

Bedingt war diese Entwicklung nicht nur durch den Lauf der Geschichte, sondern selbstverständlich auch durch die ländlichen Gegebenheiten der Heimat des Autors.

Hier verlief der Krieg, einschließlich seiner Folgen, doch irgendwie nur am Rande, was wiederum den Vorteil mit sich brachte, dass seine Ereignisse, selbst für damalige Knirpse, noch teils überschaubar blieben. Und milder, weil aus ganz anderer Perspektive, fällt diese kindliche Sicht noch allemal aus.

Um dem Unbeteiligten die Orientierung zwischen den, verständlicherweise, oft anonym gebliebenen Personen und Örtlichkeiten in etwa zu ermöglichen, sei noch das Folgende gesagt:

Das Geschehen spielt sich im südwestdeutschen Raum ab, der, als Grenzregion, nicht nur seit eh und je ein Tummelplatz fremden und auch eigenen Kriegsvolkes war, sondern, fast fünfzig Jahre nach dem Krieg, in den Gazetten den zweifelhaften Ruf des größten Heerlagers aller Zeiten genoss.

Ein guter Teil der Auftritte findet in einem Schloss statt, das äußerlich als solches heute kaum noch erkenntlich ist. Um 1600 erbaut, überstanden nur Partien des Erdgeschosses und die Kellerräume die Zerstörung durch die Franzosen und den anschließenden Teilabbruch Ende des 18. Jahrhunderts. Spätere bauliche Veränderungen brachten der Fassade schwere Verstümmelungen bei. Das Schloss war zur Zeit, in der die Geschichten spielen, und ist noch heute von einem Verwandten des Autors bewohnt, der in den vergangenen Jahren doch noch einen Teil seiner Jugendträume verwirklichen konnte, indem er die Erdgeschossräume teils wieder in den ursprünglichen Zustand versetzte.

Andere Szenen tragen sich in einem Seitentrakt des elterlichen Anwesens, einem damals abbruchreifen Fachwerkhaus, zu, das seinen schwerversehrten Zustand noch bis vor Kurzem bewahrt hatte.

Wald und Flur waren jedoch der beliebteste Schauplatz der Handlungen, worunter man sich ein stark gegliedertes Mittelgebirge vorzustellen hat, mit vornehmlich Buchen, aber auch Eichenwäldern, mit viel Schwarz- und Weißdornheckengestrüpp, mit zahlreichen aufgelassenen Steinbrüchen, Felsen, Erzgruben, Burgruinen, Bächen, Wiesen und was Kinder sonst noch alles brauchen.

Die in diesem Band gesammelten Erzählungen rufen in etwa den Zeitraum von 1944–1957 in Erinnerung, wobei sich die einzelnen Kapitel nicht in chronologischer Folge darstellen, sondern jeweils bestimmte Themenkreise behandeln. Gewiss stellen sie nur eine zufällige, gedächtnisbedingte Auswahl dar. Viele weitere unvergessene Erlebnisse bleiben in der Erinnerung der Beteiligten bewahrt, tief drinnen, dort wo sie keiner nehmen kann.

Dem Glück nachgeholfen

Das Pflaster wurde aufgerissen. Von einem zum anderen Ende des Ortes, über den Marktplatz hinweg, zog man einen tiefen Lokaläquator.

Es war das Pflaster der Straße, über die schon die Reisigen der nahen Burg der Grafen von Falkenstein gezogen waren; und später, im Dreißigjährigen Krieg, die Schweden, die Spanier, die Kroaten und so weiter. Von der nahen Grenze waren immer wieder die Franzosen zu Besuch gekommen, zwischendurch auch die Österreicher. Schließlich hatten Napoleons Marschkolonnen, bayerische Soldaten, die Truppen des deutschen Kaiserreiches, Freischärler, Separatisten, die Reichswehr der Weimarer Republik, die reichsdeutsche Wehrmacht, die Amerikaner und zuletzt wieder einmal die Franzosen, samt ihren kolonialen Hilfsvölkern, diese Straße getreten.

Die Franzosen hatten, durch ständige Zerstörungen, schon vielem Alten zu Neuem verholfen. Aber jetzt war ein endgültiges Aufräumen im Gange. Nicht nur das Pflaster wurde entfernt, sondern sogar der alte Bohlenweg, der, halbmannstief darunter, zum Vorschein kam. Kein Mensch wusste, wie alt dieser wohl war. Er schien die einst sumpfige Niederung wohl erstmals passierbar gemacht zu haben. Auch große Flussperlmuscheln kamen dabei ans Licht und brachten Leben in eine Lageskizze des Ortes, die, im Jahre 1739 verfertigt, an Stelle der heutigen Straße noch das Ufer eines ausgedehnten Sees angezeigt hatte.

Der ganze Aufwand mit der Buddelei hatte den Zweck, eine Kanalisation zu verlegen. Es war übrigens die erste des Ortes, was wohl entschuldigt, dass hinterher, als sie fertiggestellt war, ein Teil des Dorfes nicht an die Röhren angeschlossen werden konnte, weil sie zu hoch lagen. Aber so weit sind wir ja noch gar nicht mit unserer Geschichte.

Vielmehr ergab sich, dass in der Nachbarschaft, zwischen zwei Häusern, ebenfalls gegraben wurde, um die Zuleitung zur Kanalisation zu verlegen.

Eines der Häuser gehörte einem jungen Schreiner und war eigentlich kein Haus, sondern mehr eine Aneinanderreihung von Wohnhaus, Anbauten, Scheune, Schuppen, Werkstatt und nochmals Anbauten, so wie es sein Vater, der alte Schreinermeister, nach und nach gebaut und ihm schließlich übergeben hatte. Das Handtuch von einem Grundstück war zipfelig und zerknittert im alten Ortskern eingeklemmt und durch einen hohen Drahtzaun vom Nachbargrundstück getrennt.

Dort hatte ein Bauer, in gelungener Harmonie, nach und nach das gleiche Hüttenwerk aufgebaut, mit Wohnhaus, Stallungen, Scheune, Schuppen und Anbauten. Und was das Grundstück betraf, so konnte es, in seiner verwachsenen Schmalbrüstigkeit, durchaus mit der Nachbarschaft konkurrieren.

Zwar waren Bauer und Schreiner gläubige katholische Christen, doch, wie es oft gutnachbarliche Sitte ist, seit eh und je einander nicht grün. Doch kehren wir zurück zum Fortgang der Bauarbeiten, die alsbald schicksalhaft ihren Lauf nahmen.

Es geschah nämlich das Unerhörte, dass ein Bauarbeiter im roten Lehm zwischen den beiden Häusern auf einen Schatz stieß, einen wahren und regelrechten Gold- und Silberschatz! Ein erklecklicher Haufen Münzen kam da ans Tageslicht, die jüngsten Stücke wohl aus napoleonischer Zeit und – Fügung des Himmels (wenn's wahr ist) – keinen Meter tief gelegen und somit staatlichem Zugriff entzogen, will heißen Eigentum des Grundbesitzers.

Wer war aber nun der Grundbesitzer? Für den Schreiner war die Sache klar: Er war's! Für den Bauern war die Sache ebenfalls klar: Natürlich war er es!

Ohne nun den geneigten Leser auf hinterhältige Weise um das Ende dieser Episode zu betrügen, wollen wir an dieser Stelle doch unterbrechen und später gerne auf den Ausgang der Geschichte zurückkommen, die ja doch nur Anstoß, Anlass und Einleitung war zu der nun folgenden Geschichte, die hier erzählt werden soll.

Denn eines war jedenfalls keine Frage: Insgeheim brach ein wahrer Goldrausch oder doch zumindest das Schatzsucherfieber aus. Ein jeder hielt von da an Augen und Ohren auf, wühlte auch mal hier und dort, stets in Bange, unachtsam am verborgenen Glück vorüberzugehen, und immer wohlbedacht, keine Aufmerksamkeit zu erregen.

Dieser Ausbruch allgemeiner Betriebsamkeit im Bereich der Baustelle hielt auch noch bei Dunkelheit an und sollte sich später, für die Ausführung unserer damit zusammenhängenden Pläne, leider als recht hinderlich erweisen. Was andererseits nicht heißen will, dass sie nicht dennoch, wenn auch ganz anders als eigentlich vorgesehen, erfolgreich gewesen wären.

In uns reifte nämlich augenblicklich die Idee, der gespannten Erwartungshaltung der Erwachsenen ein gutes Stück entgegenzukommen und dem vielleicht doch recht ungewissen Zufall, einen zweiten oder gar dritten Fund zu machen, etwas nachzuhelfen.

Also begaben wir uns unverzüglich in das unerschöpfliche Reservoir von Vetter Rolfs Schlosskeller (wie im Vorwort erwähnt, den Resten eines tatsächlichen Schlosses), um Brauchbares zu finden. Als hinreichend altertumsträchtig erschien uns dort alsbald ein irdener Krug, der allerdings noch den jugendlich wirkenden Nachteil totaler Unversehrtheit besaß. Aber ein geschickter Schlag gegen den Henkel half diesem Übel rasch ab und den frischen Bruchstellen rückte man kunstfertig mit Kerzenruß und Lehm zu Leibe. Worauf man sich ins Mansardenzimmer von Freund Janos zurückzog und ans Werk ging.

Zunächst galt es, einen Text zu verfassen, der sich an historischen Tatsachen dieser Gegend möglichst anlehnen und Bezug auf hier bekannte Personen oder doch zumindest Geschlechter dieser Zeit nehmen sollte. Zu diesem Zweck geeignet und interessant genug schienen uns schließlich die einstigen Herren der zuletzt als Raubritternest zerstörten Burg Hohenfels.

Leider ist das „Dokument", das wir dann verfassten, später verloren gegangen und auch sein Inhalt nicht mehr vollständig in Erinnerung. Doch ist noch so viel bekannt, dass es von einem fiktiven Ritter Kuno von Hohenfels handelte, der seiner Nachwelt eine Anweisung gab, die es ermöglichen sollte, in der heutigen Burgruine einen Silberschatz zu heben.

Der Vorteil dieser Darstellung lag darin, dass es tatsächlich eine diesbezügliche Legende gab, die schon manche Fantasien der Einheimischen erhitzt hatte. Inspiriert wurden wir auch durch eine Inschrift im Schloss, die recht geheimnisvoll und in uns schwer verständlicher Sprache besagte, wer soundsoviel Klafter tief grabe, der gelange auf die alten Grundmauern des Schlosses. (Es hat übrigens nie einer gegraben; wer gräbt schon gerne alte Fundamente aus? Ja, wenn's Goldstücke gewesen wären!)

Um das Maß der Geschichts- und Geschichtenverwirrung voll zu machen, missbrauchten wir das Mittelhochdeutsch des Nibelungenliedes als Vorlage. Unseren Geschichts- und Deutschlehrer hätte es gegraust!

Als „Pergament" wählten wir ein Stück Butterbrotpapier. Dafür leisteten wir uns den Aufwand, mit einem echten Gänsekiel und echter Pelikantusche zu schreiben. Anschließend behandelten wir das Papier liebevoll mit dem Bügeleisen, so dass es nicht nur leicht gelblich wurde, sondern sogar einige zünftige Seng- und Brandstellen abbekam. Ein Siegel durfte auf keinen Fall fehlen, und da uns sowohl der rote als auch der braune Siegellack, den wir im Schreibwarenladen kauften, zu neu und sauber aussahen, mischten wir die beiden Farben einfach ein wenig. Ein Stück rotes Weihnachtsband wurde ebenfalls mit dem Bügeleisen traktiert und zuletzt mit dem Siegellack dekorativ auf dem „Dokument" befestigt.

Eine der wesentlichen Tugenden der Jugend ist ja bekanntlich die Ungeduld. Man kann sich vorstellen, wie wir darauf brannten, unser Werk endlich an den Mann zu bringen. Während ich noch mit Hingabe dabei war, per Linolschnitt (dieses Mal wäre unsere Zeichenlehrerin entzückt gewesen) ein kunstvolles Wappen als Siegel zu fertigen, dauerte es Janos einfach zu lange und er drückte stattdessen einen achteckigen Sixpence in den Siegellack. Nun hatten wir den kleinen Nachteil zu verzeichnen, dass die Schrift des Geldstückes spiegelverkehrt zu lesen war, was andererseits den unbestreitbaren Vorteil mit sich brachte, dass man nicht gleich lesen konnte, was vielleicht in wunderlicher Beziehung zum Text des Schriftstückes gestanden hätte.

Es soll hier keine ausführliche Anleitung für Altertumsfälscher gegeben werden, doch sei noch der Vollständigkeit halber vermerkt, dass ein Lederriemen von enormer Länge, der ursprünglich ein unrühmliches Ende als Schnürsenkel nehmen sollte, wie auch ein Fensterleder, das allzu profanem Gebrauch entzogen wurde, das Kunstwerk schließlich vervollständigten. Und zwar wurden Fensterleder und Lederriemen tüchtig mit Altöl (es sollte ja alt aussehen) gesalbt, das dann, wegen des verräterischen Geruches, wieder ausgewaschen wurde.

Dann wurde mit einer gehörigen Portion wirklich alten Staubes vom Dachboden gepudert. Ein Teil des Riemens wurde um das zusammengerollte Pergament geschlungen und wieder auf die bewährte Weise versiegelt. Es war vollbracht!.

Gewaltige Vorfreude bemächtigte sich unser und wir machten uns noch am gleichen Abend auf den Weg, den Schatz an geeigneter Stelle dem glücklichen Finder sozusagen direkt vor die Nase zu legen.

Wenn es damals auch, wie gesagt, noch keine Kanalisation gab im Dorf, so gab es doch bereits eine verdammt unangenehme Straßenbeleuchtung. Die und die vielen Schatzsucher, die da noch unterwegs waren, ließen uns ganz einfach nicht zum Zuge kommen. Wir versuchten es zwei Tage später erneut, doch mit dem gleichen Misserfolg.

Irgendwie waren wir dabei in die Richtung geraten, in der mein Bruder, damals noch etwas außerhalb des Ortes, ein kleines Häuschen bewohnte. Da dies die Zeit war, in der man erstmals von seinem heurigen Johannisbeerwein probieren konnte, nahmen wir gerne die Gelegenheit zu einem Besuch wahr.

Nun begab es sich, dass hinter dem Häuschen ein Haufen alten Holzes gestapelt war, das dort gottergeben auf den Ofen wartete. Hier verstauten wir unseren Sack mit dem Krug und sprachen stattdessen dem Beerenwein zu, soweit es unser noch unterentwickeltes Stehvermögen damals erlaubte. Was bei Janos übrigens nicht gut ging, denn sein Vater war bei der Rückkehr über seine Fröhlichkeit wenig erfreut. Doch waren wir wohl alle vom süßen Vergessen befallen, denn wir hatten den Sack zurückgelassen. So erschraken wir gewaltig und meinten, jetzt würde mein Bruder den Fund an wenig beziehungsreicher Stätte machen und alles sei umsonst gewesen.

Zum besseren Verständnis des weiteren Verlaufes dieser Geschichte müssen wir nochmals auf den Ausgangspunkt zurückkommen. Was den Münzfund anging, war nämlich eines verschwiegen worden (der Leser muss ja schließlich nicht alles wissen). Eine Kleinigkeit war im Bericht über die Fundumstände unterschlagen worden, die den unbefangenen Beobachter recht seltsam anmuten musste, wenngleich sie behördlicherseits nie weitergehende Beachtung fand. Besagte Geldstücke waren nämlich, als man sie fand, in einer Art dicken Packpapiers eingewickelt gewesen, wobei sich dieses Papier, kurioserweise, in noch recht gutem Zustand antraf.

Das gab, wenn auch nur in privaten Gesprächen, zu allerlei Spekulationen Anlass, die schließlich alle, mehr oder minder, im Verdacht mündeten, der Schatz hätte wohl noch nicht allzu lange am Fundort gelegen, und den vormaligen Schatzvergräber habe vermutlich eine gewisse Illegalität, verbunden mit verdächtigem Zeitdruck, zum Verbuddeln gebracht.

Um nun mit dem zweiten Teil der Geschichte fortzufahren: Es kam, wie es kommen musste! Mein Bruder fand bereits am nächsten Tag unseren Sack mit dem Krug. Und, unausweichlich, kam er zu der wunderbaren logischen Verknüpfung, dass, was im ersten Fall wohl illegal abgelaufen sei, hier durchaus (warum auch nicht!) so genauso, oder doch zumindest so ähnlich, gewesen sein könnte. Sprich, wer immer wo und wie diesen neuerlichen Schatz gefunden haben mochte, jetzt war er da, und man fragte nicht weiter nach dem Warum; warum er nämlich gerade hier beim Häuschen des Bruders hinter die Holzstapel gestellt worden sei; dies alles ungefähr nach dem bewährten Motto vom geschenkten Gaul.

Doch was nun? Dies war ja noch nicht die Zeit der Nostalgie, die in den kommenden 1970er-Jahren so erstaunliche Blüten treiben sollte. Niemand hätte damals im Traum daran gedacht, einen solchen Fund klammheimlich, als verborgenen Augenschmaus, für sich im stillen Kämmerlein zu horten. Nein, ganz im Gegenteil!

So etwas musste ans Licht der Öffentlichkeit, bestimmt, bewertet, eingeordnet und nicht zuletzt natürlich auch stolz hergezeigt werden!

Kompetent zur Klärung aller offenen Fragen, zur Lösung aller Rätsel, ja auch zur Entschleierung verborgenster Geheimnisse, waren schon immer die Dorfschullehrer. Sind doch auch tatsächlich nicht wenige von ihnen zu wirklichen Gelehrten geworden.

Also hin mit dem Krug zum pensionierten Lehrer und Vorzeigen war eins, gleich am nächsten Tag. Der staunte nicht nur, nein begeistert war er nachgerade von diesem einmaligen Zeugnis bodenständiger Geschichte. Das war, unverkennbar, eine echte Sensation! Hier musste umgehend die Obrigkeit informiert werden, ein Fall für den Fachmann lag hier vor! Das weit entfernte Landesarchiv wurde telefonisch alarmiert und innerhalb der nächsten Tage ein Ortstermin vereinbart.

Der Bruder schwelgte derweil in Plänen den Fund selbstverständlich der staatlichen Sammlung zu überlassen, gegen eine angemessene Entschädigung, versteht sich. Das Dokument aber, nebst allen zugehörigen Utensilien, sollte in originalgetreuen Fotos seine Wände zieren.

Dann spitzte sich die Lage zu. Der Fund wurde auch unserem Vater ausführlich vorgestellt. Nun hatten wir in diesem Falle das Pech, einen von Natur aus skeptischen Vater zu besitzen. Skepsis wiederum sieht bekanntlich schärfer hin, und das tat er denn auch. Er hatte nie eine Brille gebraucht, und als er sich jetzt, mit schon vorab reichlicher Ungläubigkeit, das Siegel aus der Nähe besah, stutzte er kurz, holte einen dick beglasten Zwicker des Großvaters zu Hilfe und geriet alsbald in äußerste Belustigung. „Das ist ja die Elisabeth!", rief er vergnügt. „Ich lache mich kaputt! Da haben sie euch aber schön geleimt!"

Er ließ keinen Einwand zu und ich musste hilflos mitansehen, wie der überschwänglichen Freude meines Bruders frostige Zweifel übergestülpt wurden und allmählich einer zunehmenden Verunsicherung Platz machten. Ich hielt mich vorsichtig zurück, immer in der Hoffnung, dass das Spiel noch eine kleine Weile seinen Lauf nehmen könne.

Erst Tage später, als alles schon vorbei war, erfuhren wir, dass es dem Bruder gelungen war, die Zweifel des Vaters auf den Lehrer zu übertragen, der schließlich den Schalk erkannte und den Archäologen gerade noch von seiner Dienstreise abhalten konnte.

Nachdem dieses Rätsel also gelöst war, ging man an die Lösung der nächsten Frage, nämlich der nach den Urhebern des Schabernacks. Da wagten wir uns schließlich an ein Geständnis. Ein Jammer für uns Buben, dass das Spiel mit Kuno von Hohenfels zu Ende gespielt war. Wir hatten dem Glück nachgeholfen, wenn auch nur für kurze Zeit, so doch immerhin.

Kein Glück, um dies noch, wie versprochen, abschließend zu berichten, hatte übrigens der Bauer, der sich mit dem Schreiner um die Gold- und Silberstücke stritt. Um dem Glück seinerseits etwas nachzuhelfen, hatte er den Grenzverlauf zwischen den benachbarten Grundstücken neu vermessen lassen. Dabei stellte sich heraus, dass der wirkliche Schatz auf des Schreiners Grund und Boden gefunden worden war. Der Bauer zahlte die nicht unerheblichen Vermessungskosten und der Schreiner baute sein bescheidenes Hüttenwerk zu einem viel größeren Hüttenwerk aus, um und so weiter. Von da an waren sie beide noch mehr verfeindet als früher.

Mein Bruder aber, als enttäuschter Schatzsucher oder, besser gesagt, -finder, hat uns dagegen alsbald verziehen und später noch gerne, mit der ganzen Familie, über unseren Streich von damals gelacht.

Die Entdeckung

Grenzenlose Neugierde und eine blühende Fantasie waren schon immer die unerschöpfliche Quelle kindlicher Lebensfreude. Was reimt sich kindliches Vorstellungsvermögen nicht alles zusammen, wenn es will!

Zum Beispiel, dass im Schloss des Vetters mit Sicherheit verborgene Räume zu finden sein müssten, geheime, heute nicht mehr bekannte Verstecke.

Man musste sich ja nur die enorm dicken Mauern anschauen, das verwinkelte Innenleben des Schlosses dazu betrachten und die diversen baulichen Änderungen berücksichtigen: Schon war gar kein anderer Schluss möglich als der, dass hier zwangsläufig irgendwelche Raumzwickel entstanden sein mussten, die später einfach zugemauert worden waren. Sollte es sich dabei auch nicht gleich um funkelnde Schatzkammern handeln, so war uns der Gedanke, in den Besitz eines nur uns bekannten Versteckes zu gelangen, doch Anreiz genug, mit der Suche zu beginnen.

So wurde das ganze unübersichtliche Bauwerk vom Keller bis zum Speicher inspiziert. Jedwede bauliche Ungereimtheit wurde vermessen, abgeklopft und von allen Seiten begutachtet. Das war übrigens gar nicht so einfach, waren doch etliche Gebäudeteile und Räume vermietet und damit unserem Zugriff entzogen oder doch zumindest teilweise die Untersuchung erschwert.

Etliche Male wähnten wir uns bereits am Ziel unserer Hoffnungen, doch fanden die vermeintlichen baulichen Rätsel stets eine hundsgemein reale Erklärung.

Mehrmals entpuppten sich vermutete Hohlräume in verblüffender Weise als mächtige Mauern. Gelegentlich waren sogar tatsächlich solche abgeschnittenen Zipfel da, aber dann stellte sich heraus, dass sie von irgendeiner Seite her zugänglich und auch genutzt waren.

Doch eines Tages war es so weit! Dort, wo das hintere Treppenhaus beginnt, drängt sich ein dickleibiger Vorsprung in das Flurende. Die

Räume auf dieser Seite waren vermietet, was uns aber nicht hinderte, unter einem Vorwand einzudringen und eine Ortsbesichtigung zu vorzunehmen.

Es wohnte damals in dieser Wohnung eine Flüchtlingsfamilie aus Pommern, wenn ich mich recht entsinne.

Die Familie bestand aus nicht mehr ganz jungen Eltern und einer dafür weniger alten Tochter (das, was man später Teenager nannte). Die Tochter war, ohne Übertreibung, ein Augenschmaus. Blond, blauäugig, von frühentwickelten, wohlgeformten Proportionen, kam sie allzeit liebreizend und munter, frisch wie die Gesundheit persönlich, daher (heute hätte man sie mit dem kessen Prädikat „sexy" versehen).

Wir Buben waren noch etwas zu feucht hinter den Ohren für die Dorfschönheit und mussten uns so damit begnügen, sie heimlich anzuhimmeln, sprich mit den Augen zu verschlingen, was sie wohl auch weidlich genoss. So weit zu diesem besonderen Schatz des Schlosses, der uns erfreulicherweise nicht verborgen blieb und von dem wir später noch hören sollen.

Der heimliche Rundblick in der Wohnung war von überzeugendem Resultat. Die flurseitige Wand verlief, von der rätselhaften Ausbuchtung im Flur ausgehend, spitzwinklig nach außen. Die rückwärtige Begrenzung der Wohnung wiederum war so weit nach innen gesetzt, dass sowohl seitlich zum Flur als auch in Verlängerung zur Fortsetzung des Gebäudes noch ausgesparter Raum existieren musste.

Nun ging es natürlich nicht an, im Flur einfach ein Loch in die Wand zu hacken. In der Wohnung selbst war schon gar nicht an einen solchen Eingriff zu denken. Von unten her, durch den Fußboden, ging es auch nicht; die Räume im Erdgeschoss waren viel zu hoch, außerdem wohnte dort, in den Kreuzgewölben, die Großmutter. Also blieb nur eines: von oben durch die Decke. So ging es hoch zum Speicher, immer bemüht, die Orientierung zum ersten Obergeschoss nicht zu verlieren.

Der Speicher war, den Dimensionen des Gebäudes entsprechend, weitläufig. An seinem straßenseitigen Ende befand sich der Zugang zu einer kleinen, achteckigen Turmstube, von der wir bereits Besitz ergriffen und uns abenteuerlich eingerichtet hatten. Ein Ziegenfell hing an der Wand und selbstverständlich gekreuzte Säbel und bronzene Kerzenhalter. Weiter gab es zwei niedere Bänke und eine eisenbeschlagene Truhe, mit flachem Deckel als Tisch.

Der Dachboden war überhaupt ein schier unerschöpfliches Reservoir für uns, ein Füllhorn wunderlicher Dinge, von denen uns nicht wenige als hervorragende Requisiten zur Ausschmückung unserer wildbewegten Vorstellungen dienten; sei es zur Dekoration unserer zahlreichen Unterschlupfe in und außerhalb des Schlosses, des baufälligen Fachwerkhauses auf dem elterlichen Anwesen oder draußen, in den Verstecken der Natur.

Zu einer Stelle in diesem nostalgischen Dschungel zog es mich immer wieder hin. Es war eine der beiden Mansardenkammern, die sich eingangs am Rande befanden. Dort stand auf dem Boden, an der Wand angelehnt, ein weibliches Porträt, das mich auf unerklärliche Weise magisch faszinierte und mir, auch in späteren Jahren, stets gegenwärtig war.

Als ich mein Junggesellendasein aufgab und die Familie des Vetters mich nach einem besonderen Wunsch bezüglich des Hochzeitsgeschenkes fragte, war dies die einmalige Gelegenheit, mich dieser Jugendliebe zu erinnern und so, unerwartet, in den Besitz dieses Bildes zu gelangen, das sich als Kopie des Florentiners Domenico Veneziano, eines Malers der Frührenaissance in der Mitte des 15. Jahrhunderts, erwies.

Neu gerahmt und leicht durch den Regen lädiert, der vom Dachfenster her zuzeiten eindrang, hängt es seither bei mir zuhause, wirklich bei mir, und ist so stetige Inspiration zu weitläufigen Gedankenausflügen in die Kindheit. Als unsere Tochter, als Kleinkind auf dem Arm getragen, des Porträts ansichtig wurde, reckte sie ihm ihr Ärmchen entgegen und sagte „Mama!". In der Tat ist eine gewisse Ähnlichkeit mit meiner Frau nicht von der Hand zu weisen, und so hat dieses Bild seine geheimnisvolle Bedeutung für mich, wie es scheint, weiter eindrucksvoll demonstriert.

Wenn ich an diese Schatzkammer unter dem Dach denke, dann erinnere ich mich auch stets des großen hölzernen Grammophons, das dort zwischen allerlei Kuriositäten stand. Es hatte Jalousientüren und der Trichter war kunstvoll aus verschiedenfarbigen Hölzern gefertigt. Das Gerät sah aus wie neu, und nachdem sich sogar noch Päckchen mit Stahlnadeln und reichlich Schallplatten in seiner Nähe fanden, hätte einer Probe nichts mehr im Wege gestanden. Doch sollte es dazu gar nicht erst kommen, denn der Vetter öffnete, einer spontanen Eingebung folgend, den Hosenladen und zirkelte geschickt seinen Strahl in den Trichter. Wir Zuschauer erstarrten vor Schreck, aber er amüsierte sich umso köstlicher.

Aber schweifen wir nicht zu weit ab auf diesem wunderlichen Terrain. Wenden wir uns vielmehr jener Stelle zu, wo wir vom Dachboden her zum Ziel unserer Wünsche, zu jenem vermuteten, verborgenen Raum vordringen wollten.

Diese Stelle war, von besagter Ausbuchtung im Flur des oberen Stockwerkes ausgehend, in der Fortsetzung des Aufgangs zum Dachboden leicht auszumachen.

Wir versahen uns also mit geeignetem Werkzeug, wie einer Brechstange, einer langen spitzigen Eisenstange sowie einem Vorschlaghammer und öffneten als Erstes die Dielen. Darunter kam die alte Decke zum Vorschein, die aus geflochtenen Eichenknüppeln mit einer Lehm-Stroh-Füllung bestand. Wir hackten die überaus zähen, federnden Eichenknüppel mühsam mit dem Beil durch und begannen ein Loch in die Tiefe zu treiben.

Selbstredend waren wir bemüht, unter geringstmöglicher Geräuschentwicklung zu arbeiten, wozu wir einen mehrfach gefalteten alten Sack über die Eisenstange hängten, um den Schlag des Hammers zu dämpfen. Als das Loch eine gewisse Tiefe erreicht hatte, begannen wir die Schläge vorsichtiger zu dosieren. Trotzdem wäre uns beim Durchbruch die Stange fast in die Tiefe entglitten. Es gab ein blechernes Gepolter und Getöse; wir hielten den Atem an, pressten den Kopf auf den Boden und peilten abwechselnd mit einem Auge durch das Loch nach unten.

Der Anblick war umwerfend! Da stand doch tatsächlich unsere Dorfschöne, wie Gott sie geschaffen hatte, und er hatte sie wahrlich nicht schlecht geschaffen, mitten im Raum und schaute verwundert zur Decke hoch. Neben ihr war eine gefüllte Badewanne auszumachen. Mörtel lag auf deren Rand und zu Füßen der Schönen, und es schien uns, dass dies, wenngleich wir eine nicht minder aufregende Entdeckung gemacht hatten, wohl eher ein intimer als ein verborgener Raum sei.

Zu den unabdingbaren Voraussetzungen eines reizvollen Augenblicks gehört noch allemal, wie der Name schon sagt, eine angemessene Kürze der Zeitspanne. Nur so ist es dem Augen- und Ohrenzeugen später möglich, diesen raren Moment entsprechend zu würdigen.

So auch hier. Der Blick maßlosen Erstaunens, den die nackte Jungfer zur Decke schickte, ließ nur die Kombination zu, dass ein unverzügliches Forschen nach der Ursache dieser „Störung im Bade" alsbald zu erwarten sei.

Panik ergriff uns und wir die gelösten Dielen des Dachbodens. Diese wiederum als Bedeckung der schändlichen Blöße des Fußbodens benutzen und eine größere Kiste darüberschieben war eines, das Werkzeug zusammenraffen und sich aus dem Staube machen das andere.

Wir hörten, Gott sei Dank, nichts mehr in dieser Angelegenheit. Die Suche nach verborgenen Räumen war von da an nicht mehr aktuell und wir begnügten uns stattdessen damit, einen Platz auf dem Dächergewirr des verschachtelten Gebäudekomplexes zu besetzen, wo wir uns, zwischen zwei Dächern, ein weiteres geheimes Versteck einrichteten.

Immerhin hatten wir entdeckt, dass nicht nur verborgene Räume ganz schön aufregend sein können, vor allen Dingen dann, wenn sie, wie in unserem Fall, auch noch so ansprechend belebt sind.

Hochwasser

Mein Elternhaus, das ich in reiferen Jahren schon seiner Erinnerungen wegen kaufte, stand nahezu im tiefsten Punkt des Tales. Dieses Tal war eigentlich mehr ein Loch oder was die Geographen dezent einen Kessel nennen, im grünen Auf und Ab des bewaldeten Mittelgebirges. Es stand mitten im alten Ortskern und dennoch abseits, theoretisch im Wasser des ehemaligen Weihergebietes, wo auch heute noch das Bauen nur nach Auffüllen und dann immer noch riskant und deshalb, dem Himmel sei Dank, wenig geübt ist.

Tatsächlich stand es ja auch mit einer Seite fast im vorbeifließenden kleinen Fluss (oder großen Bach, wie man will), der nur durch ein paar Fußbreit Erde von der Hauswand getrennt war. Zumal dieser irdene Saum zum nassen Element mehr symbolischer Natur und je nach Jahreszeit und Wasserstand trocken oder überschwemmt war.

Das Mauerwerk hatte sich dieser feuchten Zuneigung auf die Dauer nicht verschlossen und zeigte ungeniert die Frucht seiner elementaren Beziehung in halber Höhe als Salpeterränder und -flecken. Daran hatte auch der Neubau kurz nach der Jahrhundertwende nichts ändern können, als, trotz des greifbar nahen Wassers, das Vorgängergebäude von 1859 abgebrannt war.

Wenn auch damals kein Verlass auf das feuchte Element gewesen war, so konnte man ihm, im Übrigen, doch eine anhaltende Zuverlässigkeit bescheinigen. Mindestens zweimal im Jahr trat nämlich der Fluss, samt seinem größeren Vetter, in den er in unmittelbarer Nähe mündete, über die Ufer und überschwemmte das ganze Wiesental, samt der spärlichen menschlichen Künsteleien wie Häuser, Gärten und Wege in seinem Bereich.

Das geschah meist so um die Jahreswende und dann nochmals zu Ende der großen Schneeschmelze im Frühjahr.

Meist begnügten sich die zwei nassen Schelme damit, viel Erde, Sand, Steine und Unrat in der Umgebung abzulagern, Keller, Scheunen,

Ställe und Schuppen unter Wasser zu setzen und Wege unpassierbar zu machen. Doch in größeren Zeitabständen trieben sie auch den Unfug so weit, bis zur Höhe der im Erdgeschoss gelegenen Fenster zu klettern und dort einfach, uneingeladen, in die gute Stube einzutreten; dies selbstredend nicht ohne oben erwähnte Mitbringsel, die sie dann freizügig verteilten.

War es ohnehin schon stets eine Heidenplackerei, in Erwartung des normalen Hochwassers, alle niedrigstehende oder lose Habe vorsorglich höher zu deponieren, um sie, nach Ende der Wasserspiele, wieder herabzunehmen, so war das Entfernen von Schlamm und Steinen zu den selteneren Gelegenheiten schon eine böse Prüfung, zumal Ersterer, nach kurzer Trocknung, steinhart zu werden pflegte.

Noch bis zu meiner Geburt hatte es im größeren der beiden Wasserläufe etliche Wehre gegeben, die man bei Bedarf mit Erfolg zur Wasserstandsregelung eingesetzt hatte. Doch schon mit Beginn des Krieges waren diese in Pflege und Handhabung vernachlässigt worden. Einmal noch soll sich ein junger Mann, der weit und breit als Original galt, unter Lebensgefahr bäuchlings auf das bereits randvolle Wehr begeben haben, um die drohende Gefahr durch ein gezieltes Öffnen der Sperre zu bannen. Vielleicht war er immer noch von diesem gefährlichen Mut besessen, als man ihn, trotz seiner eher kränklichen Natur, als Soldat einzog und alsbald vermisst meldete.

Jedenfalls gerieten die Wehre nach dem Krieg gänzlich in Vergessenheit, verfielen, und die Natur konnte sich wieder frei entfalten. Weil eine Dummheit jedoch selten allein einhergeht, folgte alsbald eine zweite, um die Sache zu verschlimmern.

Im Einzugsgebiet des Flusses, der eigentlich einen Lauf von nur bescheidener Länge, dafür umso mehr Gefälle aufzuweisen hatte, auf einem bewaldeten Berg, wurde für die neuen Herren, die als Sieger des Krieges eingezogen waren, abgeholzt, Unterkünfte wurden gebaut, betoniert, asphaltiert und kanalisiert. Das wäre vielleicht noch nicht ganz so tragisch gewesen, aber der Flugplatz, der dort angelegt wurde, mit seinen weitläufigen, befestigten Flächen, verschärfte die Situation schlagartig.

Das Wasser konnte nicht mehr wie bisher langsam ins Erdreich einsickern und vom Wald, wie von einem Schwamm, aufgesogen werden. Es lief jetzt vielmehr auf den festen Oberflächen rasch ab, durch die zahlreichen Dränagen und Kanäle geschwind in den Fluss, und der schwoll so hurtig an, dass sein Bett den Unsegen nicht mehr fassen konnte, sondern über die Ufer trat. Und dies immer häufiger, heftiger und schneller. Nicht mehr nur zu den gewissermaßen mit der Natur vereinbarten zweimal im Jahr, sondern jetzt bisweilen schon nach sommerlichen Wolkenbrüchen.

Heute sehe ich das so als gestandener und gelernter Mensch. Doch damals ... Als Buben scherten wir uns selbstverständlich einen Teufel um derartige Quellenforschung (im wahrsten Sinne des Wortes) und registrierten die zunehmenden Fluten mit wachsender Begeisterung.

Für solche Fälle musste man allerdings gerüstet sein. So wie den Tieren im Wasser, im Laufe der Evolution, Schwimmhäute und Flossen gewachsen waren, so wuchsen uns Boote, oder doch zumindest ähnliche Gebilde, die wir stolz als Boote zu bezeichnen wagten, als Produkt unserer Anpassung an die Gegebenheiten.

Da gab es zum einen einen alten Rettungsschlitten der Gebirgsjäger. Den hatten Jahre zuvor ältere Buben aus einem Depot der Amerikaner „rückgeführt", in welchem diese, nahe einem Gehöft, Ausrüstung der geschlagenen deutschen Truppen angesammelt hatten. Schließlich war er in einem Steinbruch sorgfältig versteckt worden und wir machten ihn, nachdem wir auf geheimnisvollen Umwegen davon Kenntnis erhielten, ausfindig.

Eigentlich war dieser Rettungsschlitten ja kein Boot, wenn auch aus Holz und in Spantenbauweise gefügt. Allerdings war die Form, bei etwas gutem Willen, flach bootsförmig, mit einem regelrechten, leicht hochgezogenen Kiel. Das offene Ende verschlossen wir einfach mit einem Brett.

Als wir das Gefährt erstmals zu Wasser ließen, zeigte sich, dass die Konstruktion ursprünglich wohl nicht diesem Zweck gewidmet

schien, denn es trat überall zwischen den Spanten Wasser ein. Dies war vermutlich auch auf die bisher trockene Aufbewahrung zurückzuführen. Aber das war kein unüberwindliches Hindernis für uns.

In den nicht mehr genutzten Nebengebäuden meines Elternhauses gab es ein ganzes Arsenal von Werkzeugen und Werkstoffen. Der Vorrat ging nie aus, eher im Gegenteil, denn mein Vater hatte sich immer den instinktiven Sammeltrieb des Menschen bewahrt, der schlechte Zeiten kennt und für alle Fälle vorsorgt, eingeschlossen jene, die nie eintreten. Selbstredend gab es da auch Kaltasphalt. Den erhitzten wir in einem alten Marmeladeneimer und dichteten so den Schlitten, beziehungsweise jetzt das Boot, von außen ab.

Zwar war die Wasserlinie dicht unter der Oberkante der Bordwand, doch war es immerhin möglich, gleichzeitig zwei von uns Leichtgewichten bei ruhigem Verhalten aufzunehmen, ohne dass das Wasser überschwappte.

Ruder bastelten wir uns selbst und waren nun im Besitz eines schnellen, wendigen Wasserfahrzeuges. Die Kielspante des Bootes war, des ursprünglichen Verwendungszwecks wegen, als breiter Ski ausgelegt. Sie sparten wir deshalb vom Teeren aus und hatten so die Möglichkeit, den Schlitten im Winter seinem angestammten Element wieder zuzuführen. Genau genommen besaßen wir also ein amphibisches Fahrzeug!

Mit der Zeit waren wir es jedoch leid, dass einer von uns dreien stets am Ufer zurückbleiben musste, so dass wir auf eine neue Möglichkeit sannen. Diese ergab sich in Form zweier leerer Ölfässer. Schließlich brachten wir meinen Vater dazu, jeweils das obere Drittel der Fässer der Länge nach mit einem Meißel abzutrennen, was übrigens eine Heidenarbeit war. Nachdem der scharfe Blechrand, der beim Auseinandermeißeln entstand, etwas sanfter gefeilt war, schnitt er uns noch ein Stück gutes Zinkblech zurecht, das als Bug dienen sollte.

Zuvor und inzwischen hatten wir unter großen Mühen wenig Geld zusammengekratzt, was damals eine lange Zeit brauchte, zumal Taschengeld weitgehendst unbekannt und auch für viele Eltern unerschwinglich war. Der Verkauf von leeren Flaschen und Altmetall war eigentlich unsere einzige nennenswerte Möglichkeit, an Geld zu gelangen.

So hatten wir endlich zwölf Mark beieinander und beknieten hartnäckig den Dorfschmied, der glücklicherweise ein gutmütiger Mann war, bis er unseren Wünschen entsprach. Die Fässer wurden der Länge nach hintereinandergesetzt, zusammengeschweißt und das Blech, zu einer Bugspitze geformt, davorgesetzt und ebenfalls angeschweißt. Auf einem Handwagen, der die Fracht kaum fasste, brachten wir das wunderliche Gebilde nachhause, bürsteten mit Stahlbürsten fleißig den Rost ab, strichen die Fässer mit Mennige rot an und trugen zudem außen noch einen Asphaltüberzug auf. Wir bastelten noch ein weiteres Paddel, und die Jungfernfahrt konnte beginnen.

Hatte beim ersten „Boot" die Schwierigkeit darin bestanden, dass das Ganze äußerst flach war, so war hier die Tücke des Objekts, dass das Ganze rund war. Es gab ja keinen Kiel, dafür wären die Flüsse und Bäche im Sommer eh zu flach gewesen. Also galt, hier wie dort, sich möglichst ruhig zu verhalten und das Gleichgewicht zu wahren, um ein Kentern zu vermeiden.

Nachdem auf diese Weise quasi eine Anleitung zum Schiffbau aus zweckentfremdeten Mitteln gegeben wurde, wollen wir jetzt auch von den abenteuerlichen Fahrten berichten, die ja Ziel und Sinn aller Mühen waren.

Zunächst einmal, als wir das Gerät noch nicht ausreichend beherrschten, überraschte uns ein heftiger Sommerregen. Wir waren in unserem Eifer in voller Kleidung in das Fassboot gestiegen und flüchteten, um nicht nass zu werden, wie wir sagten, unter die Brücke beim Elternhaus. Kaum waren wir dort von oben gesehen im Trockenen, kenterte durch unsere zu hastigen Bewegungen das Boot und wir waren jetzt von unten nass.

Bei einer der großen Überflutungen im Frühjahr war das Wiesental fast vollständig unter Wasser. So konnten wir beinahe bis zum gut ein Kilometer entfernten Nachbarort fahren. Dort stiegen wir aus, vertrieben uns die Zeit auf allerlei Weise und wollten nach einer Weile wieder den Rückweg antreten. Doch war das Hochwasser mittlerweile wieder so weit zurückgegangen, dass unser Fassboot auf dem Trockenen lag und wir das schwere Gefährt unter schweißtreibendem Zeitaufwand wieder ins tiefere Fahrwasser schleppen mussten. Auch unterwegs waren wir gezwungen, bei Untiefen immer wieder auszusteigen, um das Boot mit geringerem Tiefgang neben uns herzuschieben. Unangenehm war dabei nur die Außentemperatur von wenig über null Grad.

Zu einer anderen Gelegenheit fuhren wir, ebenfalls bei Hochwasser, mit dem Fassboot flussabwärts, in den größeren Bruder hinein und diesen wiederum circa drei Kilometer hinunter, bis zu einer Eisengießerei, die sich in der Nähe einer Stelle befand, wo das Wasser in einer scharfen Biegung einem hohen Felsen aus dem Wege ging. Das war so ungefähr unsere Loreley, für unsere Verhältnisse gesehen.

Unterwegs begegneten wir einem Entenschwarm, der, von der starken Strömung abgetrieben, sich am Ufer ins Buschwerk gerettet hatte. Es gelang uns auch tatsächlich, eines der Tiere zu ergreifen, doch lag ja noch ein gutes Stück Weges vor uns. So zog Janos sein kurzärmeliges blaues Hemd aus und fesselte das Tier waidgerecht. Dies zum einen, um die Flucht, zum anderen, um unerwünschten Alarm zu verhindern. Wir deponierten unsere Gefangene im Ufergestrüpp und fuhren weiter flussab, bis zur Eisengießerei. Diese war nicht von ungefähr unser Ziel, wie man gleich sehen wird, zumal es hier eine Stelle gab, an der die aus Schrott gewonnenen Eisenbarren, überdimensionalen Schokoladenriegelstücken, etwa von der Größe einer Damenhandtasche, nicht unähnlich, angehäuft wurden. Das heißt, sie wurden dort so üppig angehäuft, dass sie, dem Gesetz der Schwerkraft gehorchend, sich wieder der angestammten Erde näherten, in diesem Falle die Uferböschung hinunter, teils bis ans Wasser gerutscht waren. Wir freuten uns jedenfalls sehr über solche physikalischen Zusammenhänge und luden von der schweren Last ein, so viel wir laden konnten, wenngleich es wohl nicht allzu viel war, zumal die einzelnen Barren gewaltig schwer waren.

Als wir gerade eben die Fracht verstaut hatten und vom Ufer ablegen wollten, wurden wir entdeckt und uns unerbittlich bedeutet, alles wieder auszuladen. So ein Mist! Also machten wir uns unverrichteter Dinge wieder auf den Heimweg.

Doch hatten die Flusspiraten ja noch ein Ass im Ärmel beziehungsweise eine Ente im Gebüsch. Das Gebüsch war auch noch da, auch Janosens blaues Hemd. Es sah jetzt allerdings etwas mehr gemustert aus, mit weißen und gelbgrünen Flecken. Was fehlte, war nur die Ente, die sich als Entfesselungskünstler betätigt und auf ihre Weise Vergeltung geübt hatte. So kamen wir missgestimmt nachhause, wie wohl weiland die Wikinger nach einem fehlgeschlagenen Beutezug.

Das hölzerne Boot, der ehemalige Rettungsschlitten, kam eigentlich, näher betrachtet, zu einem standesgemäßen Ende. Es zerbrach bei einer Schlittenfahrt, als sich etliche Schlitten hinten angehängt hatten und ich in einem Hohlweg das ganze Gespann gegen einen Baum lenkte. Nebenbei zerbrach auch noch der Arm eines Schulkameraden, aber der heilte wieder.

Das große Fassboot nahm, genau genommen, ebenfalls ein logisches Ende. Es wurde, schon reichlich rostig, von meinem Vater an einen durchreisenden Altmetallhändler verkauft, so dass sich der Kreis wieder schloss, denn seine „Kiellegung" war ja auch erst über den Verkauf von Altmetall möglich geworden.

Was die Hochwasser angeht, so haben sie nicht abgenommen, ganz im Gegenteil. Dazu hätte es eines Wunders bedurft, nämlich die Erwachsenen schlauer werden zu lassen. Aber stattdessen sind sie dümmer geworden. Zuerst haben sie einen dicken Damm für eine Umgehungsstraße diagonal ins Wiesental gesetzt, genau auf den Schnittpunkt der beiden Flüsschen zielend. Dann, in neuester Zeit, haben sie die Waldhänge des Quellgebietes unseres Hausflüsschens radikal für eine Autobahn abgeholzt. Jetzt kann kein Regenwasser mehr gespeichert werden, sondern es eilt, direttissima, dem Bach zu, samt Unmengen rotbrauner Erde.

Das wird ein Hochwasser geben! Freut euch, ihr Kinder von heute – und versäumt nicht, rechtzeitig ein Boot zu bauen!

Im Bauch des Donnersberges

Eines der leidenschaftlichsten Spiele im Kindesalter ist doch noch immer das Häuschen- oder Höhlenbauen. Zunächst beginnt es, vom Häuslichen ausgehend, vielleicht unter einem Stuhl, einem Tisch oder wenigstens ersatzweise unter dem Bett. Kecker geworden, ergreift der Drang von geeigneten Winkeln der Behausung Besitz. Und bei vergrößertem Aktionsradius schweift er über Haus, Hof und Garten weiter hinaus in Wald und Flur.

Da werden abgelegene Teile mehr oder weniger nicht mehr genutzter Gebäude, Schuppen und Keller, ja sogar Dachflächen klammheimlich mit Beschlag belegt. Da wird im dichtesten Heckengestrüpp ein Freiraum eingerichtet. Da werden waghalsige Konstruktionen in Bäume eingenistet, natürliche Höhlungen, und seien sie noch so bescheiden, aufgestöbert. Da werden Holzhütten gebaut und Erdlöcher gegraben und man ist an diesen heimlichen Plätzen daheim, wie im Schoße der Mutter.

So ist das Eigenheim der Erwachsenen nur noch eine logische Fortsetzung dieser Entwicklungsreihe.

Unser Revier, in dem wir solche urtümlichen Sehnsüchte ausleben konnten, war der Donnersberg. Er war der höchste Punkt eines waldreichen, erträglich besiedelten Mittelgebirges, mit viel landschaftlicher Abwechslung. Eigentlich war er kein Berg im klassischen Sinne, sondern eher ein vielfältig gegliederter Gebirgsstock aus vielen Bergen, Felsen, Schluchten und Tälern.

In unserem Dorf saßen wir nicht weit vom Fuße des Berges entfernt, der zwar, mit knapp siebenhundert Metern, nicht allzu hoch, jedoch von imponierender, breit ausladender Masse und teilweise sogar einigermaßen unzugänglich war.

So pirschten wir uns allmählich an den Riesen heran, indem wir zunächst in den Hecken seiner Vorberge Gänge und Weitungen ausschnitten. Diese hielten wir stets frei und besuchten sie immer wieder.

Feuerstellen fehlten natürlich nirgendwo und irgendetwas gab es dort immer zu brutzeln.

Nähere Bekanntschaft mit dem Innenleben dieser Vorberge machten wir, als wir dort eine Höhle gruben. Das war eine gewaltige Aktion, die zwar die ganzen Sommerferien kostete, die aber zu einem großartigen Ergebnis führte.

Um der Gefahr eines Einsturzes vorzubeugen, gruben wir nämlich nicht einfach ein Loch in den Hang, sondern führten praktisch einen senkrechten Einschnitt aus, der zunächst von oben her offen war. Das heißt, wir trieben zuerst einen schmalen Gang in den Hang und gruben an seinem Ende ein Rechteck aus, das, in der Ebene gesehen, wie eine Fahne an der Stange des Zugangs hing. In einem Winkel des Rechtecks gruben wir schließlich in einer Ecke einen schmalen Kamin für das Ofenrohr und darunter, halbhoch, eine Grube in der Wand als Feuerstelle, mit flachen Sandsteinen ausgelegt und auf die Schmalseite gestellten gebrannten Klinkern ringsum, als Auflage für Pfannen oder Töpfe. An der dem Eingang entgegengesetzten Schmalseite des Raumes senkten wir eine tiefe, schrankförmige Nische ein, in der wir später Borde zur Verwahrung diverser Utensilien anbrachten.

Wir pickelten abwechselnd und Janos übernahm hauptsächlich das Herausschaufeln, während wir anderen beiden die Erde in Zeltplanen abtransportierten, immer darauf bedacht, nicht allzu viele verräterische Spuren zu hinterlassen. Denn das hätte unweigerlich andere Jungs auf unsere Fährte gebracht und damit zur Entdeckung und Zerstörung der Höhle geführt, zumindest jedoch zu ihrer Plünderung.

Es war ja Hochsommer und Janos warf die trockene, rote Lehmerde tagtäglich mit Vehemenz über Kopf und Schultern nach hinten. Zu Ende der zweiten Woche hatten seine Haare bereits den edlen

Schimmer von Rotgold. Zu Ende der dritten und Mitte der vierten Woche war die Farbe in ein seltenes, leuchtendes Rot übergegangen. Da fiel bei uns erst der Groschen, von wegen Erde und so, aber es war zu spät für eine Kopfbedeckung und der arme Bursche fiel überall auf, wie ein entflohener Wellensittich unter einer Spatzenschar. Dabei machte ihm das gar nichts aus! Er war im Gegenteil richtig stolz auf seinen exotischen Kopfschmuck. Und der hielt, trotz verzweifelter Bemühungen seiner Eltern, noch einige Wochen an.

Als die Grabungen endlich abgeschlossen waren, sägten wir Tannenstämme zurecht, kohlten sie, um späterer Fäulnis vorzubeugen, auf offenem Feuer ringsum an und reihten sie in einer etwas unterhalb der Erdoberfläche an den Höhlenrändern gezogenen Fuge als Abdeckung nebeneinander. Dann belegten wir das Holz mit groben Kieseln, die wir beim Aushub ausgelesen hatten, breiteten Erde darüber und schlossen das Ganze mit Rasensoden ab, die wir, wiederum per Zeltplane, von weit her herangeschafft hatten. Die Auffüllung über dem Höhlendach war leicht überhöht angelegt, um einer späteren Absenkung Rechnung zu tragen.

Der Eingang befand sich an der Rückseite eines Gevierts, das der aufgelassene Rohbau eines riesigen Holzhauses bildete, von dem nur die vier Eckpfeiler und das Ziegeldach zwei Stockwerke hoch standen. Dieses lag mitten in einer aufgegebenen Terrassenanlage mit niedrigstämmigen Obstbäumen, die zum Teil bereits wieder von der Natur mit verschwenderischen Weißdornbuketts geschmückt war. Es gab in diesem „Kingsize-Pavillon" eine Menge Tannenstangen. So zimmerten wir uns noch eine Tür zur Höhle und lehnten einen Teil der restlichen Stangen schräg an den Hang vor den Höhleneingang, der so, auch bei näherem Hinsehen, verborgen blieb.

Die restlichen Hölzer reichten uns übrigens zwei Jahre später noch zum Bau eines fabelhaften Blockhauses mit Doppelwänden, die wir mit Moos füllten, sowie zu Dach und Fußboden. Und dies war ein Bauwerk, das sogar Erwachsenen genug Raum bot. Einmal lud Rolfs Vater einen Geschäftsfreund zu uns ein und wir fühlten uns mächtig geehrt und brieten vor der Hütte, auf offenem Feuer, in einer großen Messingkasserolle, das Fleisch, das die Männer mitgebracht hatten.

Damals waren sogar Fenster in der Hütte, mit Scheiben aus dicker Kunststoffhaut, und ein Flickenteppich auf dem Dielenboden. Auf dem freien Platz vor der Hütte gab es eine kleine Konstruktion mit Ziegelüberdachung, um Brennholz trocken aufzubewahren.

Das Abenteuerlichste jedoch waren die Vorstöße, die tiefer in den Bauch des Berges führten, die Unternehmungen in den alten Erzgruben des nur vier Kilometer entfernten aufgelassenen Bergbaugebietes.

Dort hatten schon früher die Römer, vielleicht zuvor schon die Kelten, später die verschiedenen regionalen Gebietsherren und zuletzt die Bergleute des von kriegswichtigen Rohstoffen isolierten, tausendjährigen Reiches gewühlt, geschürft und miniert, bis zuletzt Ende 1940. Wohl gab es noch Pläne der Grubenanlagen und Schachtführungen, sie befanden sich sogar in unserer unmittelbaren Nachbarschaft, beim letzten Obersteiger i. R. Doch waren sie, zumal für uns Buben, selbstverständlich nicht zugänglich.

So streiften wir dort, wo oberflächlich etwas zu sehen war, umher und machten nach und nach eine Reihe halb verschütteter beziehungsweise zugewachsener Stolleneingänge ausfindig. Oft waren die Gänge schon unter Wasser, das teils auch für Gummistiefel zu hoch stand. Und stand es nicht zu hoch, so wagten wir uns doch nur behutsam watend und den Boden ständig mit Stöcken abtastend vor. Gab es doch öfter einmal senkrechte Verbindungen zwischen den einzelnen Sohlen, in die man, im Wasser schlurfend, leicht hätte hineinstürzen können.

Besser bekannt als diese abgelegenen Gruben, man kann schon sagen wohlbekannt, war der Eingang zu einem weitläufigen System, der sich an exponierter Stelle am Ende eines Tales befand, das ein beliebter Ausflugspunkt und Ausgangspunkt für Wanderer und Spaziergänger war. Die bogenförmige Pforte war mit schönem Mauerwerk gefasst und einer soliden Gittertür versehen, die jedoch zu unserer Zeit, im Gegensatz zu heute, unverschlossen war.

In diesem Stollen hatten andere Buben etliche Wehrmachtsausrüstung gefunden, wie Gewehre, Munitions- und Verbandskisten, die Soldaten auf dem Rückzug hinterlassen hatten. Das lockte uns freilich enorm.

Mit dem Stollensystem, von dem hier die Rede ist, war dem Berg übrigens die tiefste Wunde geschlagen worden. Ein Hauptast des Systems, der sogenannte „Schwarze Stollen", war nämlich gegen drei Kilometer Länge in nordwestlicher Richtung unter dem Berg hindurchgetrieben worden, wo er in einem Waldschlag, beim gleichnamigen Gehöft, mit dem schaurig-schönen Namen „Mordkammer" ans Tageslicht mündete.

Nun inspirierte uns die im Vergleich zu den eingangs erwähnten Gruben relativ komfortable Weitung des Stollens zu einer recht originellen Vorgehensweise. Wir fuhren nämlich einfach mit unseren Fahrrädern (besser gesagt mit denen unserer Eltern) in die Unterwelt ein, was nicht nur schnell und bequem war, sondern auch mit hervorragender Beleuchtung durch die Fahrradlampen verbunden.

Doch erweisen sich im jugendlichen Einfallsreichtum, gegenüber den Luftschlössern der Erwachsenen, oft noch gewaltigere Differenzen zwischen Absicht und Wirklichkeit. Jedenfalls ging die Reise derart nicht weit.

Als wir uns an einer Art zentraler Kreuzung, wo das Gestein hallenartig ausgeräumt war, für die Verfolgung eines Ganges in die von uns vermutete Richtung „Mordkammer" entschieden hatten, fuhren wir in sachter Neigung bergab weiter, und zwar ins Wasser. Da war nichts zu machen, das Risiko, in eine der unter dem Wasserspiegel verborgenen senkrechten Verbindungen zu stürzen, war zu groß. Wir brachen ab und kehrten Tage später mit Gummistiefeln zurück, denn das Wasser war eiskalt. Mit Stangen bewaffnet, tasteten wir uns vor und führten jetzt eine echte Karbidgrubenlampe sowie ein in einem laternenartigen Behälter befindliches Kerzenlicht mit; dies für den Fall, so unsere Vorstellung, dass Sauerstoffmangel, wegen Kohlendioxidanreicherungen, unsere Lampen verlöschen ließe, was uns dann als Warnanzeige den Rückzug nahelegen würde. Für diesen Fall hatten wir noch zusätzlich Taschenlampen eingesteckt.

Doch als das Wasser bereits in die Stiefel lief und sich gefährlich dem Saum unserer kurzen Hosen näherte, gaben wir auf.

So schweiften wir wieder an den abgelegeneren Plätzen umher, stiegen hie und da ein und landeten auf diese Weise etliche Volltreffer durch die Entdeckung ganzer begehbarer Gangsysteme.

Bevor es so weit war, musste aber der Eingang jeweils erst gefunden und dann auch erfolgreich passiert werden. Das war nicht immer einfach, denn die Mundlöcher der meisten Stollen waren vorbeugend eingerissen, um das Eindringen Abenteuerlustiger und damit Gefahren für Leib und Leben zu verhindern. Die meisten davon waren dabei entweder so gründlich verschlossen worden, dass sie mit unseren Möglichkeiten nicht mehr freizulegen waren, oder aber hatten nachträgliche Hangrutschungen die Sicherungsmaßnahmen ausreichend vollendet. War dennoch ein erkennbares Schlupfloch frei geblieben, oder konnte ein solches freigelegt werden, dann war nicht immer sicher, ob es sich nicht vielleicht eher um einen Fuchs- oder Dachsbau handelte. Kroch man schließlich auf allen vieren hinein, so konnte es geschehen, dass sich die Sohle des Stollens um einiges tiefer als die Eintrittsöffnung befand. Dieser Höhenunterschied musste erst einmal überwunden werden, und das nicht nur auf dem Wege hinein, was ungleich einfacher war als auf dem Rückweg. Hier liefen wir nicht selten Gefahr, in unserem euphorischen Entdeckerdrang irgendwo hinunterzuspringen, um anschließend, mangels entsprechender Ausrüstung, nur unter erheblichen Anstrengungen wieder nach oben zu kommen.

Einmal gelang uns dies nur noch durch den glücklichen Umstand, dass wir, nach schier endlosem Suchen, bei dem uns doch zunehmend bangere Gefühle beschlichen, in einem Labyrinth eine lange, noch nicht ganz verfaulte Tannenstange fanden. Diese konnten wir schließlich von unten nach oben anlehnen und daran emporklettern.

Auf unseren unterirdischen Streifzügen gerieten wir bisweilen in Gänge, die von der an den Wänden austretenden Bergfeuchte über und über mit gelöstem smaragdgrünem Kupfererz überzogen waren. Oder wir verfolgten Gänge, in denen noch Schienen verlegt waren und die Wasserführung, die als rauschender Bach neben den Schienen verlief, die totale Stille wohltuend unterbrach. Meist war das Wasser von dunkler Klarheit und großer Kälte. Wir wussten, dass in einem der Täler des Reviers der Versuch, einen Fischteich mit Grubenwasser zu speisen, missglückt war, weil den Fischen die im Wasser gelösten giftigen Kupfer- und Kobaltsalze nicht bekommen waren. Nichtsdestotrotz konnten wir der Versuchung nicht widerstehen, von diesem geheimnisvollen Bergwasser zu kosten. Wenn ich mich recht entsinne, hatte es einen sauren Eisengeschmack, wie ihn manchmal stark mineralträchtige Heilquellen besitzen.

Gelegentlich standen wir auch plötzlich unerwartet in größeren Hallen und Domen, von denen Gänge nach überall hin fortliefen, teils auch in höheren Etagen, die, der fehlenden Leitern wegen, nicht zugänglich waren. Das schweigende Schauen und Staunen, das sich bei solchen Gelegenheiten unserer bemächtigte, war dann nicht nur auf unsere Furcht zurückzuführen, der Schall unserer Stimmen könnte das zerrüttete Gestein zum Einsturz bringen, sondern war mehr mit der andächtigen Stille gleichzusetzen, die einem beim Eintritt in Kathedralen ergreift.

Doch gab es nicht nur zu sehen und zu fühlen, sondern auch Dinge zum Anfassen und sogar zum Mitnehmen: uralte, handgeschmiedete Grubennägel oder Holz, das durch und durch von grüner Kupfer- oder roter Eisenlösung getränkt war. Einmal brachten wir ein Dachsskelett mit nachhause, das wir kunstvoll zusammensetzten, und im Spätherbst hingen in den vorderen, wärmeren Stollenabschnitten nahezu reglose Schmetterlinge, Falter und Fledermäuse an den Decken, die man nur abzupflücken brauchte. Erstaunlich waren auch die gewaltigen Humusmengen, die sich aus eingewehtem Laub bisweilen in den Schachteingängen abgelagert hatten. Sie waren von einem fast schwarzen Dunkelbraun, gleichmäßig fein gekörnt und dabei so leicht, so locker und so tief, dass man darin bis an die Knie wie in Daunen versank.

Versunken sind solche Erlebnisse nicht in der Erinnerung, wie man sieht, aber auch nicht im Grubenwasser und Schutt des nachbrechenden Berges. Denn jüngst konnte ich mich, mittlerweile mit meinen eigenen Kindern, davon überzeugen, dass auch das Interesse an dieser verborgenen Welt nicht erlahmt ist. In einem der Täler wurde ein Grubenabschnitt gesichert und für Besichtigungen hergerichtet. Jetzt kann, wer will, wenn auch unter weniger abenteuerlichen Umständen, etwas von unseren Jugenderlebnissen nachempfinden.

Nachtmahl

Eigentlich sollte ich diese Geschichte gar nicht erzählen. Wenn ich es trotzdem tue, dann hat es der Leser nur den Umständen zuzuschreiben, dass der Erzähler mit der Vergesslichkeit der Betroffenen (schließlich ist es ja schon sehr lange her) und mit der Verschwiegenheit seiner Leser rechnet.

Dass diese Geschichte wieder mit einer Einleitung oder noch besser mit einer Ableitung aus nicht direkt damit zusammenhängenden Begebenheiten und Betrachtungen beginnt, hat weniger zur Absicht, die Sache im Voraus zu rechtfertigen, als das Bemühen im Sinn, den Leser zum Komplizen zu gewinnen. Will sagen: Wird der Leser in elementare jugendliche Beweggründe zurückversetzt, betrachtet er die folgende Geschichte aus der Perspektive des Erlebenden, der, weil er ja dabei war, dem Verständnis immer näher steht als der Beobachter.

Früh, sehr früh und von der Natur wohl aus gutem Grunde gewollt, beginnt ja das heftige Trachten des jungen Menschen nach Selbständigkeit, die man heute mit dem wissenschaftlicher klingenden Wort Emanzipation meint.

So ist eines der typischsten Beispiele dieses Bestrebens dasjenige, sich vom häuslichen Tisch zu lösen, sich „selbst zu verpflegen".

Eigentlich beginnt dieses Sich-Lösen schon auf dem Weg weg von der Mutterbrust: selbst die Flasche halten, selbst mit dem Löffel essen, selbst eine Scheibe Brot abschneiden und bestreichen und so weiter, und so weiter. Das setzt sich fort in der bekannten Tatsache, dass es den Kindern an fremden Tischen meist besser schmeckt als zuhause.

Wir versuchten es als Achtjährige einmal zur Faschingszeit. Als traditionell verkleidete Cowboys und Indianer schien uns auch zwingend ein Lagerfeuer vonnöten und, dazugehörig, wohl auch ein Bratspieß mit einem Braten.

Den unerschwinglichen Braten ersetzte zwar in diesem Fall ein Klumpen Frühstücksfleisch aus der Dose, aber was soll's. Nur das

Feuer wollte nicht so recht brennen, weswegen wir mit einer gehörigen Portion Petroleum nachhalfen. Da loderte die Flamme mächtig und erfreute unsere Bubenherzen. Das Fett triefte reichlich vom Fleisch und bald konnte zugelangt werden. Doch wollte keine rechte Begeisterung aufkommen. Was nämlich so deftig vom Fleisch getrieft hatte, war überwiegend unverbranntes Petroleum, das sich, mit der Hitze aufsteigend, üppig am Spießbraten niedergeschlagen hatte.

Ein andermal nächtigten wir gleich beim Haus in einem Zelt und verbrachten den Großteil der Nacht damit, auf einem Spirituskocher Tee und Essen zuzubereiten, das heißt gegessen, so dieser Ausdruck hier noch passt, wurde selbstverständlich auch die ganze Nacht, ganz so, als seien wir endlich der langen häuslichen Hungersnot entronnen.

Dieser Drang trieb bei Gelegenheit tolle Blüten. Nicht nur, dass wir ohne Erlaubnis fischten oder im Winter die Fische aus Löchern zogen, die wir ins Eis hackten. Nein, auch Amseln wurden mit dem Luftgewehr erlegt, und ich erinnere mich, wenn auch heute mit dem schlechten Gewissen des Erwachsenen, noch gerne ihres erstaunlich kräftigen Brustfleisches und des überaus angenehmen, mild-würzigen Wildgeschmacks, der mich letztlich wahrscheinlich zum Liebhaber gebratener Tauben gemacht hat.

Auf den Taubengeschmack selbst kam ich bei einer anderen Gelegenheit, oder soll ich sagen Verlegenheit? Zwei Kameraden waren so dreist gewesen, sich in den Taubenschlag eines Hauses am Ortsrand einzuschleichen und einen solchen Vogel gefangen zu nehmen. Er kam, noch warm und lebend unter der Jacke verborgen, auf unserem Hausberg, unserem Stammrevier, an. Doch als wir uns zur Tötung des Tieres anschickten, in der damals auf dem Lande üblichen wenig zimperlichen Art, die wir bei den Erwachsenen beobachtet hatten, gab es Schwierigkeiten. Das Tötungsritual bestand nämlich in der Kunst, den Hals des Vogels zwischen Zeige- und Mittelfinger zu nehmen und dann, mit einer kräftigen, gleichzeitigen Dreh- und Reißbewegung, den Kopf vom Rumpf zu trennen. Dies hatte, empfehlenswerterweise, in schräger Richtung nach vorn zu geschehen, um mit dem augenblicklich stoßweise herauspulsierenden Blut nicht den Meuchler zu treffen.

Schwer zu sagen, ob es uns an Kraft oder Mut oder an beidem gebrach. Jedenfalls zog Janos den Hals des armen Tieres mehr und mehr in die Länge, drehte den Kopf mehrmals um die eigene Achse, doch gelang es erst mit vereinten Kräften, den Kopf wie vorgeschrieben vom Körper zu trennen. Dabei hielten wir, im turbulenten Handgemenge, allerdings nicht die übliche Richtung ein, so dass uns jeder Laiendetektiv unschwer als Täter hätte entlarven können.

Da war es schon lustiger, in den großartigen Schlosskeller von Vetters Großmutter einzusteigen. Denn dies war zwingend mit einem prickelnden Reiz in mehrererlei Hinsicht verbunden. Erstens befand sich der Einstieg an der recht belebten Straßenseite, wo der Vorgarten schmalbrüstig begann, mit viel Beleuchtung und wenig Deckung. Daraus ergab sich die Notwendigkeit, zur rechten Zeit schnellstmöglich durch das Kellerloch zu schlüpfen, was seine Schwierigkeiten hatte. Denn erstens handelte es sich bei diesem Fenster um ein halbkreisförmiges, das, nach Oberlichtart, nur ein Hineinklappen um 90 Grad ermöglichte. Zweitens mussten dann die innen befindlichen Scharniere ausgehängt werden, um das Fenster total einklappen zu können. Doch legte es sich dann auf eine steile Schrägung der dicken Außenmauer, die anschließend senkrecht, und das recht tief, abfiel. Es brauchte also außer Geschwindigkeit auch ein gewisses artistisches Geschick, um schnell und heil nach unten zu gelangen.

Und so richtig dreckig wurde man dabei allemal.

War man aber erst einmal unten, dann musste wieder schnell reagiert werden. Die Glühbirne musste aus der Fassung gedreht werden, um eine Entdeckung zu erschweren, sollte jemand unvermutet im Keller auftauchen. Man hätte dies sowieso recht spät bemerkt, denn der Kellerboden war blanke Erde und dämpfte jeden Schritt. So wurde man nur durch das Einschalten der Beleuchtung im davorliegenden Kellergang alarmiert.

Einmal wurden wir so überrascht. Unsere Rechnung ging voll auf. Die Cousine, von der Großmutter in den Keller geschickt, kehrte um, eine Taschenlampe zu holen, und wir hatten, wenn auch hastig, Gelegenheit, dorthin zu entfleuchen, wo wir hergekommen waren. Was suchten wir eigentlich in diesem altertümlichen Gewölbe?

Nun, es war auf alle Fälle das Erlebnis des Wagens. Erst in zweiter Linie, als Bonbon für die erbrachte Mutprobe sozusagen, lockten uns andere Dinge. Als da waren ein Riesenlaib von rundem Sechspfünderbrot, das in einem Drahtkorb, unter der Decke aufgehängt, gesunder Trocknung entgegenreifte; alsdann gab es da einen mächtigen Steingutbehälter, den ich auf gut dreißig Liter schätze, mit sauren Gurken. Und zu guter Letzt seien Holzregale genannt, gefüllt mit den verschiedensten Weinen, die, nach anfänglichem Fremdeln, unseren noch empfindlichen Geschmacksnerven frühzeitige Eindrücke bescherten. Was wir verschmähten waren die in Flaschen eingelegten süßsauren Schnittbohnen, die beim Öffnen mit penetrantem Aroma abschreckten.

Die einzigen Gewissensbisse, die mich dabei plagten, waren, dass ich das Herausnehmen der Gurken aus der Beize mit den schmutzstarrenden Händen für frevelhaft hielt. Zumal ich aus häuslicher Erfahrung wusste, dass dies zur Schimmelbildung und damit zur Verderbnis für den gesamten Vorrat führen konnte. Und das wäre nicht nur sündhafte Verschwendung, sondern auch schlecht für unsere zukünftigen Besuche gewesen. So weit, so gut.

Skrupel packten mich aber vor allen Dingen bei anderer Gelegenheit.

Irgendwann reifte in uns der Plan, eine der auf dem Fluss beim

Elternhaus patrouillierenden Enten zu erjagen. Handelte es sich doch keineswegs um Wildenten, wenn auch die meisten von ihnen danach aussahen. Vielmehr waren dies gewissermaßen freilaufende (genauer -schwimmende) Haustiere in festem Besitz, die allabendlich entweder freiwillig nachhause kamen oder von den besorgten Eigentümern, unter lautem Rufen und Locken, nach dort getrieben wurden.

Da wir nun einmal am, auf und im Fluss zuhause waren, betrachteten wir, nach urtümlichem, instinktivem Rechtsempfinden, wenn man so sagen darf, alles, was sich über, auf und in dem Wasser befand, als Bestandteil unseres Reviers und damit unserer Verfügungsgewalt. Das begann mit verloren gegangenen Bällen, die den Fluss heruntertrieben, ging weiter über allerlei andere Treibgüter des Hochwassers, setzte sich fort über den fleischlichen Inhalt, wie Fische und Krebse, und endete noch lange nicht bei den Enten.

Womit wir wieder beim Thema wären.

Wir lauerten, um es kurz zu machen, einer Entenflottille auf und versenkten, mit einem meisterhaften Luftgewehrschuss von Janos, das Flaggschiff.

Dies hatte, Hals über Kopf, die Flucht der restlichen Verbandsmitglieder zur Folge, was naturgemäß unter entsprechender Lärmentwicklung verlief, wie hysterischem Quaken, knatterndem Flügelschlagen und heftigem Wassergeplätscher. Und solches geschah am hellichten Tage, während die Nachbarin, am gegenüberliegenden Ufer, im Garten arbeitete. Keine Frage, dass sie, aufmerksam werdend, hinzueilte und unmissverständlich Zeugin der Situation wurde: hier der einsam im Wasser treibende Entenbalg, dort einer von uns, mit dem Gewehr in der Hand. Blicke wechselten, gesprochen wurde nichts, wir erstarrten, die Nachbarin entfernte sich wieder. Als unsere Schrecksekunden vorbei waren, rannten wir das Ufer entlang, der abtreibenden Ente nach, und erwischten sie, vor der Einmündung in den nächstgrößeren Wasserlauf, nur dadurch noch, dass wir mit Strümpfen und Schuhen ins Wasser nachsprangen.

Uns war nicht ganz klar, ob das Schweigen der Nachbarin auf mangelnde Glaubhaftigkeit der Szene, auf altersbedingte Kurzsichtigkeit oder gar auf Gnade und Barmherzigkeit zurückzuführen war. Mut schöpfend zogen wir das tote Federvieh also aus dem Wasser, brachten uns hinter dem großen Gartenhaus in Deckung und schnitten dem Tier ordnungsgemäß die Kehle durch, um es ausbluten zu lassen. Den noch warmen Kadaver verbargen wir anschließend in der Scheune; dann gingen wir für diesen Tag erst einmal wieder auseinander.

Unser nächtlicher Treffpunkt lag außerhalb des Ortes, auf der höchsten Erhebung der Gemarkung.
 Der Einstieg in solche nächtlichen Abenteuer war für mich stets zunächst einmal mit Ausstiegsproblemen verbunden. Und diese Schwierigkeiten waren von besonderer Art.
 Mein Fenster ging zur Flussseite, wo nur ein schmales Band festen Bodens zwischen Hauswand und Wasser Tritt bot. Noch heute kann ich den Fenstersims, von unten her, nur auf den Zehen stehend, mit den Fingerspitzen erreichen. Umso unerreichbarer war die Distanz damals für mich, wobei noch erschwerend hinzukam, dass das gesamte Fenstergewände völlig glatt und fugenlos und der Sims, zu allem Übel, noch nach unten abgeschrägt war.
 Hinunterlassen ging ja noch, doch hinauf war ein kraftvoller Balanceakt zu bewältigen. Ein Sprung aus dem Stand (Anlauf war ja auf dem schmalen Randstreifen nicht möglich), die Hände in flachem Reibungskontakt auf der Schräge des Simses Halt suchend, die Füße schräg gegen die Wand gestemmt, und dann, loslassend, im Rückwärtsfallen mit einer Hand das angelehnte Fenster aufstoßend, zum unteren Rahmen nachfassend, so ging es zurück, wobei die Anzahl der Versuche mit dem Wechsel von Kraft, Geschicklichkeit und Mut schwankten. Aber jetzt ging es erst einmal raus. Irgendwo unterwegs trafen wir uns, mit dem toten Vogel, versteht sich.
 Im Schutze der Dunkelheit schlugen wir den Weg zur verabredeten Anhöhe ein, zu einem wild verwachsenen Dickichtgelände, das nur durch einen schmalen, niedrigen Gang zugänglich war, der von un-

ten her in einen respektablen Schwarzdornheckenwall getrieben war. Mitten in dieser Wildnis gab es verschiedene größere Eintiefungen im Erdreich, die vor nicht allzu langer Zeit von Soldaten als Geschützstellungen angelegt worden waren, um die weit unten im Tal verlaufende Straße unter Beschuss nehmen zu können.

In einem dieser Löcher nisteten wir uns also ein und begannen unser mitternächtliches Mahl zu bereiten. Das ging eigentlich ganz schlicht vonstatten, denn außer der Ente, Messern und Zündhölzern hatten wir ja nichts dabei. An Brühen und/oder Rupfen war, aus naheliegenden Gründen und wegen der Kürze der uns verbleibenden Zeit, nicht zu denken. So zogen wir dem Tier einfach das Federkleid über die nicht mehr und sowieso nie vorhanden gewesenen Ohren, wie einen Fellbalg, nahmen es aus und fingen an, den blutigen, nackten Torso über einem starken, rauchlosen Feuer aus trockenem Ginsterholz zu braten.

Alsbald ergingen wir uns jedoch in Überlegungen, wie diesem Gericht die nötige Würze beizubringen wäre, und kamen, mit der grenzenlosen Kreativität, die nur Kindern eigen ist, zu der eigenwilligen Lösung, das Fleisch, mangels anderweitiger Gewürze, mit Ruß einzureiben, um ihm, mit der uns vertrauten Bitternis dieses Stoffes, einen salzähnlichen Geschmack zu verleihen.

Das allzu heftige Feuer, die Rußpanade und vielleicht auch die Schwärze der Nacht gaben dem Braten jedoch bald ein Aussehen, das eher an eine ungerupfte Krähe denn eine Ente gemahnte. Unsere kaum gezügelte Ungeduld und Erwartung taten ein Übriges, uns alsbald gierig über die halbrohe Kreatur herzumachen und sie, aller Zähigkeit und widrigem Aroma zum Trotz, zu verspeisen oder, richtiger gesagt, zu verschlingen.

Sorgsam wurden die frevelhaften Spuren getilgt und noch vor Morgengrauen und Schulbeginn der Heimweg angetreten. Schließlich galt es noch, den Klimmzug zum heimischen Fenster zu bewältigen.

Von Saubohnen und Winterkirschen

Unsere Kindheit war noch nicht die Zeit, in der es besonderer Überlegungen und Anstrengungen der Eltern bedurft hätte, ihre Kinder ausreichend zu erziehen. Kinder waren da, und so ergab sich die Erziehung zwangsweise mit dem Heranwachsen von selbst, ohne dass zu fragen gewesen wäre, was für welches Kind richtig sei und wie man, mit welchen Mitteln, welchem der damals noch zahlreicheren Kinder gerecht werden und zugleich Förderung zukommen lassen könne.

Solches Verfahren würde heute gewiss als eine Art von Vernachlässigung oder doch zumindest mangelndes Engagement der Eltern betrachtet werden. Doch war seine Auswirkung eigentlich für beide Seiten gar nicht so übel, wie es dem heutigen Betrachter scheinen mag. Bot es doch beiden Seiten einigen Freiraum, der heute, wiederum von beiden Seiten, oft schmerzlich vermisst werden mag.

So könnte den Leser der vorangegangenen Seiten bisweilen das Gefühl beschlichen haben, hier sei von Kindern die Rede, die mehr oder minder in einem jugendlichen Vakuum, außerhalb der Erwachsenengesellschaft und ihres Einflusses, in paradiesischer Autonomie gelebt hätten. Doch dem war, obige Einschränkungen vorausgesetzt, durchaus nicht so.

Lassen wir also in diesem Kapitel die Erwachsenen, oder zumindest einige von ihnen, die unseren Weg kreuzten, einmal etwas mehr in den Vordergrund treten, als es sonst in diesen Geschichten geschah oder noch geschieht. Und schließen wir, um das Bild des Umfeldes abzurunden, auch die Geschwister in den Rückblick mit ein.

Ja, die Geschwister. Drei waren es bei mir, zwei Schwestern, ein Bruder. Sie waren gelungen in wechselnder Folge, Mädchen, Junge, Mädchen, Junge, zur Welt gekommen, wobei, trotz des jeweiligen Abstandes von Jahren, die Geburtstage der ersten Mädchen-Junge-Kombination fast zusammengefallen wären (sie differierten nur um vier Tage), was dann bei der zweiten Kombination klappte. Ich, als Jüngster, habe mit meiner vier Jahre älteren Schwester am gleichen Tag Geburtstag.

Weiß der Teufel, warum ich mich heute mit meinen Geschwistern so prächtig vertrage. Damals war es jedenfalls nicht so, das heißt, genauer gesagt, überhaupt nicht so.

Wie vielleicht schon erwähnt, verbrachte ja die älteste Schwester ihre Jugendzeit, was in ihrem Falle wirklich die gesamte Zeit von der Geburt bis zur Heirat bedeutete, im Hause der Großmutter. Etwaiger Verwunderung über diese wenig häufige Selbstverständlichkeit mag mit der Erklärung gedient sein, dass unser Vater unsere Mutter erst heiratete, als das zweite Kind bereits unterwegs war; eine für damalige Zeiten wohl doch nicht alltägliche Extravaganz. Doch zurück zu den häuslichen Verhältnissen, hier im speziellen Falle zu den übrigen Geschwistern.

Wer vermag heute noch zu sagen, warum sie so häufig und undosiert ihre, bisweilen üblen, Späße mit mir trieben? Vielerlei Gründe mögen den Ausschlag gegeben haben, angefangen von einer möglichen Empfänglichkeit meinerseits für solche Angriffe, über die sattsam bekannten Generationsprobleme von bereits vorhandenen Geschwistern zu nachgelieferten Nesthäkchen, bis hin zu den üblichen Fehlerziehungen, sprich Verwöhnungen, die man des Öfteren solchen Endablegern zukommen lässt. Ab und an mangelte es allerdings auch an dem regulierenden Eingriff, der erforderlich gewesen wäre, das Überziehen manchen Schabernacks in die Schranken zu weisen, nämlich dann, wenn er zur Quälerei ausartete.

So war es zum Beispiel eine Vorliebe der Geschwister, mich völlig unmotiviert der Lüge zu bezichtigen und diese Behauptungen dann mit großem Nachdruck der Mutter zu unterbreiten. Mochte ich mich auch verteidigen, wie ich wollte, stets war ich zwei zu eins überstimmt und die Geschwister kugelten sich vor Lachen über meine hilflosen Zornesausbrüche.

Oder sie erfanden eine besondere Art von Schimpf- oder Necknamen für mich, die mich umso mehr in Rage brachten, als es mir nicht gelang, ihren (in Wirklichkeit gar nicht vorhandenen) Sinn zu ergründen.

Über solche Attacken geriet ich dermaßen in Wut, dass ich bei verschiedenen Gelegenheiten der Schwester eine Handvoll Leberwurstschnitten ins Badewasser feuerte, die Stores zerbiss, die Geschwister mit einem Beil verfolgte, das hinter ihnen in der Stalltür stecken blieb, mit der flachen Hand in eine volle Quarkschüssel schlug, dass dieser sich über den ganzen Raum, einschließlich der darin enthaltenen Personen, verteilte. Unter anderem warf ich die wunderschönen, bemalten Gipssoldaten meines Bruders in den Kohleofen, was mich hinterher entsetzlich reute. Als er mich mit seinen älteren Spielkameraden von einem großen Rundzelt abwies, das sie miteinander aufgebaut hatten, zog ich zuerst flugs einen Großteil der Heringe aus dem Boden und schleuderte dann sogleich einen großen Pflasterstein auf die zusammengesunkene Plane, was einem der Insassen eine heftig blutende Platzwunde bescherte. Dieser war übrigens ein damaliger und auch späterer Nachbar, der sich dann als Erwachsener mir gegenüber mit so vielen Entgleisungen revanchierte, dass ich manches Mal versucht war, die damalige Kopfverletzung dafür verantwortlich zu machen.

Noch im halbwüchsigen Alter gingen diese Spielchen weiter, als meiner jüngsten Schwester ein derber Spaß gar nicht gut bekam. Womöglich hatte sie sich darüber geärgert von der Mutter zu Flick- und Stopfarbeiten herangezogen worden zu sein. Was zur Folge hatte, dass sich im Schritt meiner Unterhose eine raffiniert eingesteckte große Stopfnadel fand, die mich auch prompt, an empfindlicher Stelle, grausig pikste. Doch ließ ich mir nichts anmerken und suchte sogleich die größte Nadel, die ich finden konnte. Diese stieß ich, von unten her, in die Lieblingssitzgelegenheit meiner Schwester, einen Polsterstuhl im Wohnzimmer. Das Ösenende der Nadel positionierte ich geschickt über einer breiten Blattfeder. Drückte man nun beim Hinsetzen die Polsterung zusammen, so stach zwar die Nadel grimmig nach oben durch, konnte dem Druck des Sitzenden jedoch nicht nach unten ausweichen, weil die Öse auf der Blattfeder aufstand. Das Schmerzensgeschrei der

Schwester klang meinen Ohren wie Siegesfanfaren. So tief drang die Nadel ins Hinterteil, dass sie umgebogen wurde und nur mit Hilfe einer Flachzange wieder entfernt werden konnte.

Die jüngste Schwester war übrigens der Liebling jenes wunderlichen alten Fräuleins, das nicht allzu weit von uns entfernt wohnte. Dieses ward nur „die Karline" geheißen und lebte, unter nicht gerade fürstlichen Umständen, unter dem Dach einer alten Bäckerei mit angeschlossenem Kolonialwarenladen.

Und das kam so: Nachdem sie lange Jahre ihren schwerkranken Vater gepflegt hatte, vermachte der, bei seinem Tode, ihrem Bruder das Haus, und Karline erhielt das Wohnrecht in einer winzigen Mansardenstube mit Küche und dazu einen Streifen Hang am Ortsrand, der mit einigen alten Apfel- und Kirschbäumen bestanden war.

Als dies geschah, war sie bereits in die Jahre geraten, unbemannt, äußerlich weniger Frau als geschundene Kreatur, und die ihr in der vorausgegangenen Zeit zuteil gewordene Bildung war nicht einmal bis zur Schreibkunst gediehen. So hatte sie weder Beruf noch Beschäftigung noch Einkommen und war dabei doch nur eine zierliche und schon welke Portion Mensch. Aber zäh war sie! Nicht etwa vergrämt und gebeugt von der Ungerechtigkeit des Schicksals, sondern mit asketischer Duldsamkeit und stiller Heiterkeit zugleich hielt sie dem stets rauen Wind der Armut, Entbehrung und Einsamkeit stand, der ihr ein Leben lang ins jetzt zerfurchte Gesicht blies.

Ihren dürftigen Lebensunterhalt verdiente sie sich mit allerlei Dienstleistungen im Dorfe, die in der Mehrzahl aus knochenharter Arbeit auf den Feldern der Bauern bestand, zum Teil aber auch als Hilfe in Haus, Hof und Garten, wenngleich ihren Möglichkeiten, qualifiziertere Tätigkeiten auszuüben, enge Grenzen gesetzt waren. Einmal sollte sie uns ein warmes Essen bereiten, doch als die Familie vom Feld zurückkehrte, bemächtigte sich ihrer ein starkes Befremden, was den Küchenduft betraf. Gott sei Dank hatte niemand, auch die Hilfsköchin Karline nicht, von dem sonderbaren Kartoffelgericht genossen, dessen Soße, anstelle von Mehl, mit Schamott angedickt worden war, weil die Gute die falsche Tüte erwischt hatte.

Davon abgesehen, blieben mir jene frühen Abendstunden in angenehmster Erinnerung, an denen die Schwester und ich in Karlines winziger, flurartiger Küche saßen, wenn sie ihre berühmte „Dämmer" hielt. So nannte sie die Stunde der Dämmerung, in der sie, wenn es ihr in den Sinn kam, die Ringe aus der Mitte der gusseisernen Küchenherdplatte nahm und Reisig aufs Feuer warf, so dass der rote Lichtschein anheimelnd in die  halbdunkle Dachkammer flackerte. Dann saßen wir mit ihr vorm Herd und lauschten ihren Erzählungen, deren Verworrenheit uns nicht störte, sondern uns das Ganze nur noch rätselhafter und geheimnisvoller erscheinen ließ. Neben dem Herd ruhte dann, in einer Pappschachtel, die Ente „Leg", die ihr einziger Hausgenosse blieb, wenn die Ente abends, unter Karlines lautem Rufen, vom nahen Bach nachhause heimgelockt worden war.

Zwischen den sonderbaren Geschichten legte sie auch hin und wieder ein Lied ein, das nicht minder ungewöhnlichen Inhalts war. Ihr Lieblingslied hieß „Der liebe Gott geht durch den Wald" und sie sang es mit halblauter, aber fester Stimme und hatte überhaupt viel Freude am Singen.

Wenn es aber sein musste, konnte sie auch anders!

Wehe dem, der ihren Unmut, über das erträgliche Maß hinaus, erregte, welches doch bei ihr ein geräumiges war! Ein solcher Frevler bekam die geballte Wucht ihrer lebensgestählten Energie zu spüren, die man sonst kaum in diesem Vögelchen von einer Frauensperson vermutet hätte.

Unvergessen bleibt in diesem Zusammenhang ihre Auseinandersetzung mit dem benachbarten Bauern, der gegen Kriegsende als sogenannter Luftschutzwart eingesetzt war. Dieser Bauer war nicht nur ebenfalls Analphabet, sondern noch dazu mit einem starken Sprachfehler behaftet (leider setzte sein Sohn diese Tradition dann fort). In der Uniform des Volkssturmes, einer Art Rentnerband mit Kinderunterstützung, des letzten Aufgebotes also, mit dem Karabiner über der Schulter, gelang es ihm jedoch, dieses doppelten Handicaps Herr zu werden. So demonstrierte er, bei der Einweisung der Dorfbewohner in die Schlosskeller, anlässlich eines bevorstehenden Artilleriebeschusses erstaunlichen Durchsetzungswillen. Was wiederum unsere Karline, die er mit Nachdruck am Arm gepackt hielt, zu heftiger verbaler wie körperlicher Gegenwehr veranlasste, die schließlich in der krönenden Feststellung gipfelte: „Du Alphabet!"

Zuletzt hörte ich von ihr anlässlich einer eher zufälligen Begegnung, die mein Vater und meine Schwester mit ihr hatten. Eine weit fortgeschrittene Senilität hatte sich der alten Jungfer bemächtigt und sie arg verwirrt. Zwar erkannte sie beide noch, doch war die Zeit bei ihr stehen geblieben, denn ihr war total entfallen, dass meine Schwester nicht nur seit Langem verheiratet, sondern bereits wieder verwitwet war, dass der jung verstorbene Mann ihr seit Langem bekannt gewesen war wie auch die aus dieser Ehe entsprungenen Kinder. Mehrmals fragte sie die Schwester während der kurzen Unterhaltung wieder und wieder, ob sie denn schon verheiratet und wer ihr Mann sei.

Schließlich kam sie auf ein anderes Thema. Sie beklagte sich bitter, dass ihr „diese Spitzbuben" die Kirschen von jenem ererbten Hanggrundstück gestohlen hätten. Als mein Vater, unter Hinweis auf den frisch gefallenen Schnee, ungläubig reklamierte, fuhr sie ihm harsch übers Maul: „Aber wenn ich's Ihnen doch sage, Sie Arschloch!" (Etwa nach dem Motto: „Für dich bin ich immer noch Sie, du Arschloch!")

Die ersten Jahre meiner Kindheit verbrachte ich überwiegend im sicheren Terrain des elterlichen Anwesens, hinter der hohen Einfriedung aus Hainbuchenhecken. Wenn die Altersgenossen den Weg hinter dieser Hecke entlang zum Kindergarten eilten, stand ich mit einem ersten Ahnen von Freiheit an der Gartenpforte und war glücklich, nicht den schönen Tag im Gewahrsam strenger Aufsicht verbringen zu müssen.

Weniger froh war ich allerdings, wenn mich die Bienen unseres Mieters, des bayrischen Zollbeamten, attackierten, nach welchem dann später selbiger Weg an der Hecke benannt wurde. Auf diesen bemerkenswerten Mann werden wir später nochmals zurückkommen.

Stets behauptete er, dass seine Bienen überhaupt niemanden stechen würden, sofern man sie nur in Ruhe ließe. Doch sah man auch ihn mitunter eilig im Gartenhaus verschwinden, wo er stets essigsaure Tonerde parat hielt.

Nach einem bösen Sturz war er ins Altersheim umgesiedelt und eine jüngere Familie in seine Wohnung nachgezogen. Ihre kleine Tochter war ein liebreizendes Lockenköpfchen und fortan meine Spielgefährtin. Doch entflammte die Zuneigung zu ihr so stark, dass ich dabei die Schilfmatten des Hühnerpferches in Brand setzte, der zudem auf einen hölzernen Telegrafenmast übergriff. Wäre nicht die Mutter des

Mädchens geistesgegenwärtig herbeigeeilt und hätte sie nicht auf umsichtige und couragierte Weise eingegriffen, wer weiß, wie die Geschichte ausgegangen wäre. Nachdem sie die brennenden Schilfmatten vom Zaun gerissen hatte, löschte sie den geteerten Mast, so weit sie hinaufreichen konnte, mit einem leeren Sack, den sie im Vorbeirennen durch den Fluss gezogen hatte. Und dank glücklicher Fügung erlosch das Feuer, das in erstaunlicher Geschwindigkeit den Mast hochsauste, sobald der aufgetragene Teeranstrich abgefackelt war.

Wollen wir nicht so pedantisch sein und auf die unbedingte Einhaltung des Vorher und Nachher der Ereignisse bestehen. Ich kann mich einfach nicht mehr entsinnen, ob die Geschichte mit den Saubohnen vor oder nach dieser Feuersbrunst einzuordnen wäre. Mit Sicherheit ist sie jedenfalls den unmittelbaren Nachkriegserlebnissen bei den Großeltern zuzurechnen.

Die Großeltern mütterlicherseits waren überaus bescheidene und sparsame Leute. Trotz ihres schmalen Einkommens schafften sie es, sich auf diese Weise ein kleines Häuschen mit einem großen Garten zuzulegen, und dies bei immerhin sechs Kindern. Als sie dann schließlich mühsam die Schulden getilgt hatten, durften sie, bereits im Rentenalter, einen wesentlichen Teil der Summe nochmals draufzahlen, weil der Treuhänder des Siedlungsbaus während der Nachkriegswirren mit den Geldern durchgebrannt war. Da sie jedoch Entbehrungen gewohnt waren, wurden sie auch mit dieser Heimsuchung fertig und schnallten, dem nunmehr weitergeschrumpften Einkommen entsprechend, den Gürtel noch enger als bisher.

Das soll nicht heißen, dass man am Hungertuch nagte, nein, beileibe nicht!

Eher war es die Qualität und auch, was diese betraf, nur eine Sparauswahl, die nicht immer negativ sein musste.

Zwar wurden sowohl die Frühstücks- als auch die Abendbrotscheiben streng rationiert pro Person vorgeschnitten, für Jung und Alt je zwei an der Zahl. Zwar gab es morgens nur blanke Marmelade, während die Margarine dem Abend vorbehalten blieb. Während der Woche gab es kaum Fleisch und Süßigkeiten überhaupt nie.

Doch ist der Mensch bekanntlich ein Gewohnheitstier. So hatten wir nie Probleme in dieser Hinsicht. Kochte die Großmutter doch im Sommer und Herbst gute Marmelade in ausreichender Menge ein. Dazu kam noch eingemachtes Obst, das während der Woche nicht selten zu Nudeln, Grießklößen und anderem serviert wurde, was durchaus nicht meine Begeisterung erregte.

Allerdings wusste sich die Großmutter, die mit dieser Schmalkost nicht satt wurde, zu helfen. Wo immer man, unbefugterweise, dem Innenleben eines Schrankes, einer Kommode, eines Bordes zu Leibe rückte, kamen Marmeladenbrote zum Vorschein, die die Großmutter im Verlauf ihrer täglichen Hausarbeit den Verstecken entnahm, um sich über die Runden zu retten, was sie, alleine schon an ihrer Figur, nicht verbergen konnte. Sonntags jedoch war zumeist die kulinarische Durststrecke überwunden, was sich dann, vergleichsweise, wie eine Fressorgie ausnahm.

In der Regel war es nur Freibankfleisch (das war zwar tierärztlich untersuchtes, aber minderwertiges Fleisch, meist von verunglückten, also nicht zum Schlachten getöteten Tieren), das der Großvater und ich, nach langem Anstehen, im Emailleeimer nachhause trugen. Zudem bestand es mehr aus Knochen denn aus Fleisch. Doch war die Großmutter eine Köchin, die aus allem etwas zu machen wusste. Aus dem Füllhorn ihres überreichen Schatzes an Volksweisheiten, die sie tagtäglich und unermüdlich, zu passenden wie unpassenden Ge- und Verlegenheiten zitierte, habe ich so viele mitgenommen und mache wohl auch so häufigen Gebrauch davon, dass dies gelegentlich einen amerikanischen Freund zu der Feststellung veranlasste: „You Germans allways live in proverbs!" Dass „Not erfinderisch macht" und „Hunger der beste Koch ist", hat sie jedenfalls eindrücklich bestätigt.

Gar nicht so übel waren zum Beispiel Pellkartoffeln mit Salz, Kümmel und Butter- oder Sauermilch. Geradezu eine Delikatesse, die ich heute vergeblich nachzuahmen versuche, war ein Gericht, das aus nichts weiter als rohen, grob geriebenen Kartoffeln bestand, die mit wenigen, fein gewürfelten Zwiebeln und viel Schmalz unter emsigem Wenden in einer großen ovalen Gusseisenpfanne knusprig gebraten wurden und auf den interessanten Namen „Struwwel" hörten. Ganz besondere Höhepunkte der großelterlichen Küche waren jedoch die Wochenenden, an denen ein Huhn oder gar ein Kaninchen geschlachtet wurde. Dann gab es dazu nicht nur mit furchterregendem Aufwand hergestellte rohe Kartoffelklöße, die mit angeröstetem Weißbrot (!) und viel Petersilie gefüllt waren und nicht zu Unrecht „Herzdrücker" hießen, sondern es wurden sogar enorme Mengen verschiedener Kuchen, manchmal auch Schnecken- und Dampfnudeln gebacken. Wobei es eine Spezialität der Gegend war, warmen Zwetschgenkuchen oder auch die noch heißen Dampfnudeln zu einer dicksämigen Kartoffelsuppe zu essen, die, als besonderer Luxus, mit knusprig gerösteten Weißbrotwürfeln bestreut war; auch heute noch für Fremde oft ein Graus!

Doch war das Alltagsmenü nicht immer von solch erfreulicher Art. Unvergessen bleibt die beeindruckende Szene mit den Saubohnen.

Die mit Recht so genannten Saubohnen waren riesengroße, buntgefleckte Bohnen, deren hervorstechendstes Merkmal im Allgemeinen eine gewisse Härte war, die auch der längsten Kochzeit erfolgreich widerstand. Ob es nun an der gegen Kriegsende abgesetzten Schädlingsbekämpfung oder an zeitbedingt mangelhafter Lagerhaltung oder an beiden zugleich lag, bleibt offen. Die Regel bei diesem gefürchteten Gericht war jedenfalls die, dass es normalerweise einen unerwünscht hohen Anteil an Fleischzulagen enthielt. Dieser bestand stets aus Insekten vom Aussehen und der Größe von Stubenfliegen, die, überwiegend erst beim Kochen der Bohnen, aus diesen zu Tage traten.

Als sich nun eines Tages die Anzahl der Bohnen im Suppenteller mit der Menge der Fliegen nahezu die Waage hielt, war mein Durchhaltevermögen stark angeschlagen. In mühseliger Kleinarbeit reihte ich Fliege um Fliege am Tellerrand auf, mehr und mehr den Unwillen meines Großvaters auf die Probe stellend. Dann, urplötzlich, geschah es! Großvaters Hand packte jäh meinen Ellbogen, der sorgenvoll das Haupt stützte, und stieß ihn heftig auf die Tischplatte. Sein Löffel fuhr aus seinem leeren Teller in meinen vollen und rührte in Windeseile wütend die rings am Rand drapierten Fliegen unter. Mit einem Ruck riss er den Teller an sich und löffelte den Inhalt wild entschlossen und in affenartiger Geschwindigkeit in sich hinein. Dann schoss er zum Dessert einen Blick über den Rand seiner Nickelbrille, der durch Mark und Bein ging, und die Tafel wurde aufgehoben.

Da ging es schon lustiger zu, wenn Großmutter Tanzunterricht erteilte. Zu diesem Behufe verteilte sich die weibliche Jugend aus der Umgebung meiner ältesten Schwester in Großmutters Küche, die der größte aller kleinen Räume im Haus war. Der Tisch wurde hinaus und die Stühle an die Seite geschafft und dann ging es los. Das heißt, erst nachdem das große Grammophon mit Trichter aufgezogen und die erste Schallplatte aufgelegt waren.

Ich selbst hatte mich zu diesem Zeitpunkt bereits in Sicherheit gebracht und verfolgte durch die offene Tür des Wohnzimmerchens das Treiben, wenn die beleibte Großmutter mit erstaunlicher Wendigkeit den Mädchen die richtigen Schritte beibrachte. Mein größtes Vergnügen dabei war, selbst Grammophon zu spielen, und das ging so:

Wurde das Gerät mit der großen Kurbel aufgezogen, so zog auch ich mich mit drehender Armbewegung auf. Ertönte die Musik, so fing auch ich an, je nachdem, die Instrumente nachzuahmen oder den Text mitzusingen, was bald kein Problem mehr war, trotz der vielen Schallplatten, die die Mädchen zu solchen Abenden mitschleppten.

Verlor der Plattenspieler an Tempo, weil die Federspannung nachließ, so ahmte ich sowohl die schleppend absinkende Geschwindigkeit als auch Tonlage nach, bis hin zum völligen Stillstand, um dann wieder von Neuem mit dem Ankurbeln und neuer Musik in Originaltempo und -tonlage fortzufahren.

Als die Schwester aus dem Hause zog, war es auch mit der Beweglichkeit von Großmutters Beinen vorbei. Oft saß sie im Stuhl, während Großvater vor ihr kniete und ihre dick angeschwollenen Beine mit Franzbranntwein einrieb. Bisweilen tauchte er dabei etwas tiefer ab und nahm klammheimlich einen Schluck aus der braunen Apothekerflasche, was ihm, erstaunlicherweise, nie schadete; gelegentlich allerdings wies ihn die Großmutter streng an: „Hauch mich mal an!" Worauf ihm dann, gegebenenfalls, ein harscher Rüffel zuteil wurde.

Stolz war ich, wenn Großvater und ich mit reicher Beute vom Güterbahnhof zurückkehrten. Diese bestand stets aus einem Handwagen voller Brikettbruch. Den klaubten wir, gegen starke Konkurrenz, beim Entladen von Waggons hurtig auf und er bestand im Allgemeinen gut zur Hälfte aus einem, Gruß genannten, mehligen Brikettzerreibsel, dessen Verfeuerung im Küchenherd ich stets mit gespannter Aufmerksamkeit verfolgte, weil diese Substanz zu explosionsartigen, dumpfen Verpuffungen neigte.

Eine der erstaunlichsten Tatsachen war, dass im gleichen Städtchen, in dem die Großeltern lebten, eine Tante wohnte, die ich erst kennenlernen sollte, als ich schon gar nicht mehr bei den Großeltern weilte. Diese Tante war die einzige Schwester meines Vaters, und hierin lag auch schon der Schlüssel zum Verständnis, warum mich die Großeltern stets in vorsichtiger Distanz zu dieser Verwandtschaft gehalten hatten.

Hatte doch mein Vater, als Sohn einer der reichsten und angesehensten Familien des Städtchens, es gewagt, die mittellose Tochter eines Tagelöhners zu heiraten. Die totale Missachtung durch die

Schwiegereltern, die meiner Mutter daraus erwuchs, zahlten ihre eigenen Eltern wiederum, nach dem bekannten Auge-Zahn-Motto, dafür der gesamten Familie des Schwiegersohnes heim. So streng waren damals und sind bisweilen auch heute noch die Bräuche – Sippenhaft bis ins dritte Glied!

Zurück zur Tante, der auch ein Onkel und zwei Vettern beigesellt waren. Obwohl Letztere gleich alt, beziehungsweise nicht sehr viel älter als ich waren, blieb ihr Eindruck in meiner Erinnerung doch recht schwach. Von bemerkenswerter Persönlichkeit war vielmehr der Onkel, obwohl eher das energische Temperament der Tante über seine passive Friedfertigkeit dominierte.

Der Onkel, mit dem heute lustig antiquiert klingenden Namen Ottokar, war eigentlich promovierter Maschinenbauingenieur. Durch des Himmels unerforschliche Fügung, in Gestalt rein zufälliger Nachkriegs-Schwarzmarktgeschäfte mit dem begehrten Süßstoff Sacharin, lenkte ihn die agile Tante jedoch unauffällig in die unvorhergesehene Rolle eines Chemiefabrikanten. Der vertrieb, als es wieder richtigen Zucker gab, die erstaunlichste Produktpalette von Simpelkosmetika wie Puder, Pomade und Lippenstiften, aber auch Herdputzmittel und Legemehl für Hühner.

Er selbst war ja so wenig ein Fachmann auf diesem Gebiet wie seine Frau mit ihrem abgebrochenen Medizinstudium, die sich, nach erfolgreichem Anstoß des kleinen Unternehmens, in geschäftlichen Angelegenheiten durchaus zurückhielt. So war der Onkel weitgehendst auf die Entscheidungen eines fachkundigen Betriebsleiters angewiesen und irrte meist als ratloser und zerstreuter Spielball dieser Mehrfachfremdbestimmung durch die Produktionsbaracken; gelegentlich soll er bei diesen Wanderungen sogar den Hut verkehrt herum aufgesetzt haben; dies war auch wohl weiter nicht verwunderlich, denn in Wirklichkeit war er eigentlich ein verträumter, eher musisch begabter Mensch, mit einer Seelenlandschaft, die mehr einer sanften, blumenbestandenen Wiese glich als einem unternehmerisch beackerten, Gewinn versprechenden Feld.

Der sichtbare Teil dieser inneren Schönheit trat nur in dem Umfang zu Tage, wie es liebliche kleine Inseln zu tun pflegen, deren weit größerer Teil still und geheimnisvoll in den Tiefen des Meeres ruht. Die sichtbare kleine Insel war, in diesem Fall, des Onkels Sonntagsmalerei.

Mit welchem Frieden, welcher Gelöstheit und welcher Hingabe saß der Mann, meist sonntags, wie es das Klischee fordert, an seinem Schreibtisch und malte.

In der Regel waren seine Bilder alle von gleichmäßigem, annäherndem DIN-A4-Format. Freilich ließen ihm diese zeitweisen Ausflüge in eine andere Welt keine Gelegenheit zu großen, eigenschöpferischen Werken. Vielmehr begnügte er sich damit, seinem bescheidenen Naturell gemäß, vorzugsweise die Titelportraits des Wochenmagazins „Der Spiegel" in Öl umzusetzen, die damals noch überwiegend Schwarz-Weiß-Fotografien waren. Dies tat er sorgsam, mit Bedacht jegliche Kleinigkeit getreulich wiedergebend, und in einer Art, die beim Betrachter den Eindruck erweckte, als seien die dargestellten Personen erst durch seine Hand in lebende Menschen verwandelt worden. Manchmal kopierte er auch den einen oder anderen Spitzweg, nicht nur des ihm so gelegenen Kleinformates wegen, sondern womöglich auch aus einer gewissen Seelenverwandtschaft heraus, die ihn vielleicht mit diesem Maler verband.

Wir sprachen schon

vom gemütsmäßigen Kontrapunkt des Onkels zur dynamischen Tante. Sie war, in der Tat, das spindeldürre Pendant zum rundlichen Onkel. Selbstredend passten zu ihr die starken, filterlosen Zigaretten und der schwarze Kaffee, die sie beide in Mengen und mit Hingabe genoss. Keine Leidenschaft dagegen erweckten bei ihr die künstlerischen Schöpfungen ihres Gatten. Im ehelichen Schlafzimmer gab es, auf dem Kleiderschrank, einen kleinen Stapel dieser Erzeugnisse. Trotz aller nie abreißenden Produktivität des Onkels wuchs dieser Stapel, wunderlicherweise, nie über ein bestimmtes Niveau hinaus, weil die Hausfrau ihn, von Zeit zu Zeit, von unten her wieder abarbeitete, wie sie mir mit teuflischer Freude anvertraute. Das soll heißen, dass sie die älteren Arbeiten nach und nach immer wieder den Herdflammen überantwortete.

Kein richtiger Onkel, sondern genau genommen ein Großonkel, war Rolfs Vater. Was sich von ihm am einprägsamsten in meiner Erinnerung niederschlug, wäre eine Delikatesse (und Fundgrube) für Psychologen gewesen. Sein steter und konsequenter Kampf gegen ein eventuelles Aufkommen sentimentaler Anwandlungen gipfelte in der Gewohnheit, seinen allerpersönlichsten Kreis auf kuriose Weise mit einer ganz speziellen Form der unpersönlichen Anrede zu distanzieren. So rief er seine Gattin „Frau", seinen Sohn „Sohn", die älteste Tochter „Tochter", seine Mutter „Mutter", und selbst die Haustiere wurden nicht verbal ans Herz gezogen, sondern nur „Hund" und „Katz" gerufen. Einzige und deshalb umso bemerkenswertere Ausnahme war die Ansprache seiner jüngsten Tochter mit der Bezeichnung „Person". Diese außergewöhnliche Ehre einer persönlichen Charakterisierung war ihr allerdings nicht von ungefähr zuteil geworden, sondern schon früh verdient, dank einer auffallend unbeirrbaren Selbstständigkeit des Denkens und Handelns, die sie sich von niemandem austreiben ließ, eine Persönlichkeit eben!

Trifft nur ein Teil dessen zu, was man über seine jüngeren Jahre berichtet, so war sein Verhalten nicht immer gerade untadelig und vorbildlich gewesen. Mit beginnendem Alter allerdings, wirklich alt ist er leider nicht mehr geworden, gewannen seine guten Seiten die Oberhand und am Ende reichte es ihm sogar noch zu einer sympathischen Patina, so der Ausdruck hier gestattet ist. Dafür verpatzte sein ehemaliger Schulkamerad, der damalige Dorfpfarrer, ihm völlig unnötig noch den Abgang in Frieden. Schilderte er doch, ganz und gar überflüssig, der staunenden bis kopfschüttelnden Trauergemeinde, dass der liebe Verblichene einer der wenigen gewesen sei, die damals, vor tausend Jahren, warnend den Finger gehoben und gesagt hätten: „Das geht nicht gut!"

Dass er einer der wenigen war, stimmte schon, allerdings einer der wenigen, die in der braunen „Goldfasanen"-Uniform der SA durchs Dorf liefen und ins Horn der braunen Machthaber bliesen!

Der Tod löscht alles aus, heißt es; hätte der Pfarrer es doch dabei belassen. Aber bei ihm löschte er sogar die Wahrheit aus.

Wie der Großonkel, so fuhren damals viele mit eigenartigen Aufbauten, Badeöfen ähnlich, die huckepack auf die Hecks ihrer Automobile gepfropft waren, den sogenannten Holzvergasern.

Dazu gehörte auch ein Behältnis für Brennholz, denn die Maschinerie musste, mangels Benzin oder Dieselkraftstoff, durch das Verbrennen der Gase des verschwelenden Holzes angetrieben werden.

Zu uns kam in dieser Zeit manchmal ein Mann, der auch ein solches Fahrzeug fuhr. Der Mann war an sich schon bemerkenswert: klein, aber mit sehr großer Nase, scharfen Falten, Glatze und, um diese Auffälligkeiten zu komplettieren, mit einem seltsamen Namen: Propheter. Noch merkwürdiger war sein Auto. Das hörte auf den Namen Borgward und hatte nur drei Räder.

Der kleine Mann, an den ich immer noch denken muss, wenn ich Frank Sinatra in einem seiner Filme sehe, handelte mit allem, wie es damals viele tüchtige Überlebenskünstler verstanden. Einmal chauffierte er sogar eine Ziege und diese von der Stadt aufs Land!

Ich weiß nicht mehr, ob es bei dieser Gelegenheit war, als mein Bruder und ich das seltsame Gefährt etwas näher in Augenschein nahmen. Dabei lösten wir, der Gepflogenheit von Kindern gemäß mit den Händen sehend, die Handbremse, und das Fahrzeug fuhr auch willig bergab, und zwar gegen das Scheunentor, das aus seinem unteren Auflager nach innen gedrückt wurde und nur durch einen glücklichen Zufall in seiner Schräglage verblieb, ohne uns unter seiner ganzen Ungeschlachtheit zu begraben.

Einen deutlichen Kontrast zu der uns bekannten Welt von Erwachsenen bildete ein älteres Ehepaar im Dorf, das ich, aus welchem Grund auch immer, ab und zu mit meiner jüngsten Schwester besuchte. Auch vermag ich nicht mehr zu sagen, ob Kinderlosigkeit oder mangelnder Kontakt mit eventuellen eigenen Kindern der Beweggrund für die Zuneigung dieser Leute zu uns waren. Doch sehe ich uns noch deutlich, alle vier, die kleine Frau, den stattlichen Mann, meine Schwester und mich, unter dem anheimelnden Schirm einer tief hängenden Lampe im kleinen Wohnzimmer über diverse Bücher und Alben gebeugt.

In diesen Büchern und Alben lag die geheimnisvolle Anziehungskraft, die uns mehr noch als die friedvolle, trauliche Atmosphäre und die stille Zuneigung lockten.

Bücher, Alben und flache Kartons waren angefüllt mit den allerwunderschönsten Abziehbildern, die man sich nur vorstellen kann. Es waren so prächtige Exemplare dabei, wie ich sie weder vorher noch nachher je gesehen hatte. Manche maßen wohl über 30 cm Höhe und stellten üppige Allegorien dar, an denen weder an überbordenden Ornamentbeigaben noch an herrlichen Farben, vor allem Gold, gespart war.

Da gab es religiöse Motive, wie den heiligen Georg, der, in stahlblau glänzendem Harnisch, hoch zu Ross, seine buntbewimpelte Lanze in einen sich schillernd am Boden windenden Drachen bohrte.

Einen majestätisch posierenden Erzengel Gabriel sah man, mit stattlichen Flügeln und einem mächtigen Schwert, dessen Klinge einer züngelnden Flamme glich. Zu Füßen des strahlend weißen, wallenden Gewandes wand sich eine klägliche Meute grässlich grüner Teufelchen und anderen hässlichen Gewürms.

Viele Märchenszenen waren dargestellt, mit trutzigen Burgen und turmreichen Schlössern auf steilen Felsen. Festlich gekleidete Könige und Königinnen, Prinzen und Prinzessinnen samt Dienerschaft, Hofnarren und Mohren wetteiferten um unsere Bewunderung. Selbstverständlich waren Rotkäppchen mit dem Wolf sowie Hänsel und Gretel mit dem Hexenhaus vertreten, wie auch die sieben jungen Geißlein und ein wunderhübsches Schneewittchen mit liebevoll ausgeführten Zwergen.

Weiterhin gab es gekonnt lebensnah abgebildete Tiere verschiedener Art, wie Hunde, Katzen und Löwen, von denen mir ein überaus farbenprächtiger Vogel am besten gefiel. Ja, er beeindruckte mich derart nachhaltig, dass ich noch als Erwachsener eine besondere Vorliebe für eine bestimmte Pralinenmarke oder besser gesagt -packung besaß, deren schwelgerische Farbprägungen ein sehr ähnliches Motiv darstellten.

Aufwendig ausgearbeitet waren auch üppig geschmückte Wappen, ein kolossaler Reichsadler und verschiedene Soldaten mit ihren bunten Uniformen und Fahnen.

Doch gab es auch profanere Darstellungen, wie detailgetreue Abbildungen von Automobilen, die man heute als Oldtimer bezeichnen würde, oder auch von Luftschiffen, Ballons oder Dampfern.

Wir brachten unsere Schulbücher mit und ließen uns das eine oder andere Abziehbild auf die vorderen Leerseiten übertragen. Doch hielt die Freude darüber nicht lange an, denn alsbald blätterten die herrlichen Farben, zumal die Metalltönungen, unaufhaltsam wieder ab.

Es war Ehrensache, dass wir Jungs auch hin und wieder mal fremde Kirsch-, Apfel- oder Nussbäume bestiegen, je nach jahreszeitlichem Angebot und Gelegenheit. Ungünstig war Letztere selbstredend, wenn der Feldschütz auf dem Plan erschien.

Einmal rutschte ich dabei in meiner kurzen Lederhose so geschwind und ungeschickt den rauen Stamm eines dicken Kirschbaums hinunter, dass ich mir die Innenseiten beider Oberschenkel gehörig aufschrammte.

Der Feldschütz hätte uns ja nie eingeholt, aber sein Hund hetzte uns bis in den Wald, wo wir uns im dicksten Dickicht, mit angehaltenem Atem, in einer Sausuhle verbargen. Übel zerschunden und verdreckt entkamen wir auf diese Weise nur knapp unserem Verfolger.

Eigentlich wäre die ganze Aufregung gar nicht nötig gewesen, denn sowohl Rolfs als auch meine Eltern besaßen ausgedehnte Obstanlagen mit süßen und sauren Kirschen, mit Äpfeln und Birnen, mit Zwetschgen, Mirabellen und Reineclauden. Aber so ganz einfach nur das eigene Obst zu verzehren, ohne jedes Abenteuer und Risiko, das wäre denn doch zu öde gewesen, noch dazu, wo es nicht einmal verboten war.

Als wir dann unsere eigenen Kirschen ernteten, bemächtigten sich doch ganz dreiste Mitesser unserer bereits gefüllten Körbe und luden daraus in mitgebrachte Taschen, was sie nur eben schleppen konnten. Doch erwischten wir sie bei dieser unsportlichen Tat, und dieses Mal waren wir in der Rolle des Feldschützen. Allerdings war die Situation so tragikomisch, dass eher unser Mitgefühl über die Schadenfreude dominierte. Waren die Gefassten doch zwei ehemalige Mitschülerinnen aus der Volksschulzeit, von denen eine die Figur eines mittleren Regenfasses besaß. Das sah vielleicht lustig aus, als die Tonne mit der vollen Tasche vor Schreck auf dem Rücken den steilen Hang hinuntersauste, neben ihr, sich überschlagend, die dünne Spießgesellin. Unten angekommen, verfielen die beiden augenblicklich in ein markerschütterndes Geheule, das schließlich auch seine Wirkung nicht verfehlte, so dass man sie, unter entsprechendem Geschimpfe, ohne Beute abziehen ließ.

Wenn es galt, die gegen 250 niederstämmigen Schattenmorellen zu pflegen, mit Schneiden, Baumscheiben-Hacken, Terrassen-Mähen und so weiter, war bisweilen ein Helfer namens Theo mit von der Partie, der mit einem schlimmen Sprachfehler gestraft war. Er war bärenstark, stets willig und fleißig, doch gelegentlich von aufbrausendem Temperament, was mitunter auf einen Spaß zurückzuführen war, den man mit ihm trieb; vorausgesetzt, er stieg überhaupt dahinter, dass man ihn zum Besten hielt.

Sagte man ihm zum Beispiel, er solle sein ausgezogenes weißes Hemd aus der Sonne nehmen, weil es sonst ganz braun werden würde, so eilte er, dankbar für diesen Hinweis, der Empfehlung nachzukommen.

Er hatte die Schwester einer meiner ehemaligen Mitschülerinnen geheiratet, eine etwas vierschrötige Person. Als er einige Jahre später schon weggezogen war, hörte man, dass er sich an seiner eigenen Tochter vergangen hatte und dafür im Gefängnis saß.

Im Übrigen hatte sich bei ihm, wie so oft, der Wahrheitsgehalt althergebrachter Sprichwörter bestätigt. Sang er, mit wohlklingendem, kräftigem Tenor, so war es mit dem Stottern vorbei. (Sing doch, wenn du's nicht sagen kannst!)

Viele Orte der Kindheit sind längst unwiederbringlich zerstört. Das Mühlrad an der großen alten Mühle ist verschwunden, der Mühlgraben vor nicht allzu langer Zeit zugeschüttet. Die gusseiserne Wasserpumpe gegenüber, mit der zusammen ich als Knirps auf einer alten Fotografie zu sehen bin, hat sich, auf wunderliche Weise, in den Garten eines Anliegers verirrt.

Als alles noch so war, wie es war, und die Mühle noch emsig betrieben wurde, arbeiteten und wohnten dort die Eltern der beiden ostpreußischen Brüder, von denen auch an anderer Stelle die Rede ist.

Zu den dort anfallenden Arbeiten gehörte auch das Reinigen des vom Fluss abgeleiteten Mühlgrabens. Dazu sperrte man den Zufluss mit einem Wehr und ließ das im Graben befindliche Wasser auslaufen. Das war, allein schon deswegen, weil es nur alle paar Jahre geschah, ein großes Ereignis. Gab es doch allerlei ansehnliche Fische, vor allem Weißfische, zu ernten. Die begehrteste Beute des Müllers war jedoch der Aal, der sich bei glücklichen Gelegenheiten im schlammigen Grund fand.

Er fand sich auch dieses Mal, als das Wasser nach und nach den feinen roten Schlamm des Mühlgrabens freigab. Der jüngere der beizeichnung Giftzwerg genau zu. Wenn sich andere Lehrer mit dem Zeigestab oder Rohrstock vor der Klasse aufbauten, so war ihm das kein ausreichendes Kaliber. Er bevorzugte das berühmte Metermaß. Das war ein klobiges, schwergewichtiges Vierkantholz, von ehrfurchtgebietender dunkelbrauner Alterungstönung, mit Zentimeter-Einteilung und einem Meter Länge.

Im Allgemeinen diente dieses Monstrum der Demonstration, die Ausdehnung eines Meters körperlich und handgreiflich vor Augen zu führen: „Dies ist ein Meter!" Das Ganze verbunden mit dem gebührenden Hinweis auf das berühmte Urmeter im Pariser Louvre.

Im Besonderen diente dieses Symbol exakter Wissenschaft jedoch dem Giftzwerg zu Demonstrationen anderer Art. Wie ein Tambourmajor schwang er das Holz als Zeichen seiner Autorität vor unseren Nasen, und packte ihn der gewohnte Zorn, dann sprang er, so klein er war, ohne Anlauf auf die erste Bank und schleuderte hundert harte Zentimeter zwischen die Schüler, wie weiland Thor seinen Hammer und seine Blitze. Reaktionsschnelle Deckung unter den Schulbänken und günstige Geschicke bewahrten uns und ihn vor den Folgen gefährlicher Blessuren.

Doch erzog er auch fleißig mit der flachen Hand, was nicht immer die ungeteilte Zustimmung aller Eltern fand.

Eine von vielen Episoden, die sich aus solchen Anlässen ergaben, war die folgende:

Während des Unterrichts klopft es an die Tür. Der Lehrer hat sie erst einen Spaltbreit geöffnet, als eine unbekannte Hand sichtbar wird, die Halt am Kragen des Lehrers sucht. Schon ist er nach draußen gezogen und die Tür im selben Augenblick hinter ihm geschlossen.

Atemlose Stille in den Bankreihen. Kurzes Klatschen auf dem Flur, etwas fällt zu Boden, klirrt. Nur kurze Ruhe, schon öffnet sich wieder die Tür, der Lehrer tritt ein. Der Krawattenknoten hat sich nach Norden verschoben, die Brille trägt er in der Hand, ein Glas fehlt. „Ihr könnt jetzt nachhause gehen", sagt er mit tonloser Stimme, ohne aufzuschauen. Wir gehen, so schnell wir können, ohne Jubel.

den Brüder lief mit einer zweizinkigen Kartoffelhacke aufmerksam am Ufer auf und ab, als sich ein verräterisches Schlängeln im seicht gewordenen Wasser bemerkbar machte. Ein heftiger Hackenschlag von der Böschung hinunter steigerte das Schlängeln zum wilden Peitschen. Ein zweiter, weit ausholender Schlag und an der Hacke wand sich, blutig durchbohrt, der Aal im Todeskampf. Jetzt ging es rasch ab mit dem stattlichen Fang. Für dieses Mal ging der Müller leer aus und der Knecht tat sich mit seiner Familie heimlich gütlich.

Böse Zungen behaupten hartnäckig, dass in ländlichen Gegenden häufiger die Inzucht verbreitet sei, was sich in allerlei Formen menschlicher Besonderheiten, insbesondere in Missbildungen, in Schwachsinn oder doch zumindest in ausgewachsenen Kauzigkeiten zeige.

Nun, entweder stimmen diese Verleumdungen tatsächlich, oder es erweckte irgendein dummer Zufall in unserem Dorfe diesen Eindruck. Jedenfalls konnte man sich, in Anbetracht der bescheidenen Einwohnerzahl, über Mangel an unüblichen Erscheinungsformen unter den Dorfbewohnern nicht beklagen.

Um nur einige zu erwähnen, sei zuerst einmal auf einen hingewiesen, der stets mein besonderes Interesse geweckt hatte. Er war nicht nur der Onkel eines zeitweiligen Mitschülers, sondern auch für Jahre der Vermieter (wenn auch später der entmündigte) der ostpreußischen Familie, nachdem sie aus der Mühle ausgezogen war.

Ein Kleiderschrank von einem Kerl, hatte er doch das Gesicht eines altklugen Kindes, mit stets rosigen Wangen und ohne die geringsten Altersspuren eines Bartflaumes. Behaftet war er mit einem eigenartigen Sprachfehler, der ihn, mit heller Stimme, den größten Teil seiner Worte, in heftigem Stakkato, mehrmals wiederholen ließ. Diese kurzen, wasserfallartigen Ergüsse begleitete er stets mit aufgeregtem Hüpfen und Schulterzucken, gleich einem Eiertanz, in regelmäßigen Abständen von einem meckernden Lachen unterbrochen, bis er sich wieder mit kleinen Trippelschritten entfernte, die in seltsamem Kontrast zu seiner hünenhaften Gestalt standen.

Man erzählte, dass er während seiner Gymnasiastenzeit einem genialen Überhang zum Opfer gefallen sei. Wie dem auch sei, war er damals, warum auch immer, von zwei unverheirateten Tanten großgezogen worden, die sich wohl so sehr um sein Wohlergehen gekümmert hatten, dass er außerhalb des Schulunterrichts mehr oder minder von seinen Altersgenossen isoliert blieb.

Nun lebten diese schwarz gewandeten, vertrockneten Jungfern noch immer mit ihm zusammen und sie hatten vorübergehend diesen ausgebombten Großneffen aus dem weiter entfernten, rheinischen Industriegebiet bei sich aufgenommen, der jetzt zufällig mein Mitschüler war.

In nahezu jeder Pause standen die beiden alten Damen, knochig und düster, wie zwei Unglücksraben, zwischen dem lebhaften Gewimmel der Kinder auf dem Schulhof und hielten den ihnen anvertrauten Jungen unter ihren Fittichen.

Da ging mir so manches Licht auf und ich ließ nicht locker, mehr über das Zusammenleben dieser sonderlichen Wesen mit ihrem noch sonderlicheren Neffen, der schon gegen die fünfzig ging, zu erfahren.

Zu jener Zeit betrieb der Sonderling noch einen vom Vater ererbten Gemischtwarenladen musealster Prägung. Heute wäre dieser eine Attraktion jeder Gemeinde, doch war er damals kaum noch besucht.

So fiel es mir leicht, für eine Weile zum Stammkunden zu werden und näheren Kontakt zu den beiden Ladenhüterinnen zu knüpfen. Bald erlangte ich auf diese Weise Zutritt zu der hinter dem Laden gelegenen Wohnung, die nicht minder altertümlich als der Laden und seine Betreiber war. Auffallend waren vor allem das stete Halbdunkel der Räume und die totale Farblosigkeit der Einrichtung.

Eines Tages führte mich die jüngere der beiden Schwestern auf den Speicher, wo ein wilder Haufen alter Schulhefte und loser Blätter zerwühlt auf dem Boden ausgebreitet war. Sie machte mich auf die Schrift aufmerksam, die, Buchstabe für Buchstabe, Wort für Wort, Seite für Seite, von einer Präzision war, die den Anschein von Gedrucktem erweckte. Bis zur Quarta reichten die Hefte, dann brachen sie unvermittelt ab. Das war der Zeitpunkt gewesen, so erinnerte sich die Tante, als beim Neffen schockartig der Sprachfehler einsetzte und seine Verwirrung begann, wie sie sich auszudrücken pflegte.

Nicht lange nach dieser Offenbarung, stellte das wunderliche Dreigestirn den Betrieb des Ladens ganz ein.

Von da an zog der seltsame Kaufmann als Hausierer durch die Gegend.

Ob Sommer, ob Winter, ob Sonne, ob Regen, der Riese mit dem Kindergesicht setzte seine Sonderschuhgröße Schrittchen vor Schrittchen, hinter sich einen kleinen Handwagen herziehend, der in geradezu lächerlichem Kontrast zu seinem Besitzer stand, was die Größe betraf.

Die geringen Mengen der auf diese Weise vertriebenen Waren kaufte er zu normalen Preisen im Einzelhandel des Dorfes und verkaufte sie, mit geringem Aufschlag, in abgelegenen Dörfern und Höfen.

Seine Tanten waren inzwischen pflegebedürftig geworden und deshalb ins Altersheim gegangen, so dass auch für ihn keinerlei häusliche Versorgung mehr bestand. So nahmen sich die katholischen Schwestern und die Gemeinde seiner an, welch Letztere auch später in den Besitz des ererbten, elterlichen Grund- und Hausbesitzes zu kommen gedachte.

Zu den diesbezüglich bereits getroffenen Vereinbarungen, den Entmündigten betreffend, gehörte auch das sehenswerte Sonntagsritual, wenn der Gemeindepflegling, in einem mehrstufigen Aluminiumtopfsatz, sein Essen aus dem einzigen Hotel des Ortes nachhause trug. Wie behutsam setzte er da noch kleinere Schrittchen, wie sorgsam balancierte er die Speisen in Vorhalte, mit Wangen, die noch rosiger waren als sonst und mit einem so überaus glücklichen und heiteren Gesichtsausdruck, wie man ihn bei geistig intakten Menschen selten sieht. Dabei war er auf seinem ganzen Wege fortlaufend in freudig erregte Selbstgespräche vertieft und man sah ihm förmlich die Vorfreude auf sein Sonntagsmahl an, die von solch ansteckender Art war, dass einem bisweilen selbst schon das Wasser im Munde zusammenlief, weil man sich bereits gedanklich vor den eigenen Sonntagsbraten versetzt fühlte.

Mag es noch so unglaubhaft erscheinen, so entsprach es doch der Wahrheit: Im Hause des wundersamen Kaufmannes wohnte ein nicht minder skurriles Geschwisterpaar, Bruder und Schwester.

Der Bruder war von kleiner, verwachsener Gestalt, mit mächtigem Buckel, von schnellem Mundwerk und aufbrausendem Wesen. Seine Schwester dagegen war ein bedauernswert zurückgebliebenes Wesen, das seine Tage in totaler Isolation dahinvegetierte, allzeit tiefschwarz gekleidet und mit so geringer Sehkraft ausgestattet, dass auch eine unmäßig dickglasige Brille nicht mehr viel ausrichten konnte. Trost war ihr alleine noch eine verzweifelte Religiosität von zeitweisem Wahncharakter.

Ihr Bruder verbrachte einen Großteil seiner Zeit in den Kneipen des Dorfes, stets mit überdimensionalen Stumpen im Gesicht und meist dem Vollrausch nahe, was wiederum begünstigt wurde durch verschiedene Spender von Freibier, die ihm teils etwas Gutes tun wollten oder aber dies der Belustigung halber taten, um sich seines dann noch leichter zu entfachenden Jähzornes zu erfreuen.

Als Erwachsener schon, nach einigen Jahren der Abwesenheit wieder für kurze Zeit ins Dorf zurückgekehrt, sollte ich ein letztes Mal Gelegenheit haben, sowohl den Buckligen als auch den wirren Kaufmann in gemeinsamer Aktion zu erleben.

Ich saß mit ehemaligen Schulkameraden im Wirtshaus an der Hauptstraße, das nach dem höchsten Berg des Gebietes benannt war. Dort stand, in der Ecke eines kleinen Seitenflügels des großen Schankraumes, ein Fernsehapparat, der immer mit Beginn der 20-Uhr-Nachrichten eingeschaltet wurde und danach bis zum Ende des letzten der damals nur drei Programme durchlief, das auch, in der Regel, in etwa mit der Polizeistunde zusammenfiel. Dieses Gerät erfüllte sozusagen eine gruppendynamische Alibifunktion für diejenigen Wirtshausbesucher, die, launenhalber oder prinzipiell, einer Unterhaltung mit anderen Gästen abgeneigt waren.

Auch der Bucklige war an diesem Abend zu Gast. Mit seinem großkalibrigen Stumpen kaum über die Tischkante reichend, hatte ihn das Freibier bereits heftig in Fahrt gebracht und er befand sich gerade mitten in den hitzigsten Tiraden.

Da tat sich die Tür auf und sein Vermieter, der Kaufmann, trat hüpfend, mit hektischen Wangen ein.

Das war gewissermaßen eine Welturaufführung, denn das einzige Gasthaus, das er je betreten hatte, war das Bahnhofshotel, und dies auch nur, um sonntags sein Essen, außerhalb der Gaststube, an einem Schalter im Flur, abzuholen.

Ein großes Hallo und verschiedene Einladungen setzten augenblicklich ein, doch musste den Ärmsten Unumgängliches hergeführt haben, denn sogleich begann seine schnarrende Stimme sich mit unmissverständlicher Bestimmtheit zu überschlagen. Die Schwester des Buckligen verlange sofort nach diesem, er solle auf der Stelle nachhause kommen.

Empörter Zorn war die trotzige Reaktion des Aufgeforderten. Doch während der sich noch in heftiger Gegenrede erging, tat sich Außergewöhnliches! Der rotbackige Riese hatte, wenngleich unmittelbar an der Eingangstür postiert, plötzlich das laufende Fernsehgerät im halbdunklen Hintergrund entdeckt, und auch dies war für ihn eine Premiere. Zudem hatte der zuverlässige Zufall just in diesem Moment den Einfall, den Liebreiz einer unübersehbar dekolletierten Ansagerin satt ins Bild zu rücken.

Der Kaufmann hüpfte, abgehackte Überraschungslaute ausstoßend, geschwind ein paar Takte nach vorn. Dann verharrte er kurz in grenzenlos entzücktem Erstaunen, wie ein Kind in die Hände klatschend, um sich danach weiter vorsichtig zu nähern.

Als Gelächter und Zurufe einsetzten, erstarrte er erschreckt, die unschuldige Begeisterung brach wie ertappt ab und er zog sich, wieder in waschweiberhaftes Geschimpfe gegen seinen Mieter verfallend, eilig zurück.

Das Letzte, was ich vom Buckligen hörte, war, dass er die steinerne Skulptur des Brückenheiligen bei meines Bruders Haus des Nachts, vor ihr kniend, stürmisch als „Helga" umworben hatte, obwohl dieser doch Nepomuk hieß.

Dann endete die Wohngemeinschaft beim Kaufmann auf profane Weise, indem alle Beteiligten nach kurzem Pflegeheimaufenthalt dahinstarben; zuerst die überfromme Schwester nach einem Beinbruch, dann der Kaufmann im Stadium unhaltbarer Verwahrlosung und, nur vier Tage später, der Bucklige in einem Anfall totaler geistiger Umnachtung.

Und dies waren, um der Wahrheit Genüge zu tun, längst nicht die einzigen Abnormitäten des bescheidenen Dorfes gewesen, weiß Gott!

Da war zum Beispiel noch der oft halbtrunkene Metzger, der so entsetzlich schielte, dass immer aufs Neue die Befürchtung bestand, er würde seinen ebenfalls schielenden und dazu noch stotternden Helfer anstelle des Schlachtviehs erschlagen.

Ein anderes Original war ein schwindsüchtiger junger Mann, der sich seinen Bekanntheitsgrad durch eine wenig alltägliche Art des morgendlichen Ankleidens verdient hatte. Morgens oft als Letzter auf den Pendlerzug in die Stadt aufspringend, pflegte er gelegentlich erst im Abteil seine Garderobe zu vervollständigen. Das sollen, nach zeitgenössischen Berichten, zumindest in einem Falle, auch einmal Hosen und Schuhe gewesen sein, die er im Endspurt lose zum Zug brachte.

Übrigens war der Sohn des „Alphabeten", wie die alte Karline den stotternden Bauern aus der Nachbarschaft geschimpft hatte, ebenfalls ein geistesschwacher Stotterer geworden, während nur seine ältere Schwester sich als einziges Familienmitglied ungetrübter geistiger Gesundheit erfreuen durfte. Ihr Bruder aber beantwortete jedweden Gruß mit einem stets freundlichen und breit gedehnten „Jaaaahh!".

Ein nicht hoch genug zu preisender Segen für den ganzen Flecken und seine nähere Umgebung war in diesem Zusammenhang die pummelige Tochter eines Nebenerwerbsbauern, die eine Schulkameradin meiner jüngsten Schwester gewesen war.

Mit ihrem pickeligen, roten Pfannkuchengesicht war sie alles andere als eine Schönheit. Doch lenkten zwei dunkle, feurige Augen so lebhaft davon ab, dass auch die Gedrungenheit ihres füllligen Fleisches angenehm in den Hintergrund geriet. Und diese Augen versprachen keinesfalls zu viel, denn von allen Käuzen, Sonderlingen, Wirrgeistern und sonstigen Spielarten menschlicher Natur gab es keinen, der nicht ihr offenes Herz gefunden hätte. Was keinesfalls heißen soll, dass sie den Rest männlicher Dorfbewohner etwa als zu langweilig verschmäht hätte. Doch wollen wir ihr, auch wenn sie leider schon relativ jung verstarb, nicht zu nahetreten in ihrer freiwilligen und allseits erfolgreichen Mission als erotische Nothelferin (gewitztere Geister hätten sie vielleicht auch, leicht zynisch abgehoben, als „Maitresse d'introduction" = Meisterin der Einführung gerühmt), für die sie eigentlich einen Orden oder doch zumindest eine lokale Medaille verdient hätte, wie manche meinen.

Es hatte zu jener Zeit noch nicht der große Gleichmacher eines mehr oder minder gemeinsamen Bildungs- und Sozialfundaments die Erscheinungs- und Verhaltensformen aller Welt geprägt. So war eine Reihe von Charakteren noch in ihrer ursprünglichen Eigenart erhalten geblieben, unbeeinflusst von jeglichem wesensfremdem Anpassungszwang; Wildformen, könnte man sagen, die heute fast gänzlich durch eine domestizierte Einheitsspezies abgelöst sind.

Ein Prachtexemplar, aus dieser Sicht, war eine Bäuerin von einem abgelegenen Hof, die uns öfter als fliegende Händlerin besuchte. Sie war ein gewaltiges Weib, vom mehrfachen Volumen ihres einäugigen Winzlings von Ehemann, dessen Muskatnussköpfchen auch ein überlanger Hängeschnurrbart von schütterem Wuchs nicht zu glaubhafter optischer Vergrößerung verhalf.

Verstärkt wurde die Weitläufigkeit der ambulanten Fleischberge der Bäuerin durch ansehnliche Warenbündel und -körbe, die sie stets mit sich führte.

Eier bot sie feil, geschlachtetes Federvieh und Karnickel, Ziegenfleisch, Butter, gelegentlich auch Schmalz, Mehl und Beeren und was es sonst noch Nahrhaftes gab.

Trug sie ihr Nettogewicht schon nicht zu zügig durch die Gemarkung, so dehnte ihr Bruttogewicht den weiten Weg umso mehr aus. Kam sie schließlich, in viel schwarzes Tuch gekleidet, mit gerötetem Gesicht und in Schweiß gebadet, bei uns an, so war auch ihre Ware oft schon entsprechend mitgenommen. Das große Leintuchbündel mit dem Ziegenfleisch war blutdurchtränkt, Geruch machte sich breit und die Fliegen gerieten in Ekstase.

Weniger verzückt war allerdings meine aus der Stadt stammende Mutter, die, trotz der lautstarken Anpreisungen der Bäuerin und der sie begleitenden Empfehlungen meines Vaters, meist nur Eier kaufte. Ja, so war das nun mal. Was den einen als rustikal begeisterte, schreckte den anderen als unhygienisch ab.

Mit der Zeit kam die Bäuerin auch weniger wegen ihres Geschäftes, sondern hauptsächlich des Kaffees wegen, den ihr meine Mutter stets aufbrühte, und dann auch etwas zum Verschnaufen und Erzählen.

Lustig war der Tag, an dem sie die damals noch weniger verbreiteten Bananen bei uns entdeckte. Wie war sie verwundert, als sie hörte, diese komischen krummen Dinger seien Bananen. Zwar hatte sie also noch nie welche gesehen und demzufolge auch niemals welche versucht, doch beteuerte sie leidenschaftlich, dergleichen nie und nimmer essen zu wollen, als man ihr davon anbot.

Nicht ganz so lustig, oder vielleicht eher erst im Nachhinein lustig, war dagegen die Geschichte mit dem Stuhl.

Genau genommen war es einer jener typischen Küchenstühle mit einer leicht eingetieften Sitzfläche. Das häusliche Leben spielte sich ja damals bei den meisten Leuten, auch denen des Mittelstandes, in der Küche ab, die üblicherweise viel größer war als die heutigen behelfsmäßigen Kochnischen; so wurden sie oft, nicht zu Unrecht, als Wohnküchen bezeichnet.

Die Bäuerin jedenfalls, nachdem sie ihren Kaffee wie üblich getrunken und noch gar nicht lange über dies und das geredet hatte, erhob sich dieses Mal auffällig bald, doch nicht um ihre Tour fortzusetzen, sondern unerklärlicherweise im Stehen weiterschwatzend.

Von ihrem geräumten Stuhl aber erhob sich ein penetranter Geruch aus der bis zum Rand gefüllten Sitzfläche.

Jeder im Raum hatte mitbekommen, um was es sich bei dieser Flüssigkeit handelte, nur mein Vater nicht, der meine Mutter anwies, doch das Wasser vom einzig freien Stuhl aufzutrocknen, damit die Frau sich wieder setzen könne; sie habe sich ja ihren ganzen Rock durchnässt.

Doch führte meine Mutter unbeirrt das Gespräch weiter und scherte sich einen Teufel um diesen Einwand.

Von da an kam die Bäuerin nur noch selten und dann gar nicht mehr.

Einige Male schaute noch ihr Sohn vorbei, der zwar mit großzügigen Körpermaßen, aber leider gegensätzlichen Geistesgaben ausgestattet war. Sein Gesicht erinnerte stark an die Rekonstruktionsversuche des Neandertalers, die wir im Frankfurter Senckenberg Museum mit einem gewissen Gruseln bestaunt hatten. Doch war er von sehr behäbiger Art und äußerst friedfertig.

Irgendwer hatte für ihn ein Inserat in die lokale Presse gesetzt, das ihm doch tatsächlich, als Enddreißiger, noch eine durchaus passable und lebhafte, rothaarige, junge Frau aus einem weit entfernten Dorf verschaffte.

Vier Jahre nach der Heirat besaß er bereits vier Kinder, und als man ihm signalisierte, jetzt sei es doch wohl genug damit, meinte er ganz treu und hilflos: Immer, wenn er zurückziehe, komme sie nach.

Die mir seinerzeit vorliegenden Informationen reichten zum Verständnis dieses technischen Problems aus, auch ohne das daraufhin einsetzende höllische Gelächter der Anwesenden.

An der Vermittlung einschlägigen Wissens war unter anderem der Sohn eines Arztes beteiligt, wobei mir nicht bekannt ist, inwieweit es ihm selbst von Nutzen war, als er später Medizin studierte und in die Praxis seines Vaters einstieg.

Wir besuchten damals zunächst eine der typischen, konfessionsgebundenen Volksschulen. Das verschaffte uns den Vorteil, den gefürchtetsten Lehrer des Dorfes, der zur katholischen Fakultät gehörte, nur kurze Zeit als Vertreter genießen zu müssen.

Klein von Wuchs und unbezähmbar cholerisch, traf auf ihn die Be-

Er selbst war wohl auch froh, als er schließlich pensioniert war. Galt doch seine Leidenschaft der Jagd, die ihm ausreichende Betätigung an frischer Luft für die alten Tage bot.

Damit verbunden, betrieb er zeitweise nebenbei auch eine Dackelzucht. Und humorvoller als zu seiner Dienstzeit war er als Pensionär allemal. Was ihn in dieser Zeit einmal zu uns nachhause führte, weiß ich nicht, aber an das Jägerlatein, das er bei dieser Gelegenheit von sich gab, erinnere ich mich noch gut.

Er erzählte von einer kürzlichen Pirsch, zu der er erstmalig einen Wurf junger Dackel, unter Führung der Althündin, mitgenommen hatte. Man habe sich auf freier Fläche bewegt, als urplötzlich ein Bussard im Sturzflug einen jungen Welpen gepackt und durch die Luft davongetragen habe.

Wie er denn reagiert habe, wurde er gefragt. „Ich", fuhr er fort, „riss natürlich gleich die Büchse hoch, legte an, zielte und traf den Räuber voll. Wie ein Stein fiel er vom Himmel!"

„Ja und der Dackel?", war die atemlose Frage eines gepackten Zuhörers.

„Der Dackel", meinte trocken der Lehrer, „der ist weitergeflogen."

Es war ein lustiger Anblick, wenn der kleine Mann zur Jagd ging und ihm der Flintenkolben fast auf der Erde schleifte, während ihn das Rohr weit überragte. Die grünen Gummistiefel reichten ihm bis zum Knie und selbst der Rucksack hing, einige Nummern zu groß, beinahe auf dem Gesäß.

Jagdfreunde des gewesenen Schulmeisters waren, ganz wie es sich für ländliche Gegebenheiten gehörte, unter anderem der Arzt, von dessen Sohn schon die Rede war, und der sogenannte Einnehmer (welch treffende Bezeichnung für den Mann, der der örtlichen Verwaltung vorstand, die für den Einzug der öffentlichen Abgaben und Steuern zuständig war).

Diesen Jagdfreunden hatten sich eines Nachmittags noch verschiedene ihrer Ehefrauen zugesellt, als wir unser angestammtes Revier in einem größeren verlassenen Steinbruch von ihnen besetzt fanden. Die kleine Gesellschaft hatte sich hier zum Übungsschießen eingefunden, denn einen Schützenverein mit regulärem Schießstand gab es zu jener Zeit noch nicht am Ort.

Man ging zwischen den Gesteinsbrocken in Stellung und schoss in Längsrichtung des Steinbruchs auf alte Dosen und die rostigen Reste einer umgestürzten Lore.

Wir lagen am Rande des Bruches ins Gras geduckt und verfolgten das Geschehen von oben. Es war durchaus interessant, denn wir lernten an diesem Nachmittag eine neue Art des liegenden Anschlags kennen.

Die Frau des Doktors legte sich breitbeinig auf den Rücken und der Arzt obendrauf. Nach einigem Hin-und-her-Rucken hatte er auf diese Weise eine bequeme Unterlage für einen guten Schuss gefunden.

Lagerleben

Sicher war das Blockhaus am Hausberg die Krönung unseres Siedlungstriebs. Doch war es beileibe nicht die einzige unserer heimlichen Bleiben draußen.

Es war die Zeit, als ein Australier namens Edmund Hillary (damals noch nicht Sir Hillary) sich anschickte, zusammen mit dem Nepalesen Tensing Norkay, den höchsten Berg der Welt, den 8847 Meter hohen Mount Everest im Himalaya-Gebirge, zu bezwingen. Zwar gab es weit und breit bei uns noch so gut wie keinen Fernsehapparat, doch begleiteten wir das Unternehmen, durch Rundfunk- und Zeitungsmeldungen nichtsdestotrotz im Bilde, mit fiebernder Anteilnahme.

Gerne hätten wir dieses tollkühne Abenteuer nachvollzogen, doch mussten wir uns damit begnügen, einen nahe gelegenen, knapp 700 Meter hohen Berg zu besteigen, der dafür aber auch gleich der höchste des ganzen Landesteils war.

Was uns jedoch möglich war und mit Begeisterung und Ausdauer nachgeahmt wurde, war das Anlegen von „Lagern", wie wir es bei Hillary auf seinem beschwerlichen Weg zum Gipfel beobachtet hatten. Dass sich dabei gewisse Indianer-, Trapper- und Waldläufervorstellungen ungeniert mit dem Bergsteigervorbild zu einer höchst eigenwilligen Symbiose vermischten, war freilich Selbstverständlichkeit kunterbunter Kinderlogik und pragmatischer Beweglichkeit, der in diesem Alter keine Grenzen gesetzt sind.

Und schon nahm die Entwicklung unseres Lagerwesens und Lagerlebens ein fröhliches Eigenleben an. Wir waren nämlich keineswegs so einfallslos, nach dem Hillary-Beispiel einfach die Strecke zum Berg mit Lagerstationen zu bepflastern, sondern gingen mit umgreifender Flexibilität daran, die ganze nähere und weitere Umgebung mit unseren Schlupfwinkeln auszustatten, die alsbald in Vielfalt, Einfallsreichtum und ausgesuchten Lagen miteinander wetteiferten.

Selbstverständlich waren diese Stellen auch nummeriert, mit römischen Ziffern versteht sich, ganz so, wie sie es am Mount Everest gemacht hatten. Das brachte wiederum einen neuen, zusätzlichen Reiz ins Spiel. Denn damit waren die Treffpunkte regelrecht konspirativ geworden. Verabredete man sich zum Beispiel im Lager IV, so wusste jeder der Freunde, welcher Ort gemeint war. Ein Unkundiger dagegen tappte völlig im Dunkeln, und selbst die Erwachsenen, die sonst immer so schlau waren, alles durchschauten und alles besser wussten, konnten dieses Geheimnis nicht lüften.

Anfangs gab es mit der Nummerierung noch Schwierigkeiten, als sich die Bedeutung der einzelnen Zahlen noch nicht genügend eingeprägt hatte und es deshalb zeitweise zu Verwechslungen kam. So legten wir schließlich ein Verzeichnis sämtlicher Stützpunkte an, in einer aufwendigen Geheimcodierung, versteht sich, von der wir selbstverständlich felsenfest überzeugt waren, dass sie von keiner Menschenseele zu entschlüsseln sei.

Ich vermag nicht mehr zu sagen, in welcher Folge wir alles einrichteten, wenn mir auch zum Teil noch heute die dazugehörigen Ziffern in Erinnerung geblieben sind.

Ein einfacher Platz, der jedoch sowohl recht unzugänglich als auch in strategisch günstiger Position gelegen war, befand sich auf einer Anhöhe, in der Nähe eines aufgelassenen Steinbruchs, der inzwischen tief mit kaltem grünem Wasser angefüllt war.

Diese Anhöhe war ein einigermaßen eigentümliches Gebilde. Eine ebenmäßige, recht stattliche Halbkugel war, ohne jede Kahlstelle, über und über mit dichtem Auswuchs bedeckt, der nach einem radikalen Kahlschlag, für Reparationsleistungen an die Franzosen, üppig aus den zurückgebliebenen Strünken getrieben war. Zusätzlich verfilzt war das Dickicht durch zahllose kräftige Brombeerranken, Heckenrosen, Schwarz- und Weißdorn, Ginster und was es sonst noch an wehrhaftem Gehölz gab. Nur wenige Bäume ragten, leidlich halbwüchsig, aus dem Gestrüpp, durch das wir uns mühsam, wie weiland Sir Hillary, nach oben kämpften.

Aber was heißt da Sir Hillary? Eigentlich ging der Aufstieg mehr nach Indio-Art vor sich. Mit Macheten nämlich, die zwar ausgediente Gerbermesser waren, mit denen man Fleisch, Fett und Haut von den Fellen geschabt hatte, was unserer Vorstellungskraft jedoch keinen Abbruch tat. Für ein paar Groschen hatten wir diese großen und wirksamen Instrumente auf dem riesigen, alten Sandsteinschleifrad des Dorfschmiedes geschliffen; jetzt kämpften sie uns den Weg frei zum Gipfel.

Es gab dort oben eine exponierte Stelle mit einer kräftigen kleinen Eiche. Auf die hielten wir zu und fanden unsere Vermutung bestätigt, dass sie unter ihrem Schirm einen kleinen Freiraum barg, den wir etwas ins Unterholz hinein erweiterten, bis eine kreisrunde Lichtung von ausreichendem Durchmesser entstand. Die Eiche wiederum war gleichzeitig Dach über dieser Öffnung und Aussichtsposten zur Beobachtung der Umgebung. Die Ostflanke der Anhöhe war mit unregelmäßigen Anhäufungen größerer Gesteinsbrocken übersät, von denen die meisten dick bemoost waren. Die Steine waren äußerst porös und blasig, aber trotzdem sehr fest, was mich, in meinem damals schon erwachten geologischen Interesse, an vulkanische Produkte denken ließ; was sich übrigens später, nachdem ich eine ganze Reihe wirklicher, auch noch aktiver Vulkane besucht hatte, trotz gegenteiliger Behauptungen in der regionalen Literatur, bestätigt fand. Jedenfalls bereicherten diese Steine nicht nur meine Sammlung, sondern gaben auch eine gute Feuerstelle ab.

Ganz anderer Natur war das Versteck am Fuße eines hohen Rhyolith-Felsens, der, am Rande eines nahen Nachbardorfes, schroff zum Tal hin abfiel, bis hinunter zum Flüsschen, wo er eine Art hauseigener Loreley bildete.

Dort, wo der glatte nackte Fels in den aufsteigenden Waldboden gesenkt war, hatte die Verwitterung ihn angenagt, so dass verschiedene Aushöhlungen entstanden waren.

Wir wählten die tiefste dieser Einbuchtungen aus, ebneten darin den Boden und verschlossen die völlig offene Frontseite mit einem lose aufgesetzten Mauerwerk aus Lesesteinen, deren Zwischenräume wir, zur Abdichtung und Tarnung, mit Erde und Moos auffüllten und teils mit größerem Fallholz und Laub bedeckten.

Ein besonderer Reiz dieses Ortes war, dass er, obwohl unmittelbar unter einem beliebten Ausflugspunkt gelegen, trotzdem ganz im Verborgenen und nicht einsehbar war.

Hoch oben, auf der Abbruchkante des Felsens, war nämlich ein steinernes Kreuz errichtet, zu dem so manche Spaziergänger, Ausflügler und Wanderleute der Umgebung pilgerten. Der Sage nach soll hier ein Ritter durch sein Pferd, mit Gottes Hilfe, vor dem sicheren Tod bewahrt worden sein. Die in der Gegend wohlbekannte Begebenheit war so überliefert, dass ein Reiter von der in einiger Entfernung gelegenen Burg, in finsterer Nacht, im Walde, vom Wege abgekommen und hier zum Halten gekommen sei. Letzteres aber nur dank der Weigerung seines Pferdes, noch einen Schritt weiter zu tun. Worauf der Mann an Ort und Stelle sein Nachtlager aufschlug, um sich bei Tagesanbruch Auge in Auge mit dem grausigen Abgrund zu finden.

In Wirklichkeit war es allerdings nicht ganz so. Vielmehr war ein Amtsbote namens Haag auf einem Dienstritt im Soonwald einem schweren Unwetter heil entkommen. Seinem dabei gegebenen Gelübde folgend, ließ er 1767 mit seiner Frau dieses Kreuz auf dem Felsen errichten.

Leicht selbst in tödliche Gefahr hätten wir bei anderer Gelegenheit, in einem weiteren unserer Außenposten, geraten können.

Die Suche nach originellen Verstecken hatte uns auf dem Hausberg zu einem auffallend großen Bombentrichter geführt, der von den mörderischen Fliegerangriffen auf die am Fuße des Berges vorbeiführende Bahnlinie zeugte. Das Loch hatte etliche Meter Durchmesser und war über mannstief. Doch war es mit abgeschnittenen, verdorrten Schwarzdornhecken gefüllt, die sich nochmals mannshoch über den Kraterrand türmten. Ein gewaltiger, dornenstarrender Haufen bedrohlicher Abwehr war dieser Platz und dennoch, oder vielmehr gerade deshalb, eine Herausforderung für uns.

In zähem Ringen mit dem streitlustigen Gewirr, schafften wir schließlich an einer Stelle die Hecken vom Rande des Trichters weg und gewannen so Platz, eine Höhle in die Wand des Trichterrandes zu treiben. Stück für Stück wühlten wir uns in die mit vielen großen Kieseln durchsetzte fettige rote Erde, jeweils den neu gewonnenen Hohlraum mit Holz absichernd, ganz wie wir es in den stillgelegten Erzgruben der Nachbargemeinde gesehen hatten.

Als die Höhle vollendet und wegen der Nässe mit Holz ausgekleidet und leidlich wohnlich war, türmten wir die Hecken wieder an ihren alten Platz, so dass der Höhleneingang jetzt tief unter dem Stachelhaufen verborgen lag. Die Höhle selbst konnten wir erst Tage später wieder betreten, als wir uns, von einer anderen Stelle des Bombentrichters her, in mühseliger und oft schmerzlicher Kleinarbeit einen schmalen Gang durch das Gewirr geschnitten hatten. Am Ergebnis unseres schweißtreibenden und langwierigen Einsatzes konnten wir uns jedoch nicht lange erfreuen.

Als wir eines Tages wieder am Bombentrichter ankamen, hatte man uns übel mitgespielt. Der ganze riesige Vorrat an zundertrockenem Reisig war angezündet worden und im leeren Krater befand sich nur noch eine knöcheltiefe Schicht feiner hellgrauer Asche. Die Holzverkleidung unseres Unterschlupfes hatte ebenfalls Feuer gefangen, die Höhle war von der unwiderstehlichen Kraft der Hitze geborsten und eingestürzt. Von unseren Habseligkeiten fanden wir nur noch das ausgeglühte Ofenrohr, mit dem wir den Rauch unserer Feuerstelle in der Höhle nach draußen geleitet hatten. Und was von unserer Aluminiumpfanne übrig geblieben war, beeindruckte uns so sehr, dass wir es als Souvenirs aufsammelten und mitnahmen: tropfenförmige Reste von silbrig geschmolzenem Metall. Gut, dass uns das Feuer nicht in der Höhle überrascht hatte!

Da war es schon sicherer, zwischen den Dächern des Schlosses zu hausen, wohin wir uns, nach dem enttäuschenden Ausgang unserer Entdeckungsreisen dort, zurückgezogen hatten .

Im steilwandigen Dachlabyrinth bedurfte es nur geringer Vorkehrungen, sich wohnlich niederzulassen. Man fügte ganz simpel eine

Reihe kleinerer, gleich langer Bretter als Boden zwischen das auf der Spitze stehende Dreieck eines Einschnittes zwischen zwei benachbarten, parallel verlaufenden Dächern. Dann hatte man nur noch, in genügendem Abstand, längere, ebenfalls gleich lange Bretter als Decke oder Dach darüber zu platzieren und schon war das Gerüst der Unterkunft fertig. Um das naturgemäß herablaufende Wasser aus diesem trapezförmigen Gebilde herauszuhalten, genügte es, eine Plastikplane entsprechenden Ausmaßes über die oberen Bretter zu legen und weit genug nach unten durchhängen zu lassen. Der Weg zu diesem Asyl war nur bei Regen etwas problematisch, wenn das Dach von tückischer Glätte war, und führte durch ein Dachfenster, das, Vorteil für uns, nur Kinderformat die Passage erlaubte.

Ständig waren wir auf der Suche nach geeigneten Gelegenheiten, uns wieder aufs Neue irgendwo einzurichten. Doch waren wohl Erfahrung und Vernunft schon weit genug gediehen, größere Risiken aus eigener Einschätzung auszuschalten.

Ein Beispiel dafür war die recht tief eingeschnittene Schlucht eines eigentlich winzigen Bächleins in der Nähe eines weit abgelegenen Gehöftes.

In diese Gegend waren wir aus mehrerlei Gründen gelangt. Zum einen befand sich auf dem Wege dorthin ein wirklich außergewöhnlicher Aufschluss, der die wohlerhaltensten und seltensten Versteinerungen der Umgebung bot. Zum anderen war der Hügel hinter dem Hof ein berühmter Reliktstandort für eine eiszeitliche Pflanzenart, die dort, auf einem nur wenige Quadratmeter großen Raum, gedieh: die sogenannte Kuh- oder Küchenschelle.

Nur im Frühjahr entfaltete sie für kurze Zeit ihre kurzstieligen, üppigen Becher und bedeckte dann die kahle Kuppe, die ganz aus einer seltsam verbackenen Rhyolith-Brekzie bestand, mit einem lilablauen Teppich. Blätter und Stängel waren mit einem langen weichen Flaum silberner Härchen bekleidet, was in der hier stets rauen und windigen Lage ein überzeugender Beweis für pflanzliche Schutzmechanismen, für die eiszeitliche Herkunft der Pflanze wie auch die damit zusammenhängende Standortwahl war.

Da wir nun schon etwas abgeschweift sind, soll hier die Gelegenheit genutzt werden, weitere Eigenheiten dieses Ortes zu schildern und in Verbindung mit einem sicher äußerst unbedeutenden, doch letztlich, wenn nicht bemerkenswerten, so doch erinnerungsträchtigen Erlebnis zu bringen.

Das Gehöft selbst war zu jener Zeit in der Umgebung als rustikales Ausflugsziel bekannt. Eine der drei dort sesshaften Bauernfamilien betrieb in einer Art großen Wohnzimmers eine einfache Bewirtung, die sich bei Kundigen großer Beliebtheit erfreute.

Zu frischem, selbstgebackenem Brot gab es Hausmacherwurst von der hier geschätzten, bodenständigen Qualität, wie Blut- und Leberwurst, weißen Schwartenmagen und Bratwurst. Die Spezialität des Hauses war jedoch ein Birnenmost, der es in sich hatte! Er war überwiegend aus jenen kleinen grünen Birnen gegoren, die allenthalben an Weg- und Feldrändern auf oft schon betagten Bäumen gediehen.

Diese ordinären Früchte waren zum Verzehr ungeeignet, da sie einen überstrengen, stark zusammenziehenden Geschmack besaßen, sofern man hier überhaupt von Geschmack reden kann. Doch vergoren waren sie, wie gesagt, genießbar und der gut gekühlte Most manch einem sogar ein Genuss. Die kleinen Nebenwirkungen des Getränks, wie Bauchgrimmen, heftige Blähungen und eine akute Beschleunigung der Verdauung, wurden dabei durchaus in Kauf genommen. Und was die Nebenwirkung des, besonders beim Wiedereintritt in die frische Luft, sich rasch entwickelnden Rausches anging, so war diese sogar oft eine willkommene. Auf alle Fälle garantierte dieser Saft eine Fahne, die bei Unkundigen leicht den Verdacht erwecken konnte, man habe beim Bauern aus der Abortgrube getrunken.

Ich befand mich irgendwo in jenem Neutrumsalter (dem „sächlichen" Alter, in dem in der Pfalz sogar ausgewachsene Damen mit „es" apostrophiert werden) zwischen vierzehn und sechzehn, als ich, möglicherweise zum letzten Mal, mit meinem Vater dort war. Denn als bald danach die Altbäuerin starb, wurde die Bewirtung aufgegeben. Der Jungbäuerin war der Betrieb zu aufwendig.

Ich kann nicht mehr sagen, wie viel Wurst und Birnenmost wir uns einverleibt hatten. Jedenfalls verspürten wir irgendwann den alarmierenden Druck im Gedärm und schickten uns in Eile an, zu zahlen und uns nach draußen zu begeben, denn die Bauersleute hatten ihre Toilette wohlweislich vor fremdem Beschuss verwahrt.

Im Freien beschleunigten wir mächtig unsere Schritte in Richtung einer Stelle, an der der Hügel seitlich angegraben war, um Gestein zum Ausbessern der Feldwege zu gewinnen. Hier suchten wir vor dem heftigen kalten Wind Deckung zu finden, was uns jedoch nur unzureichend gelang. In ursächlichem Zusammenhang machte sich der Druck im Gedärm nun auch zunehmend als Zeitdruck bemerkbar, so dass wir kurz entschlossen die Hosen hinunter- und dem Drang freien Raum ließen. Als wir so, wie eine Batterie Geschütze, gleichzeitig abprotzten, kam im selben ungünstigen Moment eine noch heftigere Bö dahergefegt und bemächtigte sich der Verdauungsprodukte, bevor sie der Schwerkraft anheimfallen konnten. In langen Fahnen wehten die zum zweiten Mal vergorenen Birnen, samt fettiger Wurstunterlage, durch die Natur, und so ward der Kreislauf wieder geschlossen.

Doch zurück, weiter zurück in die Jugendzeit und zu der Schlucht bei jenem Gehöft.

Tief war sie, ungewöhnlich schmal und tief für die hier üblichen Verhältnisse; zumindest gab es nichts Vergleichbares weit und breit. In unerklärlichem Missverhältnis dazu floss an ihrem Grunde ein wirklich winziges, fast schon niedlich zu nennendes Bächlein, oder größeres Rinnsal, über ein steiniges Bett, das wiederum im Gegensatz zu den schroffen Wänden der Schlucht stand, die ganz und gar aus feiner, leuchtend rotbrauner Lößerde bestanden.

Wenngleich die Wände der Schlucht recht steil waren, gingen wir, nach einigen abwägenden Inspektionen, doch ans Werk. Das heißt, wir versuchten es. Aber schon die erste, vielleicht dreißig Zentimeter tiefe Öffnung brach von allen Seiten nach und ein. Stabiles Holz zum Ausbau war hier nirgends zu finden, und die kümmerlichen Bretter, die wir den weiten Weg von zuhause hertransportierten, waren weder von der Qualität noch von der Menge her im Entferntesten ausreichend.

Lange Zeit hielten wir die Werkzeuge, die natürlich zuhause vermisst wurden, in der Nähe verborgen, um stets von Neuem vergebliche Anläufe mit unseren Grabungen zu nehmen. Doch war das Erdreich einfach zu locker, brach immer wieder nach und alle Anstrengungen führten zu nichts weiter als einer unförmigen, ungeeigneten Weitung im Steilhang. Ganz davon abgesehen begann die zunehmende Erdanhäufung auf der Schluchtsohle den Wasserlauf mehr und mehr zu stauen. An einen Abtransport des herausgelösten Materials war auch nicht zu denken, denn wie hätte man diese Gewichte wieder die steile Böschung hinaufwuchten sollen? So gaben wir uns schließlich, was nicht oft vorkam, geschlagen, auch wenn wir dieser schon rein optisch bestechenden Verlockung der Schlucht noch lange nachtrauerten.

Dieser vergeblichen, unbelohnten Mühe stand der wildromantische Unterschlupf im „Falkensteiner Tal" entgegen.

Hier hatte die Natur gratis eine Szenerie bereitet, wie sie kindliche Entwürfe nicht hätten besser planen können. Im engen, bachdurchflossenen Tal türmten sich beiderseits hohe Felswände, teils labyrinthartig unterbrochen von abgestürzten, übereinandergetürmten Partien, tiefen Einschnitten und Spalten und isolierten Türmen.

Immer wieder durchstreiften wir dieses Gebiet, von der unerschöpflichen Vielfalt der Natur stets aufs Neue inspiriert. Schwer fiel die Wahl bei der Vielzahl der sich hier bietenden Möglichkeiten. Zwei wählten wir schließlich aus.

Die erste, ein königlich platzierter Aussichtspunkt an schroffem Abgrund, weit in die wundervolle Landschaft blickend. Die andere, ein derber Riss in den Felsen, tief, hoch, aber schmal.

Diesen Platz besuchten wir wohl am häufigsten. Irgendwie stellte er eine Ausnahme unter all unseren Lagern dar. Es gab hier keinerlei Möglichkeit, eine wie auch immer geartete Version einer „Behausung" einzurichten. Nichts als die blanke Plattform des exponierten Felsens war da. Trotzdem zog es uns so oft zu jener Stelle, wo uns die Vertrautheit des Ortes und der faszinierende Ausblick allein genügten.

Die Felsspalte dagegen war kein behaglicher Aufenthalt; sie war nur im vorderen Teil zugänglich, der hintere war zu eng. Überhaupt war sie in ihren Dimensionen bei Weitem zu ausladend und damit ungemütlich, was die Höhe und Tiefe anging, während die geringe Breite beklemmend wirkte. Sie gab nicht das Gefühl von Geborgenheit, wie manch andere unserer Refugien. Hinzu kam reichliches Wassergeriesel von den Wänden, das im Winter zu bizarren Eisformationen erstarrte.

Dies war allerdings ein überaus prächtiger Anblick und eine ganz besondere Eigenart dieses Tals, die hier in den erstaunlichsten Erscheinungsformen die Felsen verzauberte.

Einzelne majestätische Eissäulen durchmaßen mancherorts die gesamte Fallhöhe der Felswände. Reich gegliederte Staffagen von kunstvollen Orgelpfeifen waren in mehreren Stockwerken angeordnet. Fein gewobene Filigranvorhänge verkleideten in bewegtem Faltenwurf die schroffen Abstürze. Einlagerungen von Moosen, Flechten, grünen Blättern und bunt gefärbtem Laub, von Ästchen, Samenzapfen und glänzenden Steinen ließen fantastische Farb- und Formspiele durchs glasklare Eis schimmern; andere Stellen waren wiederum milchig oder durch eingeschwemmte Erde gelb oder braun gefärbt. Dazwischen, dahinter und darunter murmelte und gluckste ein immerwährendes Wassergerinnsel, das mit einsetzendem Tauwetter die ganze Szene in ein überdimensionales Wasserspiellabyrinth verwandelte; man hätte auch von einer Wasserspiel-Labyrinthorgel sprechen können, und ich bin sicher, dass die durchaus harmonischen Klangfarben so manchen Musiker begeistert und inspiriert hätten.

Leider überdauerten selbst die handlichsten Eisbildungen nicht den weiten Nachhauseweg, doch bescherte uns dafür das ganze Jahr reichlich mit dicken Kieferborken, aus denen wir allerlei Schnitzwerk fertigten. Am beliebtesten war dabei die Herstellung kleiner, schnittiger Boote, die wir mit Masten und Papiersegeln bestückten. Als Kiel wurde meist eine ausgediente Rasierklinge eingesetzt und die Regatten wurden überwiegend im Herbst ausgetragen, wenn der Regen ausreichend große Pfützen eingeschenkt hatte und der Wind ordentlich schnaufte.

Am weitesten entfernt von allen Außenposten war eine versteckt gelegene Stelle inmitten der ausgedehnten Wälder, schon weit oben am Berg, wo weit und breit kein Dorf und nicht einmal ein Hof auszumachen waren. Ein Aussichtspunkt in der Nähe war auf den Wanderkarten als „Kanzelfelsen" eingetragen und führte diesen Namen durchaus zu Recht. Gleich einer Bastion war er in den spitzwinkligen, tiefen Einschnitt gesetzt, den hier die östlich gelegene, weite Ebene dem Berg abgerungen hatte. Weit glitt von hier der Blick über die sanft gewellten Felder, bei besonders guter Sicht gar bis zum schemenhaft erkennbaren Band des großen Stroms, des Rheins, in mehr als fünfzig Kilometer Entfernung.

Noch etwas höher, hinter dem Aussichtspunkt gelegen, hatte die Natur uns schon einfallsreich eine Bleibe bereitet. Eine etwas höhere Felswand zum Berg hin, eine kleinere Felsmauer, wie eine Barriere, parallel zum Tal hin, dazwischen eine ebene Fläche, ein geräumiges Rechteck bildend. Das Ganze, als separate Einheit, leicht aus der Umgebung herausgehoben, zum Aussichtspunkt hin geschützt durch einen großen, abgestürzten Felsbrocken.

Zwischen zwei günstig stehenden Eichen klemmten wir ein Stück Baumstamm ein, das wir an der Oberfläche so bearbeitet hatten, dass es eine bequeme Sitzgelegenheit bot.

Es war, wie schon gesagt, ein weiter Weg zu diesem Ort, den wir sogar einige wenige Male mit dem Handwagen bewältigten. Dann hatten wir, außer einem Zelt, auch Kochutensilien dabei, so dass wir einige Tage bleiben konnten, was freilich nur während der Ferien möglich war.

Hier waren wir so abgelegen, dass uns weder Rolfs Vater fand, der einmal nach uns suchte, noch dass ein Förster uns vertrieben hätte, obwohl wir fleißig eine Feuerstelle betrieben. Die blieb mir in besonders guter Erinnerung, weil sie ein bemerkenswertes Phänomen aufwies. Waren nämlich die hier ausreichend vorhandenen Rhyolith-Bruchstücke stark genug erhitzt, so wurden sie rotglühend und zersprangen mit scharfem Knall in gleichmäßige dünne Platten. Und war das Feuer erst erloschen, so gewahrte man in der umgebenden Dunkelheit nie gesehene Erscheinungen: das starke, phosphoreszierende Leuchten vermoderter Baumstämme, die hier und da zwischen dem Gestein lagen.

Kein Laut war zu hören, weit und breit; nur ein gelegentliches Rascheln oder der entfernte Ruf der Eule.

Von äußerster Beschwerlichkeit war jedoch die Versorgung mit Trinkwasser. Wasserläufe sind in dieser Gegend überall nur sehr spärlich und weit zerstreut verteilt.

So blieb uns nichts anderes übrig, als die überaus steile Flanke des Berges hinunterzuklettern. Weit und tief unten, in den verschiedenen Einsenkungen, die wie Zehen in den Fuß des Berges geschnitten waren, kamen wir schließlich, nach langem, vergeblichem Suchen, auf die Idee, auf gut Glück im Laub, zwischen den Bäumen, zu graben. Und wir lagen genau richtig! Nach einer Handtiefe wurde es bereits stark feucht und eine weitere Hand tiefer fing es emsig an zu rinnen, so dass sich, im rasch erweiterten Schöpfloch, alsbald kühles, klares Wasser sammelte. Nachdem wir auf diese Weise den mitgeführten großen Plastikbehälter allmählich gefüllt hatten, kam der härteste Teil dieses Unternehmens. In drei viertel Stunden hatten wir, schwerbeladen und keuchend, den grasbewachsenen und rutschigen Steilhang geschafft, schwitzend, von Bremsen verfolgt, aber mit reicher Beute.

Unsere Verpflegung hatten wir schon auf dem Anmarsch im Tal ergänzt, als wir ein Kartoffelfeld passierten, dessen Stöcke schon dralle Knollen trugen.

Von hier war es übrigens nicht weit zur Ruine Hohenfels, jener Burg, die schon zuvor, in anderem Zusammenhang, erwähnt wurde. Beim Herumstöbern zwischen den Trümmern des zerstörten Raubritternestes fanden wir zwar viele zerschlagene Ziegeln und Schieferplatten der ehemaligen Dächer, wie auch eine Menge großer steinerner Kanonenkugeln, aber nicht die sagenhafte „Silberne Treppe".

Einige Jahre später, als wir schon so gegen die sechzehn waren, erinnerten wir uns wieder dieser Tage und inspizierten die Ruine aufs Neue. Dabei gruben wir, mit entsprechenden Werkzeugen und mittlerweile etwas kräftiger geworden, wunderschön bearbeitete Mauerteile aus, mit allerlei Steinmetzarbeiten, aber mit der „Silbernen Treppe" war es auch dieses Mal nichts.

Noch einige Zeit später erwischte der Förster einen Bauern, der gerade seinen mit Steinen von der Ruine vollgeladenen Wagen Richtung Dorf lenkte; mitgenommen hatte er auch alle Kanonenkugeln, deren er habhaft werden konnte. Postwendend musste er wieder umkehren und abladen.
Diesen Vorfall nahm die Behörde zum Anlass, die Kanonenkugeln auf eine ganz besonders originelle Weise vor weiterem Diebstahl zu schützen. Man durchbohrte sie alle, fasste sie, wie Perlen einer Kette, auf einem Ring aus dickem Baustahl zusammen. Und um dieses Banausenstück noch zu krönen, wurden die Öffnungen der Bohrlöcher zusätzlich mit schändlichen Zementfüllungen zugekleistert. Auf diese Weise waren die Objekte der Begierde schließlich geschützt – und zerstört.
Und trotzdem waren die Kugeln eines Tages verschwunden, wohin auch immer.

Viele, viele Jahre später kam ich, jetzt mit Frau und erstem Kind, wieder mal an unserem einstigen Abenteuernest beim Kanzelfelsen vorbei. Der zwischen den Eichen eingeklemmte Sitz war heruntergefallen und arg verfault. Aber zur allgemeinen Verblüffung zog ich eine halbvolle Flasche Brennspiritus aus dem Laub am Fuße der kleinen Felswand.

Der romantischste aller Unterschlüpfe blieb dennoch jener im „Pfaffenloch". So war die eigentümliche Flurbezeichnung für eine Gegend, die, das Flüsschen aufwärts, in einem kleinen, tief eingesenkten Wiesental lag. Bedingt durch die Einsenkung und Beschaffenheit des Geländes war hier der Wasserlauf relativ schmal und tief, mit trägem Gang, zwischen dichtem Erlen-, Weiden- und Haselnussbewuchs eingebettet. Er hatte kunstvolle Mäander in den weichen Untergrund gezeichnet und teilte sich, am tiefsten Punkt der sumpfig-feuchten Wiesen, in zwei Arme, die eine kleine Insel umflossen. Die Insel war etwas erhöht und dadurch trocken und ebenfalls mit Busch- und Baumwerk bestanden.

Nachdem wir unsere ersten Erkundigungen dorthin zu Fuß durchgeführt hatten, rüsteten wir bald zu einer Bootsexpedition, die wir mit dem Fassboot ausführten.

Wir besaßen ja gewissermaßen einen eigenen Hafen hinter dem Haus, wo wir Verschiedenes einluden, einstiegen und, bei günstigem Wasserstand, einfach losfuhren. Das war übrigens gar nicht so einfach, denn erstens war es eine Riesenplackerei, gegen die doch starke Strömung anzukämpfen, und zweitens gab es einige Passagen, an denen wir aussteigen mussten, um das Gefährt über die Untiefen zu zwingen.

In dieser Zeit begannen wir auf der Insel eine ungewöhnliche Anlage zu schaffen, von der ich heute nicht mehr sagen kann, warum sie letztlich so aussah. Möglicherweise schwebte uns der berühmte keltische Schutzwall, die frühgeschichtliche Fliehburg, auf dem nahe gelegenen höchsten Berg der Landschaft als Muster vor. Vielleicht hatten wir aber auch eine Variante von Robinson Crusoes Wohnanlage im Sinn.

Jedenfalls ebneten wir das Kernstück der Insel ein und errichteten aus dem abgetragenen Erdreich einen rechtwinkligen Wall um den so geschaffenen Freiraum. Die um den Wall herumstehenden Bäume und Büsche verbanden wir, unter Verwendung von gröberem Fallholz und Dornengestrüpp, zu einer Art Heckeneinfriedung. Obligatorisch waren Sitzgelegenheiten und Feuerstelle vorhanden.

An günstiger Stelle zum höher gelegenen Flussufer gab es eine im dichten Bewuchs verborgene, bewegliche Brücke, um zu Fuß zur Insel zu gelangen. Das heißt, hier war gut getarnt eine starke Diele verborgen, die bei Bedarf hervorgezogen, über den Wasserlauf gelegt und, nach dessen Überquerung, am jeweiligen Ufer wieder versteckt wurde.

Ja, das ist wohl schon ein Weilchen her und Kinder spielen, scheint es mir, auch nicht mehr dort. Aber Erwachsene versuchten es vor einigen Jahren.

Um bei der Verlegung von Erdgasröhren einen befahrbaren zeitweisen Übergang zu schaffen, zwängten sie den Fluss in ein Stück Betonröhre, weil er hier eher mehr wie ein bescheidener Bach aussieht. Als der Fluss nun zu gegebener Zeit wie gewohnt seinen Landgang machte und über die Ufer trat, nahm er einige dieser neumodischen Packen von gepresstem Heu (damals noch ohne Kunststoffverpackung), das er auf den Wiesen fand, zum Spielzeug. Er stopfte die Röhre damit voll und breitete sich jetzt erst recht genüsslich nach allen Seiten aus.

Die Feuerwehr, diese Spielverderberin, kam und nahm ihm nach zähem Ringen die Ballen aus der Röhre. Da wurde der Fluss zornig und schickte eine regelrechte Flutwelle talabwärts, die die tiefer gelegenen Teile des Dorfes nach bestem Vermögen traktierte. Böschungen wurden abgetragen, Schuppen weggerissen, desgleichen diverse Stege, Zäune und Treppen, die zum Wasser führten. Eine Gärtnerei wurde verwüstet und alles, was niet- und nagellos war, fortgeführt.

Nun, die Erwachsenen wollen eben auch ihren Spaß haben.

Ein Jugendhaus besonderer Art

Dort, wo heute das neue Postamt (inzwischen nur noch Postumschlagsplatz) den Betrachter langweilt, erfreute zuvor ein Ort der Kurzweil, ja des Vergnügens, Jung und Alt. Hier ruhte in sich, behäbig und ausladend und zugleich gehörig einladend, eines der beliebtesten Gasthäuser des Dorfes, von denen es damals einige mehr gab als heute, und das, obwohl einige Leute mehr etwas weniger hatten als heute.

Ich erinnere mich noch, dass es nach dem langjährigen Wirt „Hannes" benannt wurde; damit war nicht der Bürtel-Hannes gemeint, denn der war Schneider; eher, meine ich, war der Schneider-Hannes der Namensgeber, der aber kein Schneider, sondern Wirt war, falls nicht sonst ein Hannes des Ortes gemeint war.

Jedenfalls beherbergten die weitläufigen Räume nicht nur die allabendlichen Stammgäste, sondern auch die Fußballer und den Gesangverein. Schwerlich wird man bestreiten wollen, dass, zumindest dazumal, diese beiden Institutionen gewissermaßen das kulturelle und soziale Herz des dörflichen Gemeinlebens darstellten. Und das Herz schlug hier!

Es wurde habhaft genährt mit deftigen Schlachtfesten, und quasi als Gegenmittel wurde an zahlreichen Wochenenden zum Tanz aufgespielt. Diesen Lustbarkeiten war ich seinerzeit allerdings altershalber noch nicht zugetan und das Tanzen hat sich sowieso nie wirklich zu einer meiner Stärken oder Leidenschaften entwickelt.

Doch reichte meine persönliche Bekanntschaft mit dem Hause noch weiter zurück, in die unmittelbare Nachkriegszeit. Da war dieses Haus bei den Kindern das beliebteste weit und breit. Denn hier fand die sogenannte Schulspeisung statt.

Eine merkwürdige Sache war das, vom gerade einmarschierten Feind mit Kakao und Rohrnudeln verwöhnt zu werden, mit Makkaroni und Tomatensoße, mit Gemüsesuppe und Fleisch, Erbsensuppe und Wurst, Malzbonbons, Apfelsinen und Bananen. Ferne, uns unbekannte Menschen, die amerikanische Sekte der Quäker, hatte diesen Akt der Barmherzigkeit organisiert und bezahlt. Und Hilfe tat not!

Auch ich gehörte zu denen, die von den uniformierten Männern des Schwedischen Roten Kreuzes als unterernährt eingestuft worden waren. Die riesigen Impfmale ihrer Tuberkulose-Schutzimpfungen hatten mehr Angst und Schrecken unter uns verbreitet als die Fliegerangriffe der Alliierten.

Doch zurück zum „Hannes" und zur Schulspeisung. Diese spielte sich teils in der Gartenwirtschaft, teils in der Kegelbahn, einem rechtwinkligen Anbau hinter dem Hause, ab. Die Gartenwirtschaft konnte, ohne Übertreibung, als idyllischer Ort, als großzügiger Freiraum der Gemütlichkeit bezeichnet werden. Unter mächtigen, weit ausladenden Kastanienbäumen träumten ein geräumiger, hölzerner, offener Pavillon und ein erhöhter Tanzboden von vergangenen Sommerabenden.

Jetzt spielte, hinter der grünen Holzballustrade des Pavillons, nur noch die Gulaschkanone auf, mit der Erbsensuppen-Polka oder dem Makkaroni-Marsch, und war sich ihres dankbaren kleinen Publikums immer sicher. Weiß beschürzte Frauen teilten dampfende Portionen aus, nach denen die Kinder mit ungeduldigem, weil freudigem Erwarten in langen Schlangen anstanden. Unter den Bäumen waren ebenso lange Tische und Bänke aufgestellt, grad wie zu einem Bierfest, und die Kinder waren mindestens genauso lustig und laut wie die Erwachsenen nach der fünften Maß.

In der Gartenwirtschaft aß man allerdings nur, wenn die Witterung es zuließ. Ansonsten behauptete zwar der heizbare Suppenkessel tapfer seinen Platz unter dem Dach des Pavillons, aber wir mussten uns dann in die lange, korridorartige Kegelbahn zwängen. Das war nur in einer Tischzeile zu schaffen, die den zweibahnigen Flur der ganzen Länge nach durchmaß. Wohl saß man zu beiden Seiten der Tischkette, doch irgendwie erinnerte diese Anordnung stets an eine ins Endlose verlängerte Abendmahltafel.

Manche Kinder, die noch kleinere Geschwister hatten, durften, in Wehrmachts-Essensgeschirren, zusätzlich etwas mit nachhause nehmen. Doch gab es auch andere, die an der Schulspeisung nicht teilnahmen; sei es, dass ihre Eltern vor bedürftigeren Familien zurücktreten wollten, sei es, dass die Kinder selbst zu dieser Zeit noch wählerische Leckermäuler waren, oder auch, dass man einfach zu stolz war, ein Almosen, zumal „vom Feind", anzunehmen.

Nachdem so die erste Not gelindert und der größte Hunger gestillt waren, wurden die Schulspeisungen eingestellt, und bald nahm das Gasthaus wieder seinen Betrieb auf.

Danach vergingen einige Jahre, bis ich die alte Bekanntschaft mit dem „Hannes" wieder erneuern konnte.

Zu dieser Zeit bekamen wir, in der ersten Klasse des Gymnasiums, einen neuen Mitschüler, einen Flüchtling aus Dresden, der einige bemerkenswerte Abweichungen zur Dorfjugend aufwies und so bald, gewissermaßen, ein von Eltern und Lehrern beargwöhnter und von den Schülern bewunderter Exot war.

Das begann mit seinem nie gehörten Vornamen Janos, setzte sich fort über eine äußerst unkonventionelle Kleider- und überhaupt Ordnung und artikulierte sich, nicht zuletzt, in einer ebenso ungezwungenen Freimütigkeit gegen Lehrer und auch sonst alle Erwachsenen. Hinzu kamen seine städtische Gewandtheit, sein allseits fortgeschrittener Erfahrungsstand und, vor allen Dingen, eine nahezu grenzenlose Freizügigkeit, die er von zuhause genoss. Diese unglaublichen Möglichkeiten der freien Entfaltung hatten ihn zu einem fantasiebegabten Jungen gemacht, der keinem Abenteuer aus dem Wege ging und so, alles in allem, eine Art heimlichen Idols für uns darstellte, dessen ungehemmte Lebensweise man gar zu gerne gleichfalls genossen hätte.

Nun zogen Janos und seine Familie in das mittlerweile verwaiste Gasthaus „Zum Hannes" (das nur im Volksmund so hieß, offiziell jedoch einen ganz anderen, nämlich stinknormalen Namen hatte).

Seine Familie waren der Vater, ein Zahnarzt, seine Mutter, die immer irgendwo unterwegs war, seine beiden auffallend hübschen und kessen Schwestern und sein älterer Bruder, der sich, so nebenbei, als Kinderbuchautor ein Zubrot verdiente.

Die eingangs gerühmten Eigenschaften von Janos durften getrost auf die ganze Familie übertragen werden; eine bemerkenswerte Familie. Übrigens hatte ich das außergewöhnliche Glück, diese interessanten Leute später noch einige Jahre als Mieter im Elternhaus, sozusagen aus nächster Nähe, bestaunen zu dürfen; wenn auch meine Eltern, als Vermieter, meine Begeisterung nicht immer teilen konnten.

Als sie jedoch seinerzeit im „Hannes" einzogen, war dieser schon arg heruntergekommen, was andererseits, ohne ihnen zu nahetreten zu wollen, viel besser zu den neuen Bewohnern passte und die Sache auch viel interessanter machte, als wäre es einer dieser gesichtslosen, geleckten Neubauten gewesen, wie sie sich später mehr und mehr im Dorfe breitmachten.

Insbesondere erinnere ich mich an die unter Straßenniveau liegenden Schankräume, die fast kniehoch im eingedrungenen Grundwasser standen. Es war ein skurriler Anblick, wie da im Halbdunkel (Strom gab es hier schon lange nicht mehr) noch der Tresen mit dem Zapfhahn aus dem Wasser ragte und auch noch reichlich Tische und Stühle die Flut bevölkerten. Der modrige Geruch machte uns diesen Ort nur noch attraktiver, wenn wir ihn, von Zeit zu Zeit, mit Kerzen erhellten, die wir auf dem Tresen festwachsten.

Ungemütlicher war die Kegelbahn, deren Dach kaum noch diese Bezeichnung rechtfertigte. Die Fensterscheiben waren überwiegend eingeworfen und die Dielen wiesen böse, tiefe Schlaglöcher auf, in denen sich die Ratten tummelten.

Eine Besonderheit stellte die im obersten Stockwerk umlaufende Veranda dar. Sie war ganz aus Holz gefertigt und erweckte in uns wildwestmäßige Vorstellungen. Ihre schäbige Brüchigkeit hinderte Janos nicht daran, lässig, mit baumelnden Beinen, auf der Brüstung zu sitzen und uns nicht geringe Bewunderung zu entlocken. Dabei hielt er sich, bei Gelegenheit, nicht einmal fest, sondern verzehrte freihändig ein großes Stück Cremetorte von einem Pappteller.

Kamen wir Spielkameraden erwartungsvoll zu Besuch, so hatten wir oft Mühe, Janos ausfindig zu machen. Ins Haus konnten wir ja nicht hinein, und sich nach abendländischer Sitte bemerkbar zu machen, war gar nicht so einfach, ganz davon abgesehen, dass meist sowieso keiner zuhause war.

Die einzige Verbindung zu den Bewohnern des „Hannes" stellte eine eigenwillige Signalvorrichtung dar, die aus einem haushohen Strick bestand, der aus den verschiedensten Teilen vielfach geknotet war und von ehrwürdiger Abgenutztheit zeugte. Er reichte zu einer kleinen bronzenen Glocke, die unter dem Dach über der Veranda hing und, zur zusätzlichen Erschwernis, einen eigenartigen vorsintflutlichen Mechanismus besaß. Der Strick war nämlich nicht etwa am Klöppel befestigt, denn der war nicht mehr vorhanden, sondern an einem verrosteten, gebogenen Stahlblechstreifen hinter der Glocke. Nur mit viel Geschick und Mühe sowie einiger Vertrautheit mit dieser Technik gelang es, das federartige Blech an der dünnen Schnur ruckartig nach vorn zu reißen und so an den Rand der Glocke zu schlagen, die dann, im Erfolgsfalle, kläglich schepperte.

So gelangten wir nur zu einigen wenigen Gelegenheiten in die Wohnung, besser gesagt ins Wohnhaus, denn von einer Wohnung im herkömmlichen Sinne konnte man nicht unbedingt sprechen. Eher von einer Art Lager, das auf etliche Räume verteilt war. Darin fehlten Möbel so gut wie ganz und auch Bettstellen waren nicht für alle Familienmitglieder vorhanden. Die Schwestern, zum Beispiel, schliefen auf Kastenmatratzen, die auf Holzklötzen aufgebahrt waren. Kohlen und Kartoffeln waren in einem Zimmer lose aufgehäuft und Pappkartons, gefüllt mit Asche und Abfällen, standen dabei. Der große Küchenherd war außer Betrieb und bis obenan mit brennbarem Unrat gefüllt. Auf seiner Platte stapelten sich ebenfalls eine Menge Schachteln, randvoll mit Müll. Aus den Wänden ragten zahllose Nägel, manche von ihnen ungerahmte Drucke von allerlei Zeichnungen und Karikaturen, überwiegend Zeitungsausschnitte, festhaltend.

Die beiden Brüder hatten damals allerdings ein gemeinsames Zimmer, das nicht nur richtige Bettkästen, sondern sogar Nachttische besaß. Und die Attraktion in diesem Zimmer, nein im ganzen Haus, war für uns Buben der Nachttisch des größeren Bruders. Auf ihm ruhte, sage und schreibe, ein ausgewachsener, echter Menschenschädel, ohne Unterkiefer! Den hatte der jetzige Besitzer, wie er sagte, auf dem Dorffriedhof gefunden, als eine alte Grabstelle aufgelöst wurde.

Wochenlang streiften wir auf dem Friedhof umher, dem Totengräber mehr und mehr auffällig, jedoch ohne Erfolg. Ein paar lächerliche Schlüsselbein- und Gelenkknochenteile waren unsere magere Ausbeute.

Eine gepflasterte, extrem enge Gasse verlief neben dem Haus bergab zu einem lauschigen Pfad, zwischen Hecken und Gärten, der zu einem abseits stehenden, kleineren Gebäude führte. Dies war ein regelmäßiger, kompakter Bau aus auffallend exakt behauenen Sandsteinquadern, unmittelbar bei einer hübschen kleinen Bogenbrücke samt Brückenheiligem. Darüber hinaus war dieser Platz ein historischer, zumindest was die Dorfgeschichte angeht. In diesem Haus befand sich, bis in die 1920er-Jahre hinein, das, was man als Elektrizitätswerk bezeichnete. Zuerst wurde hier mit einer Turbine im Flüsschen Strom erzeugt, später mit Dampf- und zuletzt mit Verbrennungsmaschinen. Heute ist das Haus so gründlich renoviert, dass von seinen Sandsteinquadern, seinen kräftigen Fenstersimsen und seinem schönen Sandsteinportal, mit sich perspektivisch verjüngenden Bögen, nichts mehr geblieben ist.

Doch damals war auch dieses Haus etwas im Niedergang begriffen gewesen. Bewohnt war es von einem alten Schuster und einem jungen, stiernackigen Burschen. Der Bursche war, Genaues weiß ich nicht mehr, nach längerem Erziehungsheimaufenthalt bei seinem Großvater untergekommen. Es waren nicht nur seine bärenhafte Gestalt und sein derbes Gesicht mit dem stets verschlagenen Grinsen, die uns von ihm abstießen. Vielmehr verwirrten und erschreckten uns die teils hässlichen, teils seltsamen Geschichten, die er uns erzählte, auch wenn wir nicht alles glaubten oder verstanden, was er da von sich gab.

Jedenfalls brachte er uns bei, Schusterkrampen mit der Schleuder zu verschießen, und besorgte, in entsprechendem Tauschhandel, Nachschub vom Großvater. Doch übertraf ihn später noch der dicke Sohn des Bäckers in der Nachbarschaft, der Wingertshaken als Munition einführte.

Gefürchtet waren die Haken besonders im Sommer, wenn wir kurze Hosen trugen. Drangen die Krampen oder Haken senkrecht bis zum Anschlag ein, so war es schwierig, sie wieder herauszuziehen. Die Wunden bluteten heftig. Kamen die Geschosse mit der Breitseite auf, so hinterließen sie hartnäckige brandrote Male. Eine teuflische und höchst gefährliche Sache war das, und dass keiner ein Auge dabei verlor, war nur einer unglaublichen Portion Glück zuzuschreiben sowie dem Zufall, dass dieser Unfug irgendwann, aus unerfindlichem Grund, aus der Mode kam.

Ärger gab es eigentlich nur einmal, und zwar da, wo man es weniger für möglich gehalten hätte; aber so unberechenbar sind nun mal die Erwachsenen.

Janos hatte eine Piratenflagge gebastelt, eine von unbescheidener Größe, zugegebenermaßen, fast Betttuchformat. Die hing er an einer nicht minder üppigen Stange aus einem Dachfenster zur Ortsdurchgangs- und Bundesstraße hin. Drei Tage war der „Hannes" Piratenherberge, dann musste die Mannschaft der staatlichen Gewalt, die seinerzeit noch Gendarmerie hieß, weichen und regelrecht die Flagge streichen.

Dass wir unser „Jugendhaus" verloren, als es zur neuen Post umfunktioniert wurde, war schmerzlich. Aber dafür wurde ich reichlich entschädigt, denn es zog, wie schon angekündigt, Janos samt Familie zu uns, in das Haus meiner Eltern.

Unterm Kesselhaus

Mögen Sagen und Legenden auch nicht immer auf Wahrheit beruhen, so liefern sie doch mitunter den fruchtbaren Nährboden, ohne den unsere Fantasie um so vieles ärmer wäre.

Uns hatte es die Legende schon immer ganz besonders angetan, die von einer unterirdischen Verbindung zwischen dem Schloss und der zugehörigen, eine Stunde entfernten Burg berichtete.

Seit wir in den „Heimatblättern", die zum Unterricht verteilt wurden, gelesen hatten, dass vor nicht allzu ferner Zeit ein Bauer beim Pflügen, auf halbem Wege zwischen Schloss und Burg, in einen gemauerten Gang eingebrochen war, stand für uns die Existenz dieses geheimen Fluchtweges fest. Das Bauwerk war, wie es in den Blättern hieß, bei seiner Entdeckung schon in beiden Richtungen zerfallen. Andererseits bestand zu dieser Zeit nicht das gierige Interesse, das man heutzutage jedweden Altertümern (ausgenommen älteren Damen) entgegenbringt. So schüttete man die Vertiefung wieder zu und die genaue Lage der Stelle geriet alsbald in Vergessenheit.

Im Grunde genommen hatten wir ja die überaus günstige Position, an einem der beiden Endpunkte dieses Ganges (falls es ihn wirklich gegeben haben sollte) zu sitzen, nämlich im Schloss, so dass unseren Erkundungen nichts mehr im Wege stand, oder doch zumindest nicht sehr viel. Vielleicht hätten wir auch nie so recht mit der Suche angefangen, wenn uns nicht der Zufall zu Hilfe gekommen wäre.

Und zwar wurde das Kesselhaus samt Schornstein abgerissen, das zu einer Gerberei gehört hatte, die bis dahin im Schloss betrieben worden war.

Das hatte damit zu tun, dass unsere Vorfahren, vor 1700 mit circa 250.000 Landsleuten, als hugenottische Flüchtlinge über die nahe französische Grenze gekommen waren und sich als Gerber hier und später auch andernorts niedergelassen hatten. Mit ihnen waren unter anderem Drucker, Weber, Spinner, Hutmacher und Eisengießer gekommen und sie schienen allesamt weder die Dümmsten noch die Ärmsten gewesen zu sein, denn sie gründeten eine ganze Reihe kleiner bis mittelständischer Betriebe und verbesserten so in der vorindustriellen Gesellschaft die bescheidenen Verdienstmöglichkeiten der Ansässigen.

Doch nach dem Krieg waren die meisten Gerbereien eingegangen, viele Lederwaren von Kunststoff und Gummi verdrängt worden. Ein solcher Strukturwandel, wie man heute sagt, hatte später auch die einheimischen Mühlen erfasst, denen die großen Mahlwerke, am Rhein und anderswo, den Garaus gemacht hatten. In unserer Geschichte sollten sich die, hier rein zufälligen, Beziehungen zwischen Gerbereien und Mühlen noch auf eine weitere, ungeahnte Weise bestätigen.

Das Kesselhaus war praktisch ein kleines Haus, im Inneren eines größeren Hauses, eines Gebäudeteils der Gerberei. Es sah eigentlich noch recht frisch aus, wie auch der Schornstein, der jetzt aus seiner stolzen Höhe auf den Boden wirtschaftlicher Tatsachen zurückmusste. Beide waren ordentlich aus blanken, gebrannten, gelben Backsteinen gefügt, das Kesselhaus mit einer Anzahl schwerer eiserner Türen versehen.

Der Abbruch ging so schnell vonstatten, dass wir nach Kurzem nur noch ein Loch im betonierten Fußboden des Gebäudes vorfanden, angefüllt mit einem Haufen von Backsteinen. Das Loch war nicht eben bis obenauf gefüllt, sondern die Steine wie in einer Rutsche schräg nach unten eingeschüttet.

Da musste man natürlich, neugierig, wie man war, nachschauen, wohin es gehe und so weiter. Doch tat sich nach wenigen Schritten nichts weiter auf als große Dunkelheit, worauf wir einen Stein ins Ungewisse warfen und die Ohren spitzten. Wasser war das Geräusch! Das machte uns noch neugieriger.

Stiefel wurden geholt, eine Taschenlampe aufgetrieben und dann ging es abwärts. Zunächst gab es nur Wasser, das nicht weiter als bis zur Hälfte der Stiefelschafthöhe reichte; rechts der Schuttkegel loser Backsteine und links Sandsteinmauerwerk, das sich als Gewölbe zum ehemaligen Kesselhaus hin spannte. Beim weiteren Vordringen gewahrte man vage die ungeahnten Dimensionen eines Ganges, oder besser gesagt Tunnels, der so hoch und so breit war, dass ein ganzes Fuhrwerk ihn hätte befahren können. Da war mit unserer Taschenlampe wenig auszurichten und wir brachen die Unternehmung fürs Erste ab, um uns mit stärkerer Beleuchtung zu versorgen.

In einem großen alten Haus findet sich ja immer Brauchbares genug, für alle Zwecke im Allgemeinen und Buben im Besonderen. So waren im Handumdrehen aus kurzen Eichenstangen aus der Gerberei, alten Lappen, Draht und Petroleum Fackeln gebastelt, die zwar mächtig rußten und stanken, jedoch ausreichend Licht gaben.

So ausgerüstet, stießen wir erneut vor und entdeckten, als wir am Fuße des Backsteinhaufens durch Wasser wateten, das unversehrte Fundament des Kesselhauses, an dem sich seitlich ein bogenförmiger Eingang ohne Tür befand. Da uns nun das Wasser bald in die Stiefel zu laufen drohte und recht eisig war, schleppten wir Backsteine, alte Dränageröhren und schwere Holzkisten herbei, senkten sie, in gleichmäßigen Abständen, ins Wasser und schufen uns so, mit darübergelegten Brettern, einen Steg.

Der Raum im Fundament des Kesselhauses reichte mit seinem Fußboden leicht über den Wasserspiegel. Seine Form war die eines relativ schmalen, auf der Längskante stehenden Rechtecks, und wir begannen sogleich, uns auch hier wohnlich einzurichten.

Nachdem wir nun gewissermaßen einen festen Stützpunkt in der Unterwelt besaßen, machten wir uns in den folgenden Tagen an die weitere Erforschung des Terrains. Aus leeren Wehrmachtsbenzinkanistern banden wir ein Floß zusammen, belegten es mit Dielen und verbanden diese mit Querlatten. Diese hölzerne Plattform banden wir mit Stricken an den Griffen der Kanister fest und bewegten uns auf diesem Gefährt, mit Stangen im klaren Wasser stochernd, in den Bogengang hinein.

Die Fackeln zeigten einen sauber aus Sandsteinquadern gefügten Gewölbetunnel von wirklich erstaunlichen Ausmaßen, der sich schnurgerade im Dunkeln verlor. Wir waren jedoch gar nicht weit gefahren, als wir schon auf Grund liefen und so unserer Reise ein vorzeitiges Ende gesetzt wurde. Also stiegen wir wieder ab und wateten weiter, bis wir vor einer Halde aus leuchtend rotem Sand standen, die sich, schräg von der Decke nach unten, zur Tunnelsohle ergoss. Zwar kraxelten wir die Halde hoch und schaufelten noch eine Weile von der Decke her den Sand nach unten, doch als er kein Ende nehmen wollte und auch mehr und mehr große Steine dazwischen zum Vorschein kamen, gaben wir schließlich auf. Die Fortsetzung war verschüttet und an ein Weiterkommen nicht mehr zu denken.

Doch ließ uns die Sache nicht ruhen und wir holten ein 20-Meter-Stahlbandmaß und vermaßen die Länge des zugänglichen Teils des untergründigen Weges. Die gleiche Länge vermaßen wir anschließend in derselben Richtung über der Erde und gelangten dabei fast genau vor die Eingangstür des damaligen Bürgermeisteramtes, eines recht bescheidenen Gebäudes, in dessen oberen Räumen wir ja zur Schule gingen.

Jetzt war uns des Rätsels Lösung klar. Verfolgte man die Gerade des gefassten Wasserlaufs als Luftlinie weiter, so war es nur noch einen starken Steinwurf weit zum größeren der beiden Flüsschen. Das heißt: Die aufwendig konstruierte unterirdische Wasserführung mündete in den Fluss! Und jetzt erinnerten wir uns auch der Berichte, die besagten, dass zum Schloss einst eine Mühle gehört hatte (als Erwachsene fanden wir dies später, samt Lageskizze, bestätigt). Dies war also der unterirdische Mühlbach gewesen. Die Zuleitung von Wasser, aus dem Bereich des ehemaligen Weihers, war, mit Aufgabe der Mühle beziehungsweise Trockenlegung des Weihers, irgendwann eingestellt worden, so dass nur noch sauberes kaltes Grundwasser im alten Tunnel zirkulierte.

Der See war trockengelegt, die Mühle aufgegeben, die Gerberei hatte ihren Betrieb eingestellt, das Kesselhaus war abgerissen worden. Auch das Bürgermeisteramt zog schließlich in ein repräsentativeres Gebäude um und die Schule in einen großen Neubau am Ortsrand.

Der Einschlupf nach unten, durch die Kesselhausruine, verschwand unter einem dicken Zementfußboden, auf dem ein Autosalon seine Modelle ausstellte, der auch schon längst wieder zweimal umgezogen ist.

Nur der große dunkle Tunnel unter der Erde, mitten im Ort, ist, wohl wenigen bekannt, geblieben; so auch in unserer Erinnerung, selbst wenn es nicht der gesuchte Geheimgang zur Burg war.

Aufgespiesst

Eines der seltsamsten Souvenirs trug wohl mein Großvater im Sammelsurium seiner Geldbörse mit sich herum. Dass dieses Erinnerungsstück nie verloren ging, war sicher nur dem – aber nur dafür – günstigen Umstand zuzuschreiben, dass sich recht selten eine unüberschaubare Menge von Geldstücken dorthin verirrt hätte.

Wer nicht wusste, worauf sich das keilförmige bunte Glasstückchen bezog, wäre bestimmt arg verwundert gewesen, warum der alte Mann diesen Splitter so sorgfältig verwahrte.

Der Scherben hatte einst, zusammen mit seinen zahlreichen Brüdern und Schwestern, als Schauspieler in einem Kaleidoskop Erfolge gefeiert.

Das Kaleidoskop war ein achteckiger stumpfer Kegel aus fester Pappe gewesen, dessen zartes Rankenornament, in ungewöhnlichen Farbtönen gehalten, bereits Wunder versprach. Schaute man durch die in der Kegelspitze eingesetzte Linse gegen die Mattscheibe am Boden des Geräts, so zeichneten sich dort dreiachsig-symmetrische Figuren von unerschöpflichem Formen- und Farbenreichtum ab, die bei jeder Bewegung des Rohres wie von Zauberhand stets aufs Neue entstanden. Man wurde schier süchtig, immer neue und wieder neue Varianten zu erzeugen, und so klopfte und schüttelte ich dieses herrliche Spielzeug in einem fort und konnte gar nicht genug davon kriegen. So heftig traktierte ich die Pappröhre, dass ich dabei nicht bemerkte, dass sich die Vergrößerungslinse aus der Fassung gelöst und heimlich davongemacht hatte.

Ich setzte den Kegel wieder ans Auge und hielt ihn schräg nach oben, gegen den Himmel. Im selben Augenblick stürzte die ganze Pracht von der Mattscheibe her in sich zusammen und raste auf mich zu. Ein stechender Schmerz im linken Auge beendete die Vorstellung der kleinen Glasscherben.

Nachdem ich nachhause getaumelt war, stellte man entsetzt fest, dass sich ein spitziger Splitter, wohl durch Reiben mit der Hand, ins Unterlid gebohrt hatte und nicht entfernt werden konnte.

Dies war wieder ein Fall für den Onkel in der Nachbarschaft, den ausgedienten Sanitätssoldaten. Routiniert wickelte er das Augenlid nach oben, stellte fest, dass dort nichts zu finden war, und zog mit einer Pinzette den scharfkantigen Fremdkörper aus seinem Versteck. Sogar über Augensalbe verfügte er, die er zur Linderung aufbrachte. Das war ins Auge und trotzdem noch mal gut gegangen!

Und so fand dieses Belegstück eines guten Endes seinen Weg in Großvaters Geldbeutel.

Leicht ins Auge hätten auch die gefürchteten Schusterkrampen und Wingertshaften gehen können, von denen bereits die Rede war. Doch gaben wir uns, wie immer, weder mit diesem Risiko noch mit seinen Dimensionen zufrieden.

Um bei der Symbolik vom Auge zu bleiben: Eines hatte uns schon lange ins Auge gestochen, so dass wir der Verlockung schließlich nicht mehr widerstehen konnten: der alte Staketenzaun in der Nähe der katholischen Kirche!

Von Haus aus bezeichnen Staketen ja einen Lattenzaun, aber dieser hier war aus Eisen. Die Stäbe waren nicht zu unhandlich, circa eineinhalb Meter lang, wenn auch mit schweren Lanzenspitzen versehen. Diese Spitzen lehnten sich in ihrer Form an die Darstellung von Lilienzeichen an, wie man sie bisweilen in alten Wappen findet, was den Reiz der Sache natürlich um ein Weiteres erhöhte; fühlten wir uns doch damit sozusagen wie leibhaftige Ritter bewaffnet.

Bis es allerdings erst einmal so weit war, mussten noch schweißtreibende Stunden verrinnen, wobei schwerlich zu sagen war, ob der Schweiß überwiegend von unseren Kraftanstrengungen oder mehr von der Angst, entdeckt zu werden, herrührte. Etliche der Staketen verbogen wir ohne Erfolg, eine Spitze brachen wir ab, beim Großteil der Spieße war alle Mühe vergebens. Aber schließlich hatten wir doch vier der Lanzen erobert und zogen triumphierend mit der Beute ab.

Genau genommen waren allerdings die Folgeschäden dieser Aktion weitaus größer als der Schaden am demolierten Zaun. So manche Tür, zahlreiche Bäume und auch Telegrafenmasten bekamen die ganze

Wucht dieser Waffe zu spüren, wenn sie, mit aller Kraft geworfen, mit ihrem auf den Lanzenkopf zentrierten Gewicht ins Holz eindrang, begleitet von einem heftigen Vibrieren des Schaftes, das mit einem kurzen metallischen Surren einherging.

Wir selbst erlitten, aller Wahrscheinlichkeit zum Trotz, keinen Unfall mit diesen gefährlichen Instrumenten. Den hatte dafür ein anderer Junge, aus einer mit uns meist befehdeten Bande.

So wie unser Revier das abbruchreife Haus, aber mehr noch unsere Verstecke in Wald und Flur waren, so hauste diese verschworene Gemeinschaft in einer alten, stillgelegten Brauerei. Das war ein wahrhaft prächtiges Domizil, auf einem dicht bewachsenen Hügel, in einem unzugänglichen Winkel des alten Ortskerns, wie eine Burg thronend. Das Anwesen bestand aus einem Geviert mehrerer, für die dörflichen Verhältnisse riesiger Backsteingebäude, die nicht nur einige Stockwerke hoch, sondern vor allem derer auch etliche tief in den Hügel gebaut waren.

Es gab dort ausgedehnte Kavernen, Gewölbe und geräumige Schächte, die schwindelerregend bis auf das dritte Untergeschoss hinabfielen. Als Fremder konnte man sich verirren in diesem Gewirr, wo wir uns nur zu seltenen Streifzügen hinwagten, denn es galt dort nicht nur der feindlichen Bande, sondern vor allem den unregelmäßigen Kontrollgängen eines gefürchteten Aufsehers auszuweichen, dessen Taktiken uns, wie die ganze Örtlichkeit, nicht vertraut waren.

Der Junge, dem die von uns so begehrten Staketen zum Verhängnis werden sollten, wohnte mit seiner Familie in recht ärmlichen und sehr beengten Verhältnissen, in einem flach gestreckten, barackenähnlichen Wohnhaus, das, zu dem Gesamtkomplex gehörig, am Rande dieser Szenerie gelegen war.

Schräg unterhalb, zur Hauptstraße hin, lag wiederum ein Gebäude, das, von seiner Größe und baulichen Aufwendigkeit her, wie ein Fremdkörper aus dem bescheidenen Einerlei des Dorfbildes abstach. Zu Zeiten, als Turnvater Jahn nicht nur die brach darniederliegenden Leiber, sondern auch eine unbestimmbare Art nationaler Gesinnung in deutschen Landen geweckt hatte, war dieses Sinnbild bürgerlicher Anstrengungen aus der jäh entfachten Begeisterung als Turnhalle erwachsen. Im 1. Weltkrieg war es zwischendurch als Lazarett für die nahe Westfront genutzt worden, und nach dem 2. Weltkrieg führte zweimal wöchentlich ein ambulanter Vorführer dort Kinofilme vor, bis auch diese Nutzung Mitte der 1970er-Jahre eingestellt wurde und ein zeitgemäßer Discobetrieb nachfolgte. Aber so weit waren wir ja damals noch gar nicht.

Zur Hauptstraße im Tal war das Gebäude gleich mit zwei Staketenzaunreihen bewehrt, wobei die innere Armierung mehr die Funktion eines Schutzgitters einnahm, das ein Herabstürzen auf die nach links und rechts aufsteigenden Treppenzuführungen verhindern sollte. Direkt zur Straße hin war, mit schmalen Einlässen zu den Aufgängen, eine halbe Etage tiefer nochmals ein durchgehender Staketenriegel gezogen. Der Abstand zwischen oberer und unterer Staketengalerie der nämlichen Art betrug bestimmt nicht mehr als knapp zwei Meter, während der Höhenunterschied von der oberen Zaunkrone zur Straße gegen drei Meter betragen haben mag. Ich weiß nicht, ob sich der Ortsfremde aus solchem Versuch einer möglichst detaillierten Beschreibung eine einigermaßen zutreffende Vorstellung der örtlichen Gegebenheiten machen kann. Alles Weitere ist rasch berichtet.

Der Junge wagte, auf der oberen Barriere stehend, einen Sprung zur Straße hinunter, hinweg über die mittlere und untere Lanzenreihe, als ihn Kameraden von der Straße her riefen. Allem Anschein nach sprang er jedoch zu kurz; nicht kurz genug, um sich auf dem Treppenaufgang die Gliedmaßen zu brechen, aber immer noch weit genug, um genau auf die untere Staketenpalisade zu stürzen, wo er, unter dem Arm durch die Schulter aufs Schrecklichste durchbohrt, aufgespießt und ohnmächtig hängen blieb. Zeitweise kehrte er, für kurze infernalische Augenblicke, unter grauenvollem Stöhnen, ins Bewusstsein zurück, bis ihn ein entschlossener Passant, trotz der widerhakenartigen Lanze, vom Zaun zog. Er kam wohl dann doch noch rechtzeitig ins Kreiskrankenhaus und überlebte sogar.

Es muss, wenn auch nicht im gleichen Zusammenhang, etwa in dieser Zeit gewesen sein, als die Familie des Jungen in die Stadt verzog, hinaus aus dem Zweizimmerhäuschen, wo die vielköpfige Familie mehr schlecht als recht untergekommen war.

Unmittelbar anschließend gab es ein langgestrecktes, niederes Gebäude, in dem die Maschinen einer Druckerei lärmten. Der Sohn des Druckers war einer meiner ältesten und besten Freunde überhaupt. Er war, im Gegensatz zu manch anderen der Spielkameraden, eher von wohltuend ruhiger Natur. Weswegen ich mich mit ihm auch, zumal bei Regenwetter, zeitweise gerne auf einen kleinen Speicher verzog, gleich neben der Küche seiner Mutter, wo wir uns, meist mit unseren Spielzeugsoldaten aus Blei, Zinn, Gips, Holz oder sogar schon Kunststoff, leidenschaftlich vertieften. Das bot auch den Vorteil, dass uns die Mutter dieses Freundes hin und wieder eine Limonade mit Himbeer- oder Waldmeistergeschmack bereitete, was meine lebenslange Liebe zu letzterem Kräutlein sicher mitbegründet hat.

Obwohl wir verschiedener Konfession waren, hatte dies unsere Beziehung nie gestört, was zu jener Zeit keineswegs die Regel war. Ganz im Gegenteil beteiligte ich mich stets mit Eifer am Erlernen lateinischer Litaneien, die Ulf als Messdiener aufsagen musste, und daher konnte ich ihm diese, bei unserem freudigen Wiedersehen als Erwachsene, zu seinem nicht geringen Erstaunen noch zur Gänze vortragen. Auch wenn ich, als Neusprachler, nie wusste, was ich da eigentlich von mir gab.

Diese Freundschaft führte mich damals erst verstärkt in das Gebiet der alten Brauerei, das ja ansonsten „feindliches" Gebiet war.

Dort war der Hang des zum Dorf abfallenden Hügels mit einem struppigen Verhau aus niederen Robinien und knorrigen alten Holunderbüschen dicht bewachsen.

Nun war ja der Holunder unser bevorzugter Werkstoff zur Fertigung von Pfropfen für die Spitzen der Schilfpfeile. Mit seinem weichen Holz ließ er sich gut schneiden und die Schilfrohre fanden in seinem Markhohlraum sicheren Halt.

Besonders alte und kräftige Holunderexemplare konnten Baumgröße und -stärke erreichen, so dass sie sogar das Besteigen durch uns Leichtgewichte duldeten. Allerdings war ihr Holz doch spröde und brüchig, wie gesagt, nicht massiv, und hinzu kam die Tücke, dass die stets gleichbleibend graue Rinde keine Unterscheidung zwischen frischen und trockenen, abgestorbenen Ästen zuließ.

Plötzlich brach, mit trockenem Knall, ein Ast, auf den ich mich zu weit vorgewagt hatte, und ich landete nicht etwa auf der Erde, was gar nicht so tief gewesen wäre, sondern ein Stockwerk tiefer, auf einem stärkeren Ast, der meinen Fall stoppte.

Wie das nun mit dem Glück im Unglück so ist, hat es bekanntermaßen ja gelegentlich so seine Haken und stellt sich, so recht besehen, womöglich noch als ein ärgeres Unglück dar als dasjenige, dem man soeben entronnen zu sein glaubte.

In diesem Fall hatte es tatsächlich, im wortwörtlichen Sinne, Haken, wenn auch nur zwei, so doch ganz ordentliche. Und zwar in Form zweier benachbarter Astverzweigungen, die auf knappe Daumeslänge schräg abgeschnitten und so ideal für diesen Zweck angeschärft waren. Von wem, fragen Sie? Von mir selbst natürlich!

Wäre ich zum Beispiel mit dem Hinterteil auf diese Pflöcke gestürzt, so hätte es gut und gerne mit einem schmerzhaften Bluterguss abgehen können, denn dieser Körperteil war mit einer kurzen Lederhose geschützt. Zum Gegenteil aber war es mit den blanken Oberschenkeln bestellt. Ein Weilchen schwankte ich noch unschlüssig, auf meinem unvorteilhaften Sitz aufgespießt, dann stürzte ich kopfüber zur Seite, ab ins Geröll des Hanges.

Augenblicklich begann ein dünnes, aber heftiges Spritzen von Blut aus den beiden kreisrunden, pfenniggroßen Wunden an der Unterseite des linken Oberschenkels. Panik erfasste mich und ich das Bein mit beiden Händen in der Kniekehle, während ich, in Riesensätzen, wie ein einbeiniges Känguru, mit dem unverletzten rechten die beträchtliche Strecke direkt zum vertrauten Arzt in der Nachbarschaft meiner Eltern hüpfte. Der legte mir sogleich einen spektakulären

Verband an, unter dem es, nichtsdestotrotz, auch noch Tage danach, heftig zog, brannte und klopfte.

An die drei Wochen später unternahmen wir mit der Schule einen der lang ersehnten, seltenen Ausflüge über die Gemarkungsgrenze hinaus, ja sogar sehr weit hinaus, mit dem Zug zum Rhein und auf dem Strom mit dem Schiff weiter, bis hinauf nach Koblenz. Da war freilich keine Verwundung schlimm genug, mich zu halten.

Für Ablenkungen verschiedenster Art war auch reichlich gesorgt, und an das lädierte Bein dachte ich erst wieder auf der Rückfahrt mit der Bahn, als die Gegend wieder vertrauter wurde und der Alltag Anstalten machte, zurückzukehren. Erst da erinnerte ich mich plötzlich wieder der Schmerzen, und es schien mir, als wollten sie mit jeder vorbeirasenden Telegrafenstange ärger und wilder bohren. Bald wuchs sich das Bohren mehr und mehr zu einem sich steigernden Druckgefühl aus, das solche Ausmaße annahm, dass ich ihm nicht mehr standhielt und begann, die verschiedenen Bindenlagen nach oben und unten von den Wunden wegzuziehen. Nachdem ich schließlich auf diese Weise bis zu den inneren Wicklungen vorgedrungen war, bemerkte ich befremdlich hohe und harte Erhebungen in den Wunden, und als ich die Bandage vorsichtig lupfte, traute ich meinen Augen nicht. Sprossen doch zwei fingerdicke Äste zentimeterhoch aus meinem Bein.

Noch am späten Abend musste mich der Arzt von diesen artfremden Trieben befreien, die er zuvor so sorgfältig eingewickelt hatte. Wobei dieser zweite Eingriff eher eine Wohltat war.

Und was seinen Fehler in diesem Fall betraf, so war das halb so schlimm. Sollte ich ihm in der Folgezeit doch noch ausreichende Gelegenheiten zum Üben verschaffen.

Eine neue Mode begann sich breitzumachen: Die Zeit der Blasrohre brach an.

Man war ja erfinderisch. Und man konnte alles brauchen, machte aus allem etwas. Zum Beispiel Blasrohre aus den langen dünnen

Metallröhren, in denen die Anschlusskabel vieler Deckenlampen verborgen waren. Schienen sie doch wie geschaffen für das Verschießen, sprich hier Verpusten, von Holunderbeeren. Und waren doch diese wiederum eine Munition mit ganz besonderer Trefferwirkung. Einigermaßen reif, zerplatzten sie beim Auftreffen zu den herrlichsten violettblauen Fleckenmustern, deren Markierungen von ausdauernder Farbqualität waren. Dazu gehörten allerdings, außer einer kräftigen Puste, eine bestimmte Technik und ein ausreichend mit Beeren gefüllter Mund, der dann sogar eine Art Dauerfeuer ermöglichte. Nur zum Lachen durfte der Blasrohrschütze nicht gebracht werden, sonst entleerte er seine prall gefüllten Backen wider Willen vor dem Schuss.

Tolle Verfolgungsjagden und Gefechte lieferten wir uns im Sommer auf diese Weise; wobei sich heute gewisse Parallelitäten zum amerikanischen „Gotcha", dem Paintballspiel, ergeben, auch wenn dieses sich wohl nicht gerade eines guten Rufes erfreut. Ich selbst nahm allerdings nur so lange teil, bis ich anlässlich einer solchen Hatz stolperte und mir beim Hinfallen das Messingrohr in den Hals rammte.

Beiläufig lernte ich so Vorhandensein und Funktion des sogenannten Gaumenzäpfchens kennen, das dem Schießgerät nicht ausreichend Widerstand bot und so unversehens von ihm gespalten wurde. Abgesehen von ausreichend fließendem Blut, erschwerte dies, für unangenehm lange Wochen, sowohl das Sprechen als auch das Essen und Trinken, ja selbst den unvermeidlichen Schluckreflex auf recht schmerzhafte Art.

Dergestalt geschwächt, trat ich, nach einwöchiger Bettruhe, blass und taumelig in die bereits raue Luft hinaus, um mich ein wenig auf der Brücke über den kleinen Fluss hinterm Haus zu ergehen.

Wie ich nun den Blick ein Weilchen auf das hurtige Spiel der Wellen gerichtet hatte, ward mir doch mit einem Mal ganz schwindelig von den fortwährend wechselnden, scharfen Lichtreflexen des Wassers, und ich stürzte, jählings das Gleichgewicht verlierend, kopfüber hinunter ins Flussbett.

Eigentlich waren es nicht mehr als lächerliche zwei Meter, aber der senkrechte Sturz aufs Schädeldach nahm mir für einen Moment die Besinnung und ließ mich in diesem Zustand ein ganz klein wenig im flachen Wasser flussabtreiben.

Schließlich raffte ich mich irgendwo wieder auf, torkelte benommen die Böschung hinauf und schleppte mich ins Haus, während warmes Blut gleichmäßig nach allen Seiten den Kopf hinunterrann.

Das war ein erneuter und gar nicht so gelinder Schock für meine bedauernswerte Mutter und ein unerwartetes Anschlussgeschäft für den Doktor aus der Nachbarschaft. Und weil es ihm im ersten Anlauf nicht gelang, die Steinchen aus dem Schädeldach zu buddeln, die sich dort beim Aufprall so hartnäckig eingenistet hatten, musste über ein Jahr später einer seiner Kollegen recht mühsam nachschürfen, wobei dennoch einige dieser Souvenirs zurückblieben und mir gelegentlich heute noch schmerzhafte Jugenderinnerungen bereiten.

Wie lange Zeit nach diesem echten „Zwischenfall" verstrichen war, ist schwer zu sagen; aber zu weit danach kann es wohl nicht gewesen sein, sonst hätte meine Mutter nicht so heftig reagiert.

Ich hatte irgendwo ein rotes Plastiknetz gefunden, das als Apfelsinensack gedient hatte. Dieses zog ich, einer unbestimmten Laune folgend, über den Kopf und schlüpfte mit den Armen durch die Griffe, so dass das Ganze passend vom Kopf zu den Schultern anlag. Nachdem dies gelungen war, gelüstete mich wohl nach Publikum, so dass ich von der Brücke aus gegen das Haus hin nach meiner Mutter rief. Die steckte auch prompt den Kopf durchs Fenster und verfiel augenblicklich in hysterisches Schreien, das ich mir allerdings weniger erklären konnte. Im selben Augenblick war sie schon vom Vorderhaus her durch die Scheune geeilt und stand jetzt vor mir. Mit einem Ruck riss sie mir das Netz vom Kopf, und während sie in aufgelöstes Schluchzen verfiel, verabreichte sie mir unvermittelt eine ganze Serie von gediegenen Backpfeifen, die mein Erstaunen auf der Stelle in schmerzlichen Schrecken verwandelten.

Sie hatte das rote Netz von Weitem fälschlicherweise als Wiederholung des Brückensturzes gedeutet.

Zweimal dasselbe? Nein! Der nächste Sturz, in gebührendem Abstand zu jenem „Vorfall", musste ein anderer sein.

Die Gelegenheit ergab sich anlässlich einer jener wilden Fechtduelle, wie sie zeitweise durch das verfallene Haus tobten.

Wie es sich gehörte, wurden diese Kämpfe mit echten Waffen ausgetragen, die auf wunderbare Weise in unseren Besitz gelangt waren. Die eine war ein schlanker, eleganter Degen, mit reicher Ziselierung, der, seinem Aussehen nach, wohl nicht nur als Staffage gedient hatte. Bei der anderen handelte es sich um einen respektablen Schleppsäbel, der so funkelnagelneu glänzte, dass er eher der Etappe zugerechnet werden konnte, wofür auch seine ganze protzenhafte Aufmachung sprach.

Wenn uns die Leidenschaft packte, ergriffen wir dieses martialische Instrumentarium und fochten, nach Herzenslust, ganz in der Art, wie wir es in den verschiedenen Ritter-, Robin-Hood-, Piratenoder Zorro-Filmen gesehen hatten. Die Hiebe und Stiche gegen den Körper deuteten wir freilich nur an und verlegten uns mehr auf das metallene Geklirre des Parierens. Das naheliegendste Unglück, dass versehentlich ein Hieb oder Stich getroffen hätten, passierte nicht, Gott sei Dank nicht! Stattdessen kam es zu einem ganz anderen, nicht minder effektvollen Zwischenfall.

Wir trieben uns wieder einmal durch die keilförmige Verengung des Obergeschosses im verfallenen Fachwerkhaus, dass die Funken von den Klingen stoben. Theatralisch, wie wir es bei unseren Leinwandvorbildern gesehen hatten, versuchten wir uns in den verwegensten

Posen, auf den Sims der alten Brandmauer springend, hinter Türpfosten in Deckung gehend, halb aus dem Fenster gelehnt und was uns sonst noch an heldenhaften Gebärden einfiel.

Bald griffen wir ungestüm an, bald wichen wir zurück, machten eine Drehung nach da, wagten einen Ausfall nach dort. Den Gegner hielten wir stets im Auge, nicht aber die Stellen im Fußboden, die nach unten, zum Erdgeschoss hin, durchgebrochen waren.

Der Kampf wogte hin und her, ich löste mich mit einem geschmeidigen Schritt rückwärts und war wie vom Erdboden (hier besser Fußboden) verschluckt, während mein Degen einen Halbkreis nach hinten durch die Luft vollzog und mit gelungener Dramatik in einem Balken stecken blieb.

Im Erdgeschoss ging es weniger ritterlich zu, dort waren verschiedene Schweinekoben einzementiert. Sie waren noch recht neu, halbhoch durch präzise, scharfkantige Mauern getrennt, auf deren eine ich seitwärts aufschlug.

Da blieb mir buchstäblich die Luft weg, und auch als ich mich wieder halbwegs aufgerafft hatte und, leicht in Vorlage, mit kleinen hölzernen Schritten nach draußen stakte, gelang es mir nicht, einen nennenswerten Atemzug in die Lunge zu saugen. Ziellos bewegte ich mich auf die Scheunentür zu, die sich just in diesem Augenblick öffnete, als mir schwarz vor den Augen wurde und ich der Länge nach, in die Türöffnung hinein, auf eine Frau stürzte, die soeben im Begriff war, herauszutreten.

Auf dem elterlichen Bett kam ich wieder zu Bewusstsein, wo einige Köpfe mit erschrockenen Augen über mich gebeugt waren. Doch konnte ich auf die drängenden Fragen nach der Ursache meiner Ohnmacht nichts außer stöhnenden Atemversuchen von mir geben.

Der rasch hinzueilende Arzt stellte eine Rippenquetschung fest, verpasste mir eine Spritze und später ein Pflaster von erklecklichen Ausmaßen.

Nun kann eine solche Verletzung zwar durchaus recht schmerzhaft sein, aber wirklich gefährlich ist sie recht selten. Was ich damit sagen will ist, dass wir doch eigentlich immer eine gehörige Portion Glück hatten, so auch hier. Denn in der folgenden und letzten Episode dieses Kapitels wird noch einmal gespießt, und zwar regelrecht aufgespießt.

Außer unseren Säbeln besaßen wir nämlich noch verschiedene Bajonette. Eigentlich war es schon fast eine Bajonettesammlung, aus verschiedenen Epochen und von mehreren Nationen, die recht unterschiedlich in Größe, Beschaffenheit und Zustand waren.

Eines Sommernachmittags verfielen wir auf die hübsche Idee, Papierstücke im Hof zu verstreuen und mit unseren Bajonetten ein Zielwerfen zu veranstalten.

Der Boden des Hofes war tiefgründig mit Gerberlohe, also gemahlener und bei der Verarbeitung gekochter Eichenrinde aufgefüllt, die bereits leidlich verdichtet und so von korkähnlicher Konsistenz war, also ideal für unsere sportliche Veranstaltung.

Die Art und Weise, wie wir diesen Wettbewerb durchführten, war allerdings, organisatorisch gesehen, hanebüchen. Denn unsinnigerweise warfen wir nicht einer nach dem anderen, sondern alle gleichzeitig, in die Kreuz und in die Quere. So ging es auch beim Herausziehen der Seitengewehre aus der Erde, nach dem Wurf, bunt durcheinander und mit dem Werfen gleichzeitig einher.

So kam, was kommen musste.

Mein französischer Gewehrspieß ging genau in dem Augenblick auf ein Papierstück nieder, als sich dort der Fuß des jüngeren der beiden ostpreußischen Brüder platziert hatte. Die heimtückische (eigentlich nach der Haager Landkriegsordnung verbotene) Kreuzschneide, einem heutigen Kreuzschlitz-Schraubendreher nicht unähnlich, durchschlug, sauber zentriert, das Oberleder der Sandale, den Mittelfuß, die Schuhsohle, das Papier nicht zu vergessen (ein Treffer!), und drang noch ein gutes Stück in die Erde.

Unser Kamerad war in der Tat aufgespießt, am Boden festgenagelt, unfähig sich zu entfernen. Wir eilten hinzu und zogen ihm die

Waffe ohne viel Federlesens aus dem Fuß, noch ehe er sich aus seiner Erstarrung gelöst hatte.

Fußwunden sind ja als freudige Bluter bekannt und auch hier setzte sogleich ein heftiges Sprudeln ein, was wir mit Material aus unserem alten Wehrmachtsverbandskasten notdürftig zum Stillstand brachten. Der Verwundete biss jedoch überaus tapfer die Zähne zusammen, auch wenn sich ein dünner Tränenstrom die Wangen hinunterstahl.

Fieberhaft begann die Diskussion, wie dieser Unfall in einem günstigen Licht erscheinen könne. Die Bajonette durften, das war klar, auf keinen Fall ins Spiel gebracht werden; mit höchster Wahrscheinlichkeit hätte man sie uns abgenommen.

Den rettenden Einfall hatte schließlich der Leidtragende selbst. Er sei, so wollte er zuhause berichten, beim Treppensteigen im Fachwerkhaus in das unter einer Stufe verborgene, herausragende, lange Ende eines großen Nagels gelaufen.

Ganz überzeugt von dieser Darstellung waren dann seine Eltern anscheinend nicht, doch ließen sie, mangels anderweitiger plausibler Erklärungen, die Sache schließlich auf sich beruhen.

Da, wie durch ein Wunder, weder Knochen noch Sehnen verletzt worden waren, nahm auch diese Geschichte zu guter Letzt, wie das Wort schon sagt, einen glimpflichen Ausgang.

Als ich einmal ein Bauernbub war

Ja, ich war mal einer! Gott sei Dank vielleicht und doch wieder leider nur auf Zeit. Gegen fünf Jahre dürften es gewesen sein; nicht viel, aber doch einer der Lebensabschnitte, die in ihrer Prägung am stärksten von allen übrigen abwichen.

Es war die Zeit der behelfsmäßigen Landwirtschaft, die unser Vater nach dem Krieg, sozusagen als Überbrückungsmaßnahme, betrieb. Eigentlich war sie andererseits mehr oder minder die Fortsetzung eines ersten Fehlversuches aus der Vorkriegszeit und endete, ebenso wie dieser, im finanziellen Debakel. Doch will ich über diese Seite der Geschichte absichtlich nicht berichten, weil Wertung und Beurteilung mir hier nicht zukommen.

Doch ging es manchmal zu wie bei „Hans im Glück". Zumindest in jenem Fall, als der Vater ein breites, saftiges Wiesengrundstück im Tal, direkt an der Straße, gegen einen steinigen steilen Hangstreifen tauschte. Der Tauschpartner verkaufte seinen Gewinn später für ein Mehrfaches an eine Brauerei, die das auf der Wiese austretende Quellwasser nicht einmal selbst vollständig verbrauchen konnte, sondern einen Teil, gegen Entgelt, in die Gemeindewasserleitung einspeiste.

Nur so viel sei rückblickend noch berichtet, dass am Schluss vom ganzen großen Grundbesitz sage und schreibe zwei steinige Hangstreifen übrigblieben, die keiner mehr erwerben wollte.

Der Viehbestand dieser Landwirtschaft war ein recht bescheidener: einige Kühe, anfangs zwei Pferde, zwei, drei Schweine, selten mehr, manchmal auch nur eines, eine Hühnerschar und gelegentlich auch etliche Truthühner, Enten und Gänse. Bisweilen wurde die Aufzucht des Federviehs besonders intensiv oder jedenfalls intensiver als die übrigen Anstrengungen verfolgt, dann ebbten diese Versuche wieder ab.

In solchen Geflügelzeiten wurden aufwendige Brutkästen gebaut und ausgeklügelte Futter- und Tränkvorrichtungen konstruiert.

Mich selbst interessierte an dieser Sache allerdings ein ganz anderer Aspekt, der ursprünglich sicher nicht dem von mir gewählten Zweck bestimmt war.

Bis zum geschmacklichen Protest der Verbraucher war es seinerzeit nämlich üblich, sogenanntes Fischmehl an das Geflügel zu verfüttern. Dieses Fischmehl bestand eigentlich nur zum kleineren Teil aus getrockneten Fischresten. Vielmehr waren Krabben und Garnelen darin überwiegend; welche Fundgrube war dieses Futter für Krabbenpanzer und -scheren, vollständige Garnelen, aber auch Seepferdchen, kleine Muscheln, Schnecken und Bruchstücke von Seeigelgehäusen und Seestern-Armteilen; und das alles fernab der Küste, im Binnenland.

Es konnte passieren, dass ich bei meinen ausgiebigen Untersuchungen des ausgestreuten Futters in echte Konkurrenz zu den Gefiederten geriet.

Meist waren die Vögel kaserniert, aber zeitweise hatten sie auch erlaubten oder eigenmächtigen Freigang im Gelände auf der anderen Seite des kleinen Flusses, das damals noch recht unerschlossen aussah. Es war schwer auszumachen, ob einmal ein Acker, ein Garten oder ein Park daraus werden solle.

Die Truthühner und erst recht die -hähne feilschten ja nicht gerade um die Sympathie von uns Kindern. Zumal wenn ihnen ein farbiges Kleidungsstück ins Auge stach, gebärdeten sie sich geradezu hysterisch und wollten mit ihrem penetranten Geglucke nicht mehr aufhören.

Niedlich war aber der kleine Truthahn, der, in Vertretung der tollpatschigen Pute, von einer Entenmutter ausgebrütet worden war. Als die kuscheligen Entenknäuel mit der Entenmutter ihre Jungfernfahrt auf dem Fluss antraten, geriet der bedauernswerte Stiefbruder in arge Verlegenheit.

Widersträubend, doch mit dem Mut der Verzweiflung, stelzte er mit in den flachen Uferbereich hinein, kämpfte dann noch, wassertretend und mit immer länger gestrecktem Hals, ein Stückchen gegen die Strömung an, musste letztlich jedoch entnervt aufgeben, als ihm das Wasser bis zum Schnabel stand. Da halfen auch alle Manöver der vereinigten Familienflottille nicht und kein gutes Zureden der Stiefmutter.

Was die Hühner betraf, so bereiteten sie mir, trotz meines versehentlichen Brandanschlags auf ihren Pferch anlässlich eines Osterfestes, eine besondere Überraschung: Sie legten mir über zwanzig Eier in eine Kanalisationsröhre, die, halb versunken und vergessen, in einem großen Komposthaufen lag. Da war die Freude groß, auch wenn die Eier nicht gefärbt waren.

Mit unserer Spezial-Eier-Durchleuchtungsvorrichtung (ein Papprohr gegen die starke Glühbirne einer Nachttischlampe, mit im oberen Ende aufgesteckten Ei) brauchten wir nur zwei angebrütete Eier aus der gesamten Menge aussortieren. Über diesen unverhofften Segen freuten sich auch die Eltern.

Weniger Freude hatten wir mit unseren ersten Gänsen. Es waren sechs an der Zahl, noch jung, aber schon von vielversprechender Rundlichkeit und strahlendem Weiß. Ihr Schicksal war es, in eine Zeit des Hungers hineinzuwachsen, ins erste Jahr nach Vaters Rückkehr aus der Kriegsgefangenschaft.

Die Familien waren damals noch wesentlich größer als heute und oft war entweder kein Ernährer da oder das Auskommen alles andere als hinreichend.

So musste es nicht verwundern, dass Stehlen nur noch Organisieren hieß und die Achtung vor dem Eigentum auf das eigene beschränkt war. Doch bezogen sich solche Ungesetzlichkeiten in der Regel ausschließlich auf die persönliche oder familiäre Versorgung und hatten überwiegend eher den Charakter von klammheimlichem, unauffälligem Mundraub als von Diebstahl.

Ganz andere Beweggründe müssen dagegen im Fall unserer Gänse eine Rolle gespielt haben. Wer hat schon gleich auf sechs Gänse Hunger? Kühlschränke gab es ja noch kaum auf dem Lande und Gefrierschränke sowieso noch nicht. Und wer macht sich dann auch noch die Mühe, den Apfelbaum vorm Haus mit den abgeschnittenen Gänseköpfen zu drapieren, wenn er die Beute schon unentdeckt sicher hat?!

Viele Jahre später stellte sich heraus, dass die schönen Vögel von einer ganzen Horde übel gesinnter Männer gestohlen und in der gleichen Nacht in einer Gaststätte, gar nicht weit entfernt, unter großem Jubel zubereitet und verzehrt worden waren.

Erstaunlicher als diese Erkenntnis schien mir damals die Absicht der Eltern, die Sache damit auf sich beruhen zu lassen.

Einige der Übeltäter hatten übrigens, wie zu vermuten war, ihre genauen Ortskenntnisse nicht von ungefähr. Waren sie doch zur Erntezeit als Tagelöhner beim Dreschen bei uns beschäftigt gewesen. Und eben einer dieser Leute, ein für seine Kräfte und die daraus resultierende Arbeitsleistung weit bekannter, hünenhafter Mann, war der Bruder jener Wirtin gewesen, bei der man die Beute verspeist hatte.

Das war jedes Mal eine riesige Angelegenheit, das Dreschen; riesig in jeder Beziehung.

Bis zur Tenne über dem Stall reichte das Ungetüm von Dreschmaschine und füllte nahezu die ganze Scheune aus. Der Lärm der Maschine, das Stimmengewirr der Helfer, die so zahlreich wie sonst nie waren, und vor allem der beißende, olivfarbene Staub der Spreu erfüllten die Luft, die vibrierte vor Geschäftigkeit an diesen Tagen und die dann ihren ganz besonderen, unnachahmlichen Geruch hatte.

Wenn ich jetzt in der Stadt, in der ich lebe, gelegentlich an einer der Brauereien vorbeikomme, erinnert mich der Malzgeruch ein wenig an diese Dreschtage.

Was wurde geschuftet, geflucht, getrunken, gekocht, gegessen, gescherzt, geschimpft und gelacht an diesen Tagen, bis die prallen Säcke mit dem Getreide dicht bei dicht aufgestapelt waren.

Eine wirklich nonchalante Lösung hatte man für das Problem gefunden, sich der lästigen Spreu zu entledigen. Man blies dieses unangenehm feine, staubige und doch so widerlich kratzige Pulver einfach über ein kunstvoll gewundenes, dickleibiges Rohrgebilde in einen leeren Fensterrahmen des baufälligen Hauses, das sich so, im

Laufe der Jahre, bis zur Decke damit füllte. Wobei dies allerdings eine teuflisch feuergefährliche Art der „Beseitigung" war. Wie zu erwarten, kam man deshalb in späterer Zeit, als die Gebäudebrandversicherung Alarm schlug, doch nicht umhin, die angesammelten Unmengen abzutransportieren; dieses Mal jedoch etwas aufwendiger als wenn man es gleich beim Dreschen erledigt hätte.

Die Mechanisierung der Landwirtschaft jener Tage war ja noch bescheiden und schon fast nicht nennenswert, was uns selbst betraf. Wir hatten weder Traktor noch Heulader und auch das Getreide musste noch von Hand gebunden werden.

Gut erinnere ich mich noch an die rot- oder blau-weißen Papierstricke, die dauernd rissen beim Garbenbinden. Vor allem denke ich aber an die stets übermäßig hoch geladenen Getreidelasten auf dem gar nicht so großen Fuhrwerk. Nie konnte es hoch und breit genug beladen sein, trotz aller zusätzlichen Aussteller, Provisorien und Fisimatenten. War der Wagen dann endlich ausreichend überladen, so galt es jetzt noch den sogenannten Wiesbaum obendraufzupacken und festzuzurren. Das war eine Art Mast, der der ganzen Fahrzeuglänge nach in der Mitte über das Ladegut gelegt und, nach hinten und vorn, mit Ketten nach unten strammgezogen wurde, um ein Verrutschen der Ladung während der Fahrt zu verhindern. Meist war die Fracht so unmäßig hoch, dass die Ketten nicht vom Baum zum Wagen hinunterreichten und deshalb nur mit abenteuerlichen, vielfältigen Verlängerungen und gewalttätigen Anstrengungen das Niederknebeln des Wiesbaumes schließlich doch gelang.

Jetzt galt es die mannigfaltigen Unebenheiten des Feldes hinter sich zu bringen, steile Schräglagen und Gräben zu überwinden und auch bergab so geschickt zu bremsen, dass zum einen die Kühe nicht vom eigenen Wagen überrollt wurden, zum anderen die Tiere noch in der Lage waren, die Wahnsinnsfuhre zu ziehen.

Oft blieb man irgendwo stecken und kam nur mit allergrößter Mühe wieder flott. Und bis zum Erreichen der Straße war es immer erforderlich, den Wagen links und rechts mit etlichen Leuten zu begleiten, die die Ladung seitlich mit Heugabeln stützten und so den Wagen vor dem Kippen bewahrten.

Trotzdem konnte es passieren, dass es nichts mehr zu halten gab und das ganze Spiel wieder von vorn beginnen musste.

Einmal bog der Wagen so scharf von der Straße in unsere Hofeinfahrt, dass er an einem Sandsteinpfeiler hängen blieb und den dort befestigten, gusseisernen Briefkasten abriss. Der damit verbundene Ruck führte zum schlagartigen Entladen des gesamten Getreideaufbaus, was mit dem kleinen Nachteil verbunden war, dass ich von meinem luftigen Platz, ganz oben auf der Ladung, mit hinabkatapultiert wurde.

Ich glaube, dass dies das einzige Mal war, dass ich meinen Vater in Sorge um mein Befinden sah. Doch als er mich endlich aus dem Garbenhaufen, von denen etliche aufgelöst waren, herausgewühlt hatte, stellte man fest, dass mir kein Haar gekrümmt war.

Mitgenommen von solchen Gewalttouren waren freilich nicht nur die beteiligten Familienmitglieder und Hilfskräfte, sondern zumindest in gleichem Maße die Zugtiere. Letztlich waren sie es ja, die die Karre tatsächlich aus dem Dreck ziehen mussten, auch wenn sie noch so tief drinsteckte. Und hatten sie Probleme damit, so blieben auch sie nicht vom überschäumenden Zorn des Bauern verschont. Und da Tiere, ja selbst Kühe, bekanntlich auch nur Menschen sind, zeigten sie durchaus Nerven und reagierten bisweilen auf so unerwartete Weise ihren Stress ab, wie man es vom Vieh anderer Bauern nie gehört hatte.

Das konnte zu wirklich dramatischen Entwicklungen führen, wie bei jener Fahrt durch den Wald in der Nähe eines Gehöfts.

Ob unser Ziel dieser Hof war oder ob wir eine Ladung Holz aufnehmen wollten, ich weiß es nicht mehr; jedenfalls war der Wagen leer, was in diesem Zusammenhang ungünstig war. Als das Gefährt auf einem steil abfallenden, schüsselförmigen Hohlweg Schlagseite bekam, geriet mein Vater, mit dem ich allein unterwegs war, gewaltig ins Fluchen, rupfte wild an den Zügeln und versetzte die Rinder auf diese Weise in helle Panik. Prompt verhedderten sie sich im Geschirr und brachen in ihrer Not nach rechts aus, zerrten den halb gekippten Wagen über einen Graben, die Böschung hoch und rasten dann zwischen den Bäumen bergab.

Da half kein Schreien, Peitschenschwingen und Zügelreißen; immer noch schneller tobte das aufgebrachte Gespann durch die dünnen Buchenstämme, bis der Wagen mit ohrenbetäubendem Krachen gegen einen Baum fetzte. In ihrem Ungestüm rissen die Tiere den längeren Teil der zersplitterten Deichsel samt dem Geschirr vom Wagen und stürmten mit diesem wirren Anhängsel weiter, auch wenn eines von beiden dabei kurz in die Knie ging.

Der Vater sprang vom Wagen und verfolgte sie, knüppelwerfend und mit sich überschlagender Stimme, bis es ihm gelang, eines der schleifenden Kettenenden zu erwischen und sie, noch ein gutes Stück über Stock und Stein mitgezogen, zum Stehen zu bringen.

Wir mussten ohne Wagen nachhause zurückkehren, und da wir uns keine neue Deichsel vom Wagner leisten konnten, fertigte unser Vater selbst eine Ersatzdeichsel aus einem dünnen Eichenstamm, die sich allerdings etwas seltsam ausnahm, da die Eiche auffallend krumm gewachsen war.

Als die Kühe zu einer anderen Gelegenheit, oder vielmehr Ungelegenheit, davonrasten, zog auch ich mir den gefürchteten Zorn des Vaters zu.
   Wir waren zu einer Wiese gefahren, die als Rodung mitten im Wald an einem breiten Hang lag. Vater mähte frisches Futter, während ich derweil die Kühe am Rande der Waldwiese, nahe beim Weg, hüten sollte. Zwar waren die Tiere vom Wagen abgespannt, um in der Zwischenzeit ein wenig grasen zu können, doch waren sie nicht ausgeschirrt, weil wir alsbald wieder aufbrechen wollten.
   Es war ein schwüler Sommertag, mit brütender Hitze und einer Unmenge aggressiver Bremsen, die sofort begierig über das Vieh herfielen. Mit einem belaubten Zweig vom Haselstrauch versuchte ich deshalb, wenn auch recht erfolglos, die Plagegeister zu stören. Aber das ging nicht lange gut.
   Mit einem Mal war die Geduld der Rinder erschöpft. Eines der Hornviecher machte einen unwilligen Hüpfer zur Seite, das andere verstand diese Geste wohl als Startsignal zum Aufbruch, und schon setzten sie sich mit scharfer Gangart zur Straße hin ab.
   Ich rief nach dem Vater, der die Sense fallen ließ und mit dem bekannten Wutgeschrei die Verfolgung aufnahm. Auf der Straße angekommen, legten die Flüchtlinge allerdings ein noch schärferes Tempo vor, so dass ich sie, samt Verfolger, bald aus den Augen verlor, obwohl ich noch ein Stück weit mit hinterhergerannt war.
   Gut an die fünfzehnhundert Meter dürften es gewesen sein, bis die Jagd für Vater von Erfolg gekrönt war und er, schweißgebadet und mit kaum abgekühltem Zorn, mit den Gefangenen wieder zurückkam und die Tiere nunmehr am Wagen, bei angezogener Bremse (die man seltsamer Weise „Mücke" nannte), angeschirrt verwahrte.

Dass wir oft Tiere mit nicht alltäglichem Gebaren hatten, ließ sich nicht leugnen. Aber wie sagt man? „Wie der Herr, so 's Gescherr."

Zum Beispiel die Schweine.

Zur Kirchweih hatte ich mir einen Lutscher kaufen dürfen, was bei unserer stets mageren Finanzlage eine große Angelegenheit war. Eigentlich mochte ich gar keine Lutscher, weil sie mir zu süß waren; aber der, den ich mir an einer der Buden mit den vielen verlockenden Dingen erstanden hatte, war ein ganz besonderes Exemplar. Er war in der Art einer Zitrusscheibe gegossen, mit liebevollem Detail und prächtiger Farbmarmorierung. Gerade kam ich, stolz und glücklich, mit diesem Wunderwerk zurück, als die Schweine sich zum Hofgang versammelt hatten, weil in ihrer Behausung Großreinemachen angesetzt war. Sogleich befand ich mich mitten unter der übermütig herumtollenden und grunzenden Rotte und, eh ich mich's versah, rammte mich eines der Borstentiere derart, dass mein Lutscher im hohen Bogen zwischen die Tiere geschleudert wurde. Im gleichen Augenblick hatte ihn schon eine der schnorchelnden Schnauzen ergriffen und samt Stiel knirschend zerkaut.

Wie stürzten mir da die Tränen hervor, wie wütend war ich da auf die gierigen Allesfresser!

Mich rächte, unbewusst, Nero, der schwarze Jagdhundbastard mit dem weißen Brustfleck, anlässlich eines darauffolgenden Hofgangs der Schweine. Irgendwie musste ihn bei dem albernen Gehopse der Sauen das Jagdfieber gepackt haben. Er hetzte und biss sie derart, dass nicht nur bei ihnen, sondern auch bei Eltern und Geschwistern ein Tohuwabohu ausbrach und es nur mit Mühe gelang, ihn einzufangen und zu bändigen.

Einen recht eigenwilligen Streich von wirklicher Komik leisteten sich die Schweine allerdings an einem Fronleichnamstag. Ein Glück, dass wir damals gerade nur zwei dieser Tiere hielten.

In einiger Entfernung vom Haus verlief die Haupt- und Durchgangsstraße des Ortes. Sie bog alsbald an einer Kreuzung rechtwinklig ab, und diese Kreuzung verdiente ihren Namen insofern ausnahmsweise zu Recht, als hier wirklich, anstelle der heute üblichen geistlosen Grüninseln, ein Kreuz stand.

Das war ein großes steinernes Kreuz aus dem 18. Jahrhundert, mit einem anspruchsvoll gearbeiteten, gekreuzigten Heiland. Eindrucksvoll daran war auch eine blutrote Spur im Kreuz, unterhalb der Füße, die von einer natürlichen Verfärbung im Sandstein herrührte.

Niemand wäre damals auf die Idee gekommen, dass der Gekreuzigte im Wege sei. Nein, im Gegenteil hatte man ihm gleichsam noch einen kleinen Hausgarten angelegt. Seine quadratische steinerne Einfassung war an den vier Ecken mit Pappeln bestanden, deren Kronen stets kunstvoll zu Kuppeln gestutzt wurden. So viel Platz bot dieser Ort, dass er als Treffpunkt für Alte und Müßiggänger diente, die, im Schutz des Gottessohnes, so manchen ausgedehnten Plausch hielten, ohne dass der ihnen, von seiner unbequemen Warte aus, dazwischengeredet hätte. Und dabei hatten sie zudem das ganze pulsierende Leben der Hauptstraße jederzeit voll im Blick und im Griff.

In unseren Tagen aber hat man ihn entfernt, den steinernen Dulder, sei es des irrwitzigen Straßenknäuels wegen, den man hier den Bürgern verordnet hat, oder aber um die Müßiggänger, mangels Gelegenheiten, zum Arbeiten zu bewegen. Vielleicht hat man aber auch das beharrliche Schweigen des Mannes am Kreuz als mangelnde Zustimmung zu dem gigantischen Straßenbauvorhaben gedeutet und sich mit seiner Entfernung nur eines unliebsamen Kritikers entledigen wollen.

Nein, nichts von alledem. Man hat ihn nur umgezogen und ihm wieder ein Vorgärtchen angelegt. Dort, auf der Bank, leisten ihm die Nichtsnutze der Gemeinde treu Gesellschaft; und er erträgt sie gütig wie eh und je, wenn auch mit leidendem Blick.

Doch zurück zu jenem Fronleichnamstag.

Schon immer führte die traditionelle Route der Fronleichnamsprozession die Hauptstraße hinunter zu diesem Kruzifix, so auch heute. Unter feierlichen Gesängen, von der entschlossen schmetternden Blasmusik des Musikvereins begleitet, wurde der Pfarrer, gleich einem orientalischen Potentaten, unter einem Baldachin vor dem Zug der Gläubigen hergeführt.

Stets von Neuem war es mir ein Rätsel, wie der prächtig gewandete Mann die Richtung einhalten konnte, blickte er doch die ganze Zeit über, unentwegt starr, in seine Monstranz, die er sich gleich einem Spiegel vorhielt. Trotzdem musste er heimlich ein Auge riskiert haben, sonst hätte er nicht bemerkt, dass man an einem der Hauptziele des Umzuges, an der zuvor beschriebenen Kreuzstation, angelangt war, wo es für ihn wieder an der Zeit war, seines Amtes zu walten und eine Menge Latein von sich zu geben, von dem nicht nur ich nichts verstand, sondern wohl auch die Masse der Nichtlateiner des Ortes, was dem Geistlichen, andererseits, einen gewissen Informationsvorsprung verschaffte.

Die Gläubigen pflegten dann, gut eingespielt, auf bestimmte Stichworte hin niederzuknien und für eine ganze Weile dieses Rituals in solcher Stellung zu verharren. Nur der seltsam singende Vortrag des Priesters war dann zu hören, gelegentlich unterbrochen von der vielstimmigen Litanei der an bestimmten Stellen einfallenden Gemeinde.

Eine befreundete Katholikin beklagte sich einmal über das Verbot, ihren Hund mit in den Gottesdienst führen zu dürfen, und reklamierte, Hunde seien doch schließlich auch Geschöpfe Gottes.

Diese Argumentation musste unseren Schweinen damals auch schon geläufig gewesen sein. Wie sonst wären sie, in der konzentrierten Hingabe ihres sonntäglichen Hofganges, auf den Gedanken gekommen, sich der gerade im Gange befindlichen Prozession anzuschließen?

Just im Augenblick des Niederkniens machten sie sich also in ihrer leichtfüßigen Art die vierzig Meter auf den Weg und mischten sich mit verständnisvollem Grunzen unter die Kauernden. Dem erdnahen Getier war diese Haltung durchaus nicht fremd, mag sein, ohne den Gläubigen zu nahetreten zu wollen, dass sie sich deshalb sogar unter ihresgleichen wähnten. Folgerichtig, wie es sich für unverdorbene Naturen geziemt, nahmen sie sogleich herzlichen Kontakt zu ihren Mitkreaturen und Glaubensbrüdern und -schwestern auf, zwängten sich, mal hier, mal dort, durch eine Lücke, beschnupperten den einen, rieben sich an dem anderen freundschaftlich, stupften auch mal jemanden mit ihrer zärtlich feuchten rosa Rüssel aufmunternd in die Seite oder pinselten auch nur liebevoll mit der lustigen Quaste ihres Ringelschwanzes durch ein Gesicht.

Diese edlen Beweggründe verkennend, reagierten die so Umworbenen teils in unangebrachter Abwehr, manche erschrocken oder gar, trotz der ungeeigneten Gelegenheit, in unterdrückten Flüchen. In Anbetracht ihrer hinderlichen Körperhaltung und wegen des allgemein großen Gedränges war es ihnen jedoch nicht in nennenswertem Ausmaße möglich, sich der Zuneigung des frommen Getiers gänzlich zu entziehen.

Doch gelang es uns nachgeeilten Kindern schließlich, die Ausbrecher vom rechten Weg abzubringen und, trotz ihres wenig zustimmenden Gequiekes, wieder nachhause zu treiben, wenn uns, zur Erreichung dieses Zieles, auch nichts anders übrig blieb, als, entgegen der Vorschrift, nicht kniend durch die halbstöckige Menge zu waten, um der Tiere habhaft zu werden.

Irgendwann war es dann wieder so weit und die nahrhaften Schwartenträger mussten trotz ihrer Prozessionsteilnahme daran glauben. Ja, so ein Schlachtfest, das war halt doch der krönende Höhepunkt des Jahres.

Anfangs, so kurz vor der Währungsreform, war das zunächst nicht nur ein Leib-und-Magen-Fest, sondern dazu noch ein handfestes Abenteuer. Galt es doch eine Genehmigung einzuholen und Abgaben zu entrichten, und Letzteres nicht zu knapp. Das heißt, genauer gesagt galt es, diese hinderliche Prozedur zu umgehen und das zu tun, was man „Schwarzschlachten" nannte. Das war eine spannende Angelegenheit, mit Nervenkitzel, Ängsten und Bangen und von verschwörerischer Heimlichkeit.

Wie fand man erst einmal einen Metzger, der das Risiko einging? Denn wurde man erwischt, waren die Strafen deftig und konnten die Beteiligten sogar hinter Gitter bringen. Und wie war man sicher, dass der mit solchem Ansinnen Angesprochene nicht auf der Stelle zur Gendarmerie lief und den Auftraggeber, statt des Schweines, ans Messer lieferte? Hatte man doch Zeiten der Denunziation gerade erst ausgiebig genossen.

War der Wagemutige schließlich gefunden, so war die Frage, wie das aufwendige Handwerk vor eventuellen missgünstigen Blicken der Nachbarn zu verbergen sei. Nein, nicht nur vor den Blicken, sondern zunächst einmal vor den Ohren gefährlicher Zeugen, denn freilich schreit so ein Tier, wenn's ihm ans Leben geht, umso unangenehmer, je mehr es sich, wie in diesem Falle gegeben, behördlicher Hilfestellung sicher ist. Ganz zu schweigen von den verräterischen Düften, die so eine gewürzte Wurst aus dem Sudkessel in die ausgehungerte Luft verbreitet. Aber hier war nun wirklich nichts zu machen, es sei denn, man hätte an diesem Tag eine Fuhre Mist vors Haus gekippt, was aber wahrscheinlich dann doch die appetitliche Seite der Geschichte wenig gut beeinflusst hätte.

Ich meine, wir hätten es nur einmal gewagt mit dem Schwarzschlachten, und dies nicht ohne Hindernisse und Pannen.

Der Metzger war eigentlich kein echter Metzger, und so war auch kein Bolzenschussapparat vorhanden, um das Tier zu töten. Da das Schwein dagegen echt war, wehrte es sich, wie es einem zum Tode Verurteilten zukommt. So traf der erste Hieb, mit dem stumpfen Ende der Axt, stark daneben, und beim zweiten Versuch hätte es fast einen der Helfer erwischt, die das sich verzweifelt wehrende Schwein festhalten sollten. Wie erwartet, fing es auch an, durchdringend und ohne jede Atempause schrill zu quieken oder schon eher zu schreien, bis ein dritter und letzter Schlag die Qual beendete.

Unbefriedigend wie der Auftakt dieses Schlachtfestes war dann auch das Ergebnis. Der falsche Metzger verstand es genauso wenig, echte Wurst zu machen, zumindest, was den Geschmack betraf.

Da war es doch schöner, als man seine Sau wieder frei hinaushängen konnte, sozusagen, an die Leiter, die am Scheunentor angelehnt war. Und als alle, ohne Beklemmung und Angst vor Entdeckung, froh und geschäftig zwischen Hof und Wurstküche hin und her eilten.

Zumal auch der Metzger ein echter war, was man schon an seinen zwei fehlenden Fingern der linken Hand sehen konnte. So klein war er von Statur, dass ihm stets ein Podest untergeschoben werden musste, damit er an den großen blanken Holztisch und an den Wurstkessel heranreichen konnte. Aber fleißig war er und flink, dass es eine Freude war, ihm zuzuschauen oder gar helfen zu dürfen, was uns nur beim Töten der Schweine nicht erlaubt war. Und stets so gut gelaunt war er, dass er alle Helfer und Helfershelfer mit seinem Optimismus und seinem Schwung ansteckte und in Trab brachte, so dass die Zeit wie im Fluge verging und die Arbeit mehr den Eindruck eines lustigen Spieles oder einer vergnüglichen Unterhaltung machte.

Darüber hinaus war er noch ausgesprochen kinderlieb, so dass wir uns und insbesondere ich, als der Jüngste, über das eigentliche Schlachtfest hinaus auch auf sein persönliches Kommen stets schon im Voraus freuten.

Zu seinen uns wohlvertrauten Ritualen zählte, dass alle Kinder, zum Auftakt des Tages, von ihm einen Schweineblutpunkt mit dem Finger auf die Nase gemalt bekamen. Höhepunkt für uns war immer eine von ihm erdachte Zeremonie, die er „das Wurstanmessen" nannte.

Das ging so, dass, mittels eines leeren Wurstdarms, die Entfernung von der Nasenspitze zum Kinn gemessen wurde. Auf diese Weise wollte er feststellen, wie er sagte, wie viel wir, seit dem Schlachtfest des vorigen Jahres, gewachsen seien. Dann erhielt ein jeder, nach seinem Maß, je ein Blut- und Leberwürstchen angefertigt, das er natürlich mit Begeisterung verwahrte und dessen Verzehr stets so lange wie möglich hinausgezögert wurde, ähnlich wie es oft bei schokoladenen Weihnachtsmännern oder Osterhasen oder der Neujahrsbrezel der Fall ist.

Noch heute staune ich, dass der kleine, freundliche Mann bei jedem Schlachtfest mit der gleichen Begeisterung am Tisch saß und kräftig zulangte, wenn frisches Wellfleisch, Sauerkraut, Kartoffelpüree und Kartoffelwürfel aufgetragen wurden, die mit Blut- und Bratwurstmasse sowie Majoran vermengt waren.

Dass ihm das in seinem Beruf nicht über wird, dachte ich mir immer; nahezu jeden Tag das Gleiche und dazwischen noch Wurstfüllung abschmecken!

Aber wie immer, so steckte er auch bei dieser Gelegenheit alle an mit seinem guten Appetit und seiner Fröhlichkeit, die sich durch manches Gläschen herben Weißweines noch zu steigern wusste.

Lumpenbälle

Um keine Missverständnisse aufkommen zu lassen: Es sind hier keine Tanzvergnügen für Lumpengesindel (laut Marx: „deklassierte, assoziale Personen unterhalb des Proletariats") gemeint. Vielmehr waren die Lumpenbälle ganz einfach wörtlich zu nehmen, schlicht Bälle aus Lumpen.

Die naheliegende Erklärung für solches Machwerk: Vor den 1950er-Jahren konnte sich kaum ein Kind oder Jugendlicher Gummi- oder gar Lederbälle leisten, sofern es solche und zumal auf dem Lande überhaupt irgendwo gab.

Wenn auch dieser Ersatzlösung so manche wesentliche Eigenschaft abging, die doch ansonsten eher typisch für ein solches Spielgerät war, vor allem die Elastizität, die erst das für den Ball charakteristische Hüpfen ermöglicht. Aber was soll's! Fußball gespielt wurde auch so, mit der gleichen Leidenschaft, wenn nicht noch mehr, die notfalls auch vor Steinen, als Ballersatz, nicht haltmachte; Letzteres aber mit einem gehörigen Risiko für eine deftige häusliche Abreibung verbunden, denn das rare und teuere Schuhwerk litt doch gewaltig unter solchem Missbrauch.

Die beliebtesten Spielplätze waren die gepflasterte Rampe am Bahnhof und natürlich eine nahe gelegene Wiese, diese aber nur, wenn sie auch gemäht war.

Stets fanden sich große Mannschaften zusammen, und obwohl zu dieser Zeit der Begriff weibliche Emanzipation, zumindest hier auf dem Lande, unbekannter als manches Fremdwort war, spielte regelmäßig eine Torfrau mit, die an Einsatz und Schneid manchen Burschen übertraf, so dass sie von Letzteren voll akzeptiert wurde. Was übrigens kein Wunder war bei einem Vater, dem Fußball sein ganzer Lebensinhalt war, wenn auch nur als Fan und Zuschauer. Das heißt, gesehen hat er nicht immer alles, weil sein Bierpegel oft seine Wahrnehmungs- und Kommunikationsmöglichkeiten überstieg. Womit er sich dann, in nie abweichender Regelmäßigkeit, auf das Skandieren einfachster und stets gleicher Anfeuerungsrufe beschränkte.

Bei aller Bescheidenheit ihres Materials und ihrer Konstruktion, waren die Lumpenbälle dennoch kostbar gehütete Schätze, denn selbst Lumpen waren nicht im Überfluss vorhanden, damals.

Richtige Bälle, aus Leder (!), gab es allerdings bei den Heimspielen der Fußballmannschaft des Dorfes zu bestaunen.

Da ging es schon temperamentvoll zu, nicht nur auf dem Spielfeld, sondern auch unter den Betreuern und Zuschauern. Überhaupt präsentierte sich so ein Fußballspiel mehr als ganzheitliches Gesamtkunstwerk (hier wäre das heute so inflationär gebrauchte, aufgeblasene Wort „Event" ausnahmsweise angebracht), in dem alle Beteiligten, nach bestem Vermögen und im umfassendsten Sinne interaktiv, mitwirkten. Das heißt jeder mit jedem, jeder gegen jeden:

die Spieler mit ihren flatterbeinigen Hosen, oft mit durchaus deutlichem Schmerbauch, die Zuschauer, männlich wie weiblich, lautstark, immer auf der Höhe des Geschehens, gleichzeitig agierend für die eigene Mannschaft, gegen den Gegner, an die Adresse der Linienrichter, untereinander, wider die gegnerischen Schlachtenbummler (welch Wort!) und, selbstverständlich und mit nie erlahmendem Nachdruck, vor allem den Schiedsrichter miteinbeziehend.

Dieser wiederum wollte sich oft, wer kann's ihm verdenken, nicht mit der langweiligen Rolle des Neutralen zufriedengeben, sondern mischte, ebenfalls nach allen Seiten, kräftig mit. Während er den Eindruck seines Auftritts mit schrillem Gepfeife, mit dramatischen Gesten und mit unbarmherzigen Strafurteilen, ja selbst mit rüdem Anschreien zu überhöhen wusste, behalfen sich die Spieler ihrerseits mit Beleidigungen, Spucken, Stößen, Tritten und auch subtileren Fouls, wobei sie den hitzigen Dialog mit Publikum, Schieds- und Linienrichtern nie vernachlässigten. Und insbesondere an die Adresse der Unparteiischen richteten sich, so ganz nebenbei, auch allerhand Signale der Zeichensprache, die teils nur den Eingeweihten deutbar waren, woraus sich in Folge manch unvermittelte und drastische Reaktion des Pfeifenmannes ableitete.

Das Publikum seinerseits unterstrich seine scharfen Zurufe, seine Schmähungen, Unflätigkeiten und groben Beleidigungen in alle Richtungen mit dem obligatorischen Vogelzeigen, der Scheibenwischergeste und vor allem mit passenden Drohgebärden, wie dem Schwingen von Schirmen, Stöcken und Fäusten, was des Öfteren auch, über die symbolische Andeutung hinaus, zur Tat geriet, wohl nach dem Motto: „Was nicht zur Tat wird, hat keinen Wert!"

So konnte es einmal der Gerechtigkeitssinn eines Zuschauers nicht verschmerzen, dass der Schiedsrichter keines der zahlreichen Fouls eines gegnerischen Spielers am pfeilschnellen Linksaußen der Heimmannschaft, meinem Schwager, ahndete. Also nahm er die Sache schließlich selbst in die Hand, respektive den Fuß, und stürmte beim nächsten Foul mit Riesensätzen auf den Platz, trat dem Übeltäter in vollem Lauf in den Hintern und, unter herzlichen Beifallsbezeugungen der Einheimischen, wieder unter die Leute zurück. Da war mal wieder die Hölle los!

Denn so lustig das alles, zumal im Nachhinein, klingt: Zuweilen bestand durchaus ernsthafte Gefahr für Hab und Gut, für Leib und Leben!

Selbst wenn in Erwartung sicherheitsrelevanter Vorkommnisse Gendarmen, wie seinerzeit noch die Landpolizisten hießen, vor Ort waren, so waren diese doch meist einigermaßen hilflos gegenüber den weniger zimperlichen Akteuren in ihrer geballten Macht.

Da wurde manches Fahrrad zertreten, manches Motorrad und mancher PKW demoliert, sehr oft die Busse des Gegners mit Steinen beworfen oder die Reifen zerstochen. Und Blut floss häufig genug, ob es nun das von Spielern, Schiedsrichtern oder Zuschauern war, oder auch das von Trainern, Funktionären und Betreuern. Da offenbarte sich das ganze archaische Potential der Gruppendynamik, die keine Franzosen, Juden, heute vielleicht keine Türken braucht, um das Fremde ins Visier zu nehmen und abzuwehren. Da waren sogar die Spieler und Anhänger des Nachbarortes schon fremd genug, um nachgerade in kriegsmäßige Stimmung zu geraten und solche biologischen Triebe voll auszuleben.

Irgendwelche rechtlichen Nachspiele dazu wurden allerdings kaum bekannt. Das Faustrecht wurde noch einvernehmlich gepflegt.

Sport für jedermann, später Breitensport geheißen, stand ja zu jener Zeit noch etwas höher im Kurs und so fiel der Sportunterricht an den Schulen nicht zu oft aus. Andererseits war noch viel von Drill und Disziplinierung zu spüren, wie sie vor Kurzem noch en vogue gewesen waren. Nur waren die Schüler ja doch schon etwas lockerer geworden, was sich später noch vehement steigern sollte.

Als beim Rundlauf in der großen Turnhalle des Gymnasiums allzu häufig der eine oder andere Schüler über ein gestelltes Bein stolperte, ward es dem Lehrer schließlich doch zu bunt. Ohne Vorwarnung trat er einem Schüler so heftig ins verlängerte Kreuz, dass dieser, auf dem glatten Parkett liegend, die ganze Halle der Länge nach durchmaß. Was rein physikalisch gesehen einleuchtete, denn der Tritt des hühnenhaften Schulmeisters (der bei uns wegen einer gewissen Ähnlichkeit mit einem Schauspieler „Der Förster vom Silberwald" hieß) hatte genau den unterernährtesten und armseligsten aller Hänflinge stockvoll getroffen.

Eine sportliche Hochzeit freiwilliger körperlicher Ertüchtigung war immer der Winter. Da wurde hauptsächlich Schlitten gefahren, wozu ja in unserer buckligen Landschaft Gelegenheiten im Überfluss waren. Selbstredend begnügten wir uns nicht mit dem bloßen Hinabfahren. Ehrensache war es, sowieso, auf dem Bauch liegend zu fahren. Und wann immer sich die Gelegenheit bot, hängte man sich, auf diese Weise Schlitten um Schlitten mit den Füßen festhaltend, zu einer möglichst langen Kette zusammen, die sich dann, lindwurmartig, aber rasant, zu Tal schlängelte. Die hintere Partie dieses gefährlichen Gebildes wurde dabei in den Kurven von der Fliehkraft so heftig nach außen geschleudert, dass sie sich plötzlich quer zur Fahrtrichtung befand und so unweigerlich umkippte. Zahlreiche Unebenheiten der Strecke brachten es zudem mit sich, dass der eine oder andere Schlitten oder die Füße des Fahrers aus der Halterung sprangen, so dass sich die Einzelteile der Kette in einem wirren, sich überschlagenden Haufen auflösten.

Da zerbrach manch Gefährt und auch Fahrer und Passagiere, von denen Letztere teils rittlings auf Ersteren saßen, die ja, wie gesagt, auf ihren Schlitten lagen, trugen nicht selten ernsthaftere Blessuren, wie Gehirnerschütterungen und Knochenbrüche, davon. Und wollte partout trotzdem alles zu glatt laufen, so bauten wir aus Schnee Hindernisse und Schanzen in die Bahn, die, wie gewünscht, zu halsbrecherischen Sprüngen und schlagartigen Kursabweichungen führten, was dem Material oft arg zusetzte.

So gesehen war eine weitere Wintersportart wesentlich harmloser einerseits und wesentlich gefährlicher andererseits: das Schlittschuhfahren.

Das ging aber nicht regelmäßig und nicht immer. Nur wenn mehrere Kriterien zusammentrafen, kam es nämlich in dem ausgedehnten Wiesental zwischen den kleinen Flüssen zu einer ausreichenden Eisbildung. Und zwar musste, unmittelbar nach den Überschwemmungen des Hochwassers, stärkerer Frost einsetzen. Dann waren alsbald mehr oder weniger große zusammenhängende Eisflächen gebildet, die, wenn der Frost besonders streng war, auch die kleinen Flüsse einschlossen, was dann ganz besonders kritisch war. Denn die Grenze zwischen Wiese und Wasserlauf war, unter der Eisdecke, dann oft nicht mehr zu erkennen und der Pegel der Flüsschen konnte dann, für Kinder sowieso, zum Ertrinken tief sein, wenn das Eis brach. So selten passierte das nun auch wieder nicht, wenn auch – dem Himmel sei Dank – ohne ernsthafte Folgen. Hatte man Pech, so lief man halt den ganzen Tag mit steif gefrorener Kleidung umher, weil man sich nicht nachhause traute, wo, in solchem Falle, nur zusätzlicher und weit schlimmerer Ärger zu erwarten war.

Andererseits stachen, wenn der Wasserstand beim Gefrieren zu niedrig war, überall die Grasbüschel durch das Eis, was zu ständigem Stolpern und Stürzen führte; was nicht so schlimm gewesen wäre, wenn wir damals schon die heutigen komfortablen hohen Schuhe mit fest montierten Kufen gehabt hätten. Da unsere Schlittschuhe jedoch mit Schraubvorrichtungen an den Sohlen unserer armseligen Schuhe befestigt wurden, die oft, auch im Winter, nur Halbschuhe waren, konnte es bei ruckartigen Fahrtunterbrechungen durchaus passieren, dass die Sohlen, zumindest teils, vom Schuh gerissen wurden. Das war unter den damaligen Bedingungen eine kleine Katastrophe und gab ein böses Nachspiel, oft auch eine Tracht Prügel zuhause.

War der Frost wirklich mächtig gewesen und auch das Flutniveau noch ausreichend hoch, dann gab es ein Wintersportvergnügen der selteneren und deshalb auch ganz besonderen Art. Dies hing aber zudem von einer dritten Bedingung ab: Es musste anschließend rasch und kräftig tauen.

Dann schlugen wir mit Äxten große Schollen aus dem glasklaren, aber auch glasharten Eis und stocherten auf diesen Flößen mit langen Stangen flussabwärts. Das war wirklich großartig, und wenn wir auch bei unseren übrigen Vergnügungen mit Feuereifer dabei waren, so war das hier in ganz besonderem Maße der Fall.

Im Sommer dagegen waren andere sportliche Spiele an der Reihe.

Vom Prellballspielen war in einem der zurückliegenden Kapitel schon die Rede. Obwohl es ja kaum ebene, befestigte Flächen gab, die uns dafür zur Verfügung gestanden hätten, betrieben wir diese Kämpfe, im Einzel oder Doppel, oft mit solcher Hingabe und Ausdauer, dass wir uns dabei total verausgabten. Was bei mir in einem Fall – zumindest kurzfristig – erschreckende Folgen zeitigen sollte.

Wir hatten in der prallen Sommersonne Stunde um Stunde den Ball mit der flachen Hand im kleinen markierten Feld über die Mittellinie getrieben und immer neue Revanchespiele gestartet. Die Regeln erlaubten die Bälle auch mit dem Kopf zu stoßen, wovon ich reichlich

Gebrauch machte (und auch beim Fußballspielen nie genug kriegen konnte), während die Bälle immer schärfer geschlagen und das Tempo immer hektischer wurden. Als wir schließlich doch, total erschöpft, aufhörten, setzte ich mich auf die Treppenstufen vor der Haustür, und es dauerte nicht lange, bis mich überfallartige Ängste packten. Sah ich doch plötzlich meine Umgebung ganz verschwommen bis doppelt. Erschrocken ging ich ins Haus und holte irgend etwas Lesbares. Es traf mich wie eine Keule! Ich sah alles doppelt und gleichzeitig in Bewegung! Doch wollte meine Mutter, die ich entsetzt alarmierte, davon absolut nichts wissen, sondern schickte mich, unter heftigem Geschimpfe und keinen Einspruch duldend, ans andere Ende des Dorfes, um mit der Milchkanne Milch von der Ablieferstelle der Bauern zu holen. Mir war so elend, dass mich schier meine Beine nicht mehr trugen. Auf der Hälfte des Rückweges musste ich die Kanne am Straßenrand absetzen und übergab mich ohne Unterlass, während mir immer wieder schwarz vor den Augen wurde. Irgendjemand nahm sich dann meiner an und geleitete mich, samt Kanne, nachhause. Nun rief man doch meinen guten Bekannten, den Arzt aus der Nachbarschaft, herbei, und der konstatierte eine Gehirnerschütterung. Die vielen Kopfbälle des Prellballspiels mögen wohl eine solche verursacht haben, wobei Sonne, Überanstrengung und fehlende Flüssigkeitsaufnahme sicher noch das ihre zum Kollaps beitrugen.

Ein ganz anderes Spiel war jenes mit einem seltsamen Namen, von dem ich bis heute weder die Bedeutung noch die korrekte Schreibweise kenne. Vielleicht weiß hier ein Leser mehr? Es hieß oder klang so ähnlich wie „Tennis fui", wobei „Tennis" französisch, also ohne s, ausgesprochen wurde. Vielleicht leitete sich der Name, wie so viele andere in der relativ grenznahen Gegend, auch aus dem Französischen ab, zum Beispiel von tenez (hier! nimm!) und hue (Spottgeschrei). Wie auch immer, war das Spiel schon vor und während des Krieges gespielt worden und sicher sehr zeitgemäß und deshalb beliebt; ging es doch um die Eroberung fremden Terrains.

Zu diesem Zweck bestand die Spielausrüstung aus einem circa 15 Zentimeter langen, daumenstarken Abschnitt eines runden Holzes, zum Beispiel vom Haselnussstrauch, das wie ein Bleistift, aber an beiden Enden zugespitzt war. Dann brauchte es nur noch zwei Stöcke und ein vorher abgestimmtes, vielleicht auch durch in die Erde gezogene Linien markiertes Spielfeld, das in der Mitte mit einer ebenfalls gezogenen oder auch nur gedachten Linie in zwei etwa gleich große Hälften geteilt war.

Jetzt schlug einer der Spieler von der Mittellinie aus mit dem Stock derart auf eines der zugespitzten Enden des Spielgeräts, dass sich dieses in hohem Bogen, temperamentvolle Luftsprünge vollführend, in die gegnerische Hälfte bewegte. Der nächste Schlag, vom Gegenspieler ausgeführt, sollte das Stockstück wieder zurücktreiben, in die Hälfte des Angreifers, und so fort. Wem es zuerst gelang, das doppelspitzige Holz über die hintere Begrenzungslinie des gegnerischen Feldes zu treiben, der hatte das gesamte fremde Terrain und damit das Spiel gewonnen.

Der größte Vorteil dieses Spieles war wohl der, wie unschwer zu erkennen ist, dass die gesamte erforderliche Ausrüstung jederzeit von jedem, der ein Messer besaß oder ein solches kurzfristig ausleihen konnte, leicht zu beschaffen war; und ein Spielfeld fand sich auf dem Lande immer.

Wenn wir nun so zurückschauen: Was ist aus diesen sportlichen Spielen geworden? Nun, es gibt sie, mehr oder weniger, nicht mehr.

Fußball wurde noch vor wenigen Jahren auf dem ehemaligen Acker des abgerissenen Bauernhofes, gleich gegenüber unserer damaligen

Spielwiese, gespielt. Zwar nicht von Einheimischen, sondern von den Kindern der jetzt im ehemaligen Bahnhofsgebäude untergebrachten Asylanten und Aussiedler; aber nicht lange. Dann wurde dort ein – na, was schon? – Parkplatz angelegt.

Schlittenfahren ist meist auch nicht mehr. Weil die Wege asphaltiert sind und gestreut werden und die Äcker und Wiesen mit zahlreichen Zäunen parzelliert sind.

Schlittschuhlaufen und Eisflößen? Überschwemmungen gibt es nach wie vor, eher mehr als weniger. Aber nur noch selten gefriert das Wasser, leidlich vom Rande der Flüsschen her ein wenig. Was wohl nicht so sehr am fehlenden Frost, sondern eher an den Inhaltsstoffen der Bäche und Flüsse liegen dürfte. Sie führen wohl einiges mit sich, was sich als Gefrierschutzmittel eignet.

Und „Tennis fui"? Da weiß ich keine Antwort. Oder sind solche Spiele den heutigen Kindern vielleicht zu simpel, nicht „high sophisticated", nicht technisch, nicht elektronisch, nicht imageträchtig genug – ganz einfach „nicht in"? Ein Nachteil ist vielleicht auch der, dass man die Ausrüstung nicht kaufen kann, ja dass sie sogar nichts kostet!

Wie heißt es: „Kost' nix, iss nix!"

Wer weiß?

Einführung in die Technik

Wir hatten es ja mehr mit der Natur auf dem Lande, oder eigentlich fast ausschließlich.

Nur indirekt mit der Technik hatte die Geschichte mit der Ventilkugel zu tun, die wir aus einer alten amerikanischen Armeekreiselpumpe entnahmen. Sie war aus massivem Eisen, mit schwarzem Gummi überzogen und etwa kindskopfgroß.

Wir lauerten mit ihr nach der Schule auf dem Schulhof, legten sie ganz vorn bei der Straße auf der Erde ab und hielten uns selbst weiter hinten beim Schulhaus auf.

Das erste war auch gleichzeitig das letzte Opfer dieses üblen Scherzes, weil die Wirkung doch unerwartet heftig war. Ein Schüler der katholischen Schule kam angeschlendert und wir riefen ihm zu, doch mal den Ball herüberzuschießen. Wie geheißen, holte er mit seinen offenen Sandalen auch kräftig aus und trat gegen die eiserne Ventilkugel, die sich allerdings nur um ein Geringes bewegte.

Er trug einige Wochen einen Gipsfuß und wir harrten ängstlich irgendwelcher Strafaktionen, die jedoch, wie durch ein Wunder, ausblieben.

Der fremden Welt der Technik führte uns wirklich erst Janos zu, der sowieso von Haus aus, wie auch durch seine Freizügigkeit, derjenige mit den vielseitigsten Erfahrungen und auch Talenten unter uns war.

Zunächst bastelten wir noch ganz bescheidene „Flugmodelle" von denkbar simpler Konstruktion.

Rolf brachte aus einer chemischen Reinigung, die unter anderem im Schloss eingemietet war, eine Menge Drahtkleiderbügel mit. Aus diesen bogen wir Rahmen für die Tragflächen zurecht und bespannten sie mit dünnem Stoff (Plastikmaterial war noch nicht so allgegenwärtig wie heute). Die Tragflächen befestigten wir auf ausgeklügelt geformten Holzkörpern, welche die Gestalt eines sehr langgezogenen

Tropfens besaßen. Janos kannte sogar schon die Raffinesse einer variablen Gewichtung im Bug des Rumpfes. Dort war eine kleine Kammer eingelassen, in die wir, nach Bedarf, beziehungsweise den Ergebnissen der Probeflüge, Bleistücke einbauten, die wir mit gefalteter Pappe festkeilten.

Startplatz dieser eigentümlichen Gebilde war der Turm des Kriegerehrenmals auf dem Hausberg. Zwar besaßen wir hier einen stark erhöhten Startpunkt und waren überwiegend ungestört, doch gab es auch eine Reihe von Problemen dort.

Wenn das schwarze, kantige Bauwerk des Ehrenmals als Krone angesehen werden konnte, die dem steilen Bergkegel aufgesetzt war, so glich der Bewuchs, der sich in schmalem Kranz bergab anschloss, eher einem militärisch korrekten Bürstenhaarschnitt. Er bestand auf der einen Seite aus einem scharf abgegrenzten Hain kerzengerader, gleichhoher Eichen. Während diese eine nur mäßig schräg geneigte Plateaufläche bedeckten, befand sich auf der anderen Seite des Denkmals ein steil abfallender Hang, der überwiegend mit Robinien bestanden war. Den unteren Rand der Frisur, sozusagen den Übergang in die kürzeren Haare, bildete ein dichter Ring von Schwarz- und Weißdornhecken. Offen war diese Begrünung nur in einem einige zig Meter breiten Korridor auf der nur wenig abfallenden Rückseite des Berges, hinter dem Kriegerdenkmal, wo das Gelände in weite, flachhügelige Felder überging.

Meist hatten wir die Seitenruder unserer Luftgefährte so eingerichtet, dass der vorherrschende Westwind sie einen Halbkreis um den Turm drehen ließ, wenn wir sie zum Dorf hin warfen; ging alles gut, so kamen sie schließlich in einiger Entfernung hinter dem Denkmal wieder zum Vorschein und gingen unbeschadet im unbewachsenen Gelände zu Boden. Doch konnte es genauso gut geschehen, dass dem Wind plötzlich die Puste ausging, dass er böig bockte, oder gar, dass es ihm einfiel, eine 180-Grad-Wende zu vollziehen, sprich aus der entgegengesetzten Richtung zu blasen. Dann mussten wir hilflos mitansehen, wie sich unsere ungelenken Flieger in den gesträubten Haarschopf des Hausbergs bohrten.

Hatten sie Glück im Unglück, so kamen sie, zerzaust und verbogen, halbwegs im Unterholz an. In ungünstigeren Fällen blieben sie weit oben irgendwo hängen und waren, wenn überhaupt, nur noch mit endlosem Schütteln oder durch waghalsige Kletterpartien wieder zu befreien.

Allen Scherereien und Schindereien zum Trotz waren es jedoch beglückende Augenblicke, wenn unsere überwiegend schwarz bespannten Segler, mehr Krähen denn Flugzeugen gleich, vom Turm lautlos in sanftem Schwung hinunterglitten und in einem weiten Halbkreis zurückschwebten.

Die unwiderstehliche Technik machte jedoch auch vor diesem Idyll nicht halt. Wieder war Janos der Wegbereiter.

Eines Tages brachte er einen winzigen Modellflugzeugmotor an, wo immer er ihn auch herhatte. Schwer zu sagen, was größer war: unsere Ahnungslosigkeit in Bezug auf die Umsetzung dieser revolutionären Technik, unser Respekt vor diesem schrillen Kraftzwerg oder unsere unbefangenen, nimmermüden, wenn auch erfolglosen Anläufe, dieses ohrenbetäubende Stück Metall in die Luft zu schicken.

Lange Zeit bemühten wir uns, auf einer schnurgeraden, frisch geteerten, meist menschenleeren Straße zu einem der Nachbardörfer einen Prototyp das Fliegen zu lehren. Enorm war die Geschwindigkeit, mit der das Gerät davonschoss, doch reichte sie nur zu gelegentlichen, abgehackten Hüpfern.

Diese Reaktion bestärkte unseren Eindruck, dass der einfachere Weg der Kraftumsetzung aus dem aggressiv duftenden Alkohol-Rizinus-Gemisch in der Horizontalen zu suchen sei.

So zimmerten wir ein hölzernes Chassis zurecht, das wir mit aufwendigen Gummipneus bestückten. Von der „Fliegerei" kommend, war uns freilich die Übertragung der Motorkraft auf die Achse ein unlösbares Rätsel. Folgerichtig legten wir uns einen größeren Propeller zu, der, mit dem Motor am Heck des Fahrzeugs positioniert, der Antriebsweise eines Motorschlittens nahekam und gute Fahrt machte.

Das brachte uns wiederum auf den Gedanken, einen noch größeren Propeller zu beschaffen und den Motor auf einem Brett zu montieren, das auf dem Ende eines schweren hölzernen Handwagens angebracht war. Es war stets eine spannende Angelegenheit, zu beobachten, wie der ungeschlachte Wagen sich millimeterweise in Bewegung setzte, um dann im Schneckentempo einige Meter zurückzulegen.

Doch war alsbald auch der Reiz dieses Spiels verloren und es musste Neues ausprobiert werden.

Jetzt war ein floßartiges Schiffsmodell an der Reihe, recht groß und derb, mit dreimastiger Besegelung und dem unvermeidlichen Propeller am Heck. Schwer hatte dieses prächtige Gebilde gegen die starke Strömung anzukämpfen, aber zäh machte es seinen Weg. Als störend empfanden wir es nur, dass wir uns selbst jeweils auf die Beobachtung beschränken mussten, nicht im Flugzeug, nicht im Rennwagen, nicht auf dem Schiff hockten.

Dem trugen wir Rechnung durch den Bau einer „Seifenkiste", einer Gefährtkategorie, die heute in Vergessenheit geraten ist beziehungsweise in einer mächtig aufgemotzten Variante, dem Gokart, weiterlebt, die allerdings kaum wirklich vergleichbar ist, da sie ja motorisiert wurde.

Das Chassis war denkbar primitiv. Es bestand aus nichts anderem als zwei starken Bohlen, unter denen die Achsen eines Handwagens angebracht waren. Die Karosserie dagegen wirkte nahezu schnittigelegant. Sie war aus grünem Igelit gefertigt, das kunstvoll über bescheidene Holzrahmen gespannt wurde. Janosens Familie hatte einen größeren Vorrat dieses berühmt-berüchtigten Lederersatzes aus dem anderen Deutschland mitgebracht, von dem wir lange zehrten und dessen aufdringlicher, unangenehmer Geruch mir unvergessen bleibt.

Noch raffinierter waren Steuerung und Bremse. Erstere war, wieder nach Flugzeugart, eine Knüppelsteuerung. Allerdings bestand sie aus zwei Knüppeln oder, besser gesagt, Hebeln, die links und rechts außen an den Bodenplanken angebracht waren. Verbunden waren diese Stöcke per Seilzug mit der lenkbaren Vorderachse. Zog man den linken Hebel nach hinten, so bog das Fahrzeug links ab, entsprechend umgekehrt war der rechte Hebel zu bedienen, was denkbar einfach zu handhaben war und zuverlässig funktionierte.

Auf Steinzeitniveau dagegen lag die Konstruktion der Bremse. Wieder gab es einen Hebel, rechts hinten, ebenfalls an der Außenkante der Bodenplanke befestigt und, mit seinem oberen Ende, schräg nach vorn zeigend. Das untere Ende dieses Knüppels war länger als der senkrechte Abstand zur Erde. Wurde nun der Stock nach hinten gezogen (wie die Handbremse eines richtigen Automobils), so schleifte er auf der Straße und übte die gewünschte Bremswirkung aus.

Am rasantesten war die Fahrt mit diesem Gebilde auf der abschüssigen, funkelnagelneuen Asphaltstraße eines damaligen Neubaugebiets am Ortsrand. Zugegebenermaßen hielt sich die Freude der Anwohner allerdings in Grenzen, was unter anderem vermutlich auf die eisenbeschlagenen Räder zurückzuführen war, die einen Höllenlärm verursachten. Unmut erregten sicher auch die Schleif- und Schürfspuren, die wir mit den Rädern und der Bremse, vor allem in der rechtwinkligen Kurve am Ende der Straße, in den Belag zogen.

Da waren wir schon ungestörter, wenn wir auf dem Sportplatz und seiner Umgebung mit Hajos Motorrad fuhren.

Hajo war der große Bruder von Janos und ein Pfundskerl. Er war ein echter Kinderfreund, hatte stets den Kopf voller guter Ideen und entbehrte so völlig jenes ängstlichen Erwachsenenargwohns, der Kinder bisweilen auf Schritt und Tritt verfolgt und bremst in der Entfaltung ihrer wundersamen Einfälle und ihrer Persönlichkeit. Kein Wunder also, dass er auch als Kinderbuchautor aktiv war.

Seine Maschine war eine 125er „Miele", also ein Leichtmotorrad, wenn auch bei Weitem nicht leicht genug für uns zehnjährige Hänflinge. Nachdem er uns die Grundbegriffe, wie den Gebrauch von Handkupplung und -gas sowie der Fußschaltung und –bremse, beigebracht hatte, konnte es losgehen.

Zuerst drehten wir einige vorsichtige, wacklige Runden auf dem Sportplatz. Mutiger geworden, befuhren wir den breiten, unbefestigten Weg vor dem Platz, hinauf und hinunter. Allmählich packte uns der Reiz der Geschwindigkeit mehr und mehr, und wir bogen in voller Fahrt vom Hauptweg auf einen holprigen Seitenweg, mit tief ausgefahrenen Wagenspuren, ab. Dieser Weg bog wiederum sogleich nach links ab und führte am Rande eines Steinbruchs entlang.

Doch hatten wir, zwischen den Radspuren manövrierend, unsere Geschwindigkeit bei Weitem nicht der folgenden Kurve angepasst und sausten so geradeaus auf den ungesicherten Absturz des Steinbruchrandes zu.

Wieder einmal war auf Fortuna Verlass (die mich auch später, im Erwachsenenleben, kaum je im Stich ließ). Eine mächtige Schwarzdornhecke nahm uns mit wilder Zärtlichkeit auf. Nicht abrupt, sondern mehr stufenlos gleitend bremste uns die Legion der Äste, Zweige und Dornen, bis wir im dichtesten Dickicht zum Stehen kamen. Mit laufendem Motor hingen wir im schwarzen Gewirr eingekeilt und es bestand nicht einmal die Gefahr umzufallen.

Aus zahllosen kleinen Rissen und Abschürfungen blutend und mit übel zerfetzter Kleidung befreiten wir uns aus der Umarmung der Natur, nur wenige Meter von der senkrecht abfallenden Steinbruchwand entfernt.

Das hatte eigentlich nichts mehr und nun doch schon beinahe wieder mit Fliegen zu tun. Allerdings übten wir auf dem Sportplatz auch für eine Weile anderen Zeitvertreib, der wieder mehr Bezug zum Ausgangspunkt des Kapitels hatte.

Irgendjemand war in einem Katalog für Sport- und Spielgeräte ein Angebot für Bumerangs aufgefallen. Das mussten wir auch einmal versuchen! Wie die australischen Ureinwohner kunstvoll das Wurfholz zu gebrauchen und gar wieder aufzufangen, das musste doch eine tolle Sache sein!

Für je, sage und schreibe, acht Mark schickte man uns auch, nach sehnsüchtig durchwarteten Wochen, tatsächlich drei dieser sagenhaften Instrumente. Sie waren aus solidem Eschenholz gearbeitet, sehr robust, nicht zu leicht, und sahen sogar irgendwie elegant aus.

Als ich vor Jahren einem Jungen aus der Bekanntschaft einen Bumerang als Mitbringsel schenken wollte, war von dieser Qualität nichts mehr bekannt. Nur Kunststoff- und Sperrholzimitationen wurden zu stolzen Preisen angeboten, beide viel zu leicht und mit miserablen Flugeigenschaften, wie sich dann herausstellte.

Wir jedenfalls waren riesig angetan von unseren Bumerangs und konnten nach einiger Zeit schon recht gut damit umgehen.

Nach einiger Zeit will heißen, nach Überwindung der ersten Ungeschicklichkeiten, die mir zum Beispiel auf dem Sportplatz eine wurstförmige Schwellung quer über die Stirn bescherten, weil der Bumerang tatsächlich so meisterhaft geworfen war, dass er haargenau auf den Mann zurückkehrte. Nur mit dem Fangen klappte es noch nicht so.

Der Bumerang glich ja im Querschnitt stark der Konstruktion eines Flugzeugflügels. Die Oberseite war also gewölbt, vorn höher und nach hinten abfallend, während die Unterseite flach war. Die Schenkel waren ungleich lang und der Winkel zwischen beiden betrug circa hundert Grad. Sauste dieser hölzerne Winkel mit dem Knie nach vorn durch die Luft, so änderte er mehrmals die Geschwindigkeit seiner Rotation in der Ebene, je nachdem, ob er noch gegen den Wind oder bereits abwindig auf dem Rückweg befindlich war. In einer bestimmten Phase der Rotation wirkte er, von unten gesehen, oft wie eine fliegende Klobrille, ganz so, als hätte er sich gerade soeben von einem der damals noch häufiger anzutreffenden ländlichen Plumpsklos erhoben.

Trug ein kräftiger Wurf geschickt gegen den Wind das Holz in entsprechende Höhe, dann konnte es auf dem Rückweg recht weit davongetragen werden, denn oft war ja die Luftbewegung je höher, desto stärker.

Dieser Umstand kam uns „zu Hilfe", als wir unseren Ehrgeiz daransetzten, im engen Hof, vor dem Hause, den Bumerang so zu schleudern, dass er, nach der Wende, in steiler Kurve über das dreistöckige Wohnhaus davonzog. Dort lag, auf der anderen Seite des Flusses, das zugehörige Grundstück, halb Garten, halb Park, normalerweise bei Weitem tief genug, der Landung des Flugobjektes ausreichend Raum zu bieten. Doch mussten eines schönen Tages der vielschichtigen Bedingungen und Einflüsse auf seine Bahn zu viele oder auch besonders beflügelnde gewesen sein. Durch die Scheune, über die Brücke, nach hinten flitzend, konnten wir nur noch staunend, fassungs- und hilflos die rasante Schrägabwärtskurve über die mehrere Meter hohe Buchenhecke zum weiter entfernten Zahnarzt beobachten. Dort schlug das Geschoss mit voller Wucht klirrend durch eine Scheibe der Vorderfront und wir standen wie angewurzelt und guckten. Das getroffene Fenster war nicht einzusehen von unserem Standort. Wir wagten nicht näher zu kommen, denn Schlimmes war zu befürchten. Was war zu tun?

Irgendwann rafften wir uns auf, nahmen unsere noch kleinen Herzen in die Hände und gingen geradewegs auf den Ort der Gefahr zu.

Nur einmal mussten wir läuten, als auch schon der markante Kopf des weiß bemäntelten Zahnarztes durch den halbleeren Fensterrahmen stach.

Bei seinen Patienten war der Arzt gefürchtet; nicht seines Handwerks wegen, da wurde er gelobt. Weniger Erfolg hatte er mit seinem militärischen Habitus und seinen berüchtigten Grobheiten, in die er, in Rage gebracht, verfallen konnte.

Gar wurde berichtet, er solle einem sich sträubenden Patienten eine Backpfeife verabreicht haben.

Eigentlich wäre dies jetzt eine maßgeschneiderte Gelegenheit gewesen, diesem schlechten Ruf gerecht zu werden, wobei man es ihm nicht einmal hätte übelnehmen können. Doch was tat der Mann? Einen Teufel scherte er sich um sämtliche Vorurteile, stellte mit dürren, wenn auch sarkastischen Worten den nicht zu übersehenden Sachverhalt fest und forderte uns auf, unser Eigentum, nämlich das in seinen Luftraum eingedrungene Ufo, umgehendst bei ihm abzuholen.

Was blieb uns anderes übrig, als dieser Aufforderung, wenn auch mit zitternden Knien, Folge zu leisten. Unter aufrichtigen Beteuerungen, den angerichteten Schaden zu ersetzen, zogen wir uns mit dem hölzernen Schädling wieder zurück.

Dass wir unser Versprechen wahr machten, war Ehrensache. Waren wir doch überaus glimpflich aus dem Debakel entronnen. Nicht auszudenken, was noch alles hätte passieren können, wenn man an den mit offenem Mundwerk darniederliegenden Patienten und den mit gefährlicher Gerätschaft an ihm oder, genauer: in ihm hantierenden Zahnarzt dachte!

Verlustig gingen wir unserer Wurfgeräte dann schließlich doch noch. Zuerst verlor Janos seinen Bumerang im Wald, als wir unsere Kunst in artistische Dimensionen führen wollten, indem wir so geschickt warfen, dass das Holz auf wunderbare Weise seinen Weg zwischen den dünnen Buchenstämmen nahm, ohne irgendwo anzuecken. Es lag Schnee an jenem Tag. Doch wurde der Vorteil des fehlenden Laubes durch einen heimtückischen Nebel wettgemacht, der uns das Gerät, trotz einstündiger Suche, nicht wiederfinden ließ.

Gewalttätig war dagegen das Ende meiner Wurfsichel.

Wir hatten entdeckt, dass das unter Spannung zum Knie gebogene Eschenholz bei senkrechter Bodenberührung meterhohe Sprünge vollführen konnte. Nun wetteiferten wir, den Bumerang so zu werfen, dass er, unvorschriftsmäßig, nicht flach und sanft landete, sondern senkrecht, mit Wucht, wiederholt auf dem harten Fußballfeld aufschlug und dabei tollkühne Serien von Luftsprüngen auf den sommerdürren Rasen zauberte, von denen die mächtigsten wohl an die acht Meter in der Höhe maßen. Das ging so lange gut, bis unsere wachsende Begeisterung mit einem Schlag abbrach, der das Objekt unserer Bewunderung der Länge nach in zwei Teile riss.

Zwar besaß ich schon einen Fotoapparat, falls der Ausdruck hier überhaupt gestattet ist, zu jener Zeit, doch war das für die Filme oder gar Entwickeln erforderliche Geld nur einige wenige Male vorhanden.
Die handgroße, eckige Plastikbox mit der winzigen Universallinse hatte mir der Mann meiner jüngeren Schwester geschenkt. Außer dem Auslöser gab es an dem schuhcremebraunen Bakelitgehäuse nichts, aber auch gar nichts zu betätigen, vom Spannhebel auf der Rückseite abgesehen. Was letztlich auch den Ausschlag dafür gegeben haben muss, dass kaum je eines der wenigen kleinen Schwarzweißbilder misslang. Leider sind nur ein paar von diesen wenigen erhalten geblieben. Sie zeigen das frische Gesicht der jüngeren Schwester, welches stolz aus einem neuen Mantel herausragt, dessen filzige Steifheit durch den winterlich gestellten Kragen nur noch verstärkt wird und mich immer an den übergroßen, gusseisernen Soldaten des Kriegerehrenmals erinnert hat.
Kühne perspektivische Versuche waren auch dabei, die rissigen Borkenbuckel der Kiefern hochfotografiert, bis zu den am Himmel endenden Nadelschöpfen; oder die eisbezapften Felsen hoch, die bedrohlich wirkten, so als wollten sie gleich vornüberkippen.
Die berühmte Blockhütte am Hausberg ist auf einem Bild zu sehen, wie auch Janos, lachend im senkrecht stehenden Gebirgsjägerschlitten postiert, der zum Boot umgebaut war.
Ja, Janos hatte gut lachen mit seinem „richtigen" Fotoapparat, der für unsere ländlichen Gegebenheiten eine unerhörte Sache war, zumal in Kinderhand.
Er knipste fleißig, was ihm, außer Erfahrung, auch manchen schönen Erfolg bescherte. Routiniert ließ er sich zunächst immer sogenannte

Streifenabzüge anfertigen, die nur eine Mark kosteten, um dann gezielt nur von den gelungenen Aufnahmen Normalformate abziehen zu lassen.

Auf keinem unserer Bilder ist jedoch jene bewundernswerte Schöpfung der Technik erhalten geblieben, die einige wenige Jahre der Stolz meines Vaters war.

Und zwar handelte es sich um ein selbstgebasteltes Schöpfrad von knapp drei Metern Durchmesser, das direkt hinterm Haus, vor der Brücke zum Garten, im Bach angebracht war.

Es war kunstvoll, aus gutem Holz gefertigt, die zahlreichen hölzernen Speichen mit ebenfalls hölzernen Schaufelblättern besetzt und an diesen jeweils eine Weißblechdose angeschraubt. Gelagert war die schlanke Konstruktion, die mit der Zeit durch das aufgesaugte Wasser immer schwergewichtiger wurde, auf einem Kugellager, dessen Achse in einer Halterung an der Sandsteinmauer der Brücke lief.

Die auf den Schaufeln sitzenden Dosen nahmen, sich mit dem Rad in Fließrichtung bewegend, jeweils Wasser auf, das sie, kurz vorm Scheitelpunkt des Rades, aus der Senkrechten in die Schräglage kommend, wieder ausschütteten. Sie gossen es jedoch nicht einfach in den Fluss zurück, sondern entleerten es in einen hölzernen Kasten, der so geschickt nahe des Rades angebracht war, dass er das meiste davon auffing. Am Kasten angeschlossen war ein Rohr, das, unter der Erde verlegt, zu einem ansehnlichen Wasserbecken im Garten führte. Dieses war mit einem Überlaufrohr versehen, aus dem fortwährend Wasser in den Fluss zurückfloss, so dass das Wasser im Becken ständig erneuert wurde und der Kreislauf damit wieder geschlossen war.

Im schwertlilienumsäumten Becken hielt man zeitweise Fische, aber auch gelegentlich Amphibien, für die Grüninseln geschaffen waren.

Bei einsetzendem Frost wurde das Rad von der Achse genommen und bis zum späten Frühjahr in der Scheune verwahrt. Dies geschah nicht nur des Frostes wegen oder in Erwartung des winterlichen Niedrigwassers, beziehungsweise Eises, sondern vor allem zum Schutze des Rades vor den in diesem Zeitraum auftretenden Hochwassern.

Weniger begeistert von der jährlichen Wiederinbetriebnahme des Wasserrads war meine Mutter, die das unaufhörliche starke Geplätscher vor ihrem Küchenfenster mehr als Lärmbelästigung einstufte. Deshalb war sie wohl auch als Einzige vom Ende dieser Wasserkunst angenehm berührt. Und dieses war immerhin eines, wie es kein Anekdotenschreiber hätte besser erfinden können.

Der Gang des Rades war im Laufe der Zeit, oder hier eigentlich im Laufe des Flusses, schwerfällig, immer langsamer und laut geworden, ganz wie es bei alten Menschen des Öfteren zu beobachten ist, wenn auch noch das Gehör nachgelassen hat. Das Kugellager war buchstäblich angeschlagen und, wie sich bei eingehender Untersuchung zeigte, nicht mehr zu reparieren. Der Vater nahm das Rad von der Achse; es war mittlerweile, trotz verschiedener Schutzanstriche, voll Wasser gesogen und von bleierner Schwere, die wohl auch besagtes Kugellager auf dem Gewissen hatte.

Schrittchenweise watete er in seinen Gummistiefeln zum hausseitigen Ufer, sich wie ein Jongleur bewegend und gleichzeitig bemüht, weder auf den glitschigen Steinen im Bachbett auszurutschen noch in irgendwelche Vertiefungen zu treten, weil dann Wasser in seine Stiefel gelaufen wäre. Nur mühsam hielt er das vielspeichige Ungetüm mit weit gespreizten Armen aufrecht, als er die rettende Treppe nach draußen erreichte und sich auf die unterste Stufe wuchten wollte. Doch schaffte er es nicht im ersten Ansatz und auch nicht im zweiten. Nachdem er kurz keuchend verschnauft hatte, nahm er einen dritten verzweifelten Anlauf, dessen Energie jedoch in die falsche Richtung, nämlich in die Hose, verpuffte, von wo sich die plötzliche Entladung wohlig in die Stiefelröhren verlief. Entnervt ließ er die überschwere Last ins Wasser fallen, und meiner Mutter war es vor Prusten kaum möglich, ihn darauf aufmerksam zu machen, dass er die ganze Zeit mit dem Rad unter dem eisernen Abflussrohr der Küche festgehangen hatte.

Das letzte technische Spektakel, dessen ich mich aus dieser Zeit erinnere, spielte sich in der Nachbarschaft beim Schreiner ab.

Es war die schon erwähnte Phase der Erweiterung des väterlichen Schreinerhüttenwerks, das durch den aufsehenerregenden Schatzfund möglich geworden war. Im Rahmen dieser Geschäftigkeiten leistete der mit dem gleichen Leiden behaftete Sohn des stotternden Bauern aus der Nachbarschaft bestimmte Hilfsdienste.

Damals war ihm noch erlaubt, einen Traktor mit Anhänger durchs Dorf zu steuern, der mit einer Geschwindigkeitsbeschränkung auf sechs Stundenkilometer gekennzeichnet war. Mit diesem Fahrzeug brachte er einen riesigen T-Träger an, der nun an der Baustelle abgeladen werden sollte. Eine dicke Eisenkette wurde durch ein Loch im vorderen Ende des Trägers gefädelt und am abgekuppelten Traktor befestigt. Jetzt sollte die Schiene vom Hänger gezogen werden.

Als sich der Schlepper beim ersten Versuch vorn aufbäumte, schloss der Bauherr messerscharf, dass die Dinge sich wohl ins Interessante entwickeln könnten, womit er auch nicht unrecht behalten sollte. Also schaffte er seine Schmalfilmkamera herbei und begann den Kampf mit der Technik, oder auch der Physik, zu dokumentieren, und das ging so:

Auf der Zugmaschine saß, stoisch grinsend, der Traktorist, aus dem unvermeidlichen Stumpen gleichmäßige wie gleichmütige Wölkchen ausstoßend. Auf die Schnauze des Traktors klammerten sich Lehrling und Geselle nebst einigen weiteren Mannsbildern zur Beschwerung. Die Maschine zog auf Kommando an und blieb jetzt auch mit den Vorderrädern am Boden. Aber die Kette begann sich zu dehnen und zu rauchen, weil sie sich vor Überanstrengung erhitzte. Jetzt eilten Frauen mit Wassereimern zu Hilfe und kühlten die Eisenglieder mit emsigen Güssen, während der Traktor, zentimeterweise, den Träger vom blockierten Hänger zog.

Unter viel Geschrei, Gelächter und etlichen Pausen war es dann schließlich geschafft und das Ende des Trägers rutschte von der Ladefläche eine provisorische Holzrampe hinunter.

Als der Nachbar im Winter den Film vorführte, konnte man die ganze Prozedur noch einmal verfolgen, vom aufbäumenden Traktor über das Stumpenpaffen und die rotglühende Kette bis zu den flinken Wassergüssen und den zeitlupenartigen Bewegungen des T-Trägers. Den größten Erfolg hatte der Schreinermeister bei seiner Darbietung jedoch, wenn er das Ganze rückwärtslaufen ließ.

Wie gierig saugte da der Analphabet seine Rauchkringel ein, wie geschwind schrumpfte da die Kette zusammen und wie hurtig sprang das Wasser von der Kette in die Eimer, bis sie wieder voll waren.

Da raste das Publikum vor Begeisterung.

Ben Hur

Es fing damit an, dass mir die Großmutter, nachdem ich vier war, also im fünften Lebensjahr, das Lesen und Schreiben beibrachte. Das wäre ihrem nicht unterentwickelten Ehrgeiz auch durchaus zuzutrauen gewesen, wenn spätere, eigene Erkenntnisse diese ungerechtfertigte Annahme nicht widerlegt hätten.

Den Gegenbeweis trat viel später meine Tochter in meinem damaligen Alter oder sogar noch etwas früher an, als sie partout darauf bestand, lesen und schreiben zu wollen. Sie fragte so lange, ließ es sich so lange zeigen und übte so lange, bis sie es tatsächlich konnte. Den Bedenken meiner Frau, das Kind zu überfordern und es für die ersten Grundschulklassen womöglich der Gefahr des Sich-Langweilens auszusetzen, stand ich gleichermaßen hilflos wie unschuldig gegenüber. Sollte ich Wissensdrang, Eifer und Interesse des Kindes bremsen? Nein, dies wäre sicherlich ein noch größerer Nachteil gewesen.

So könnte es der Großmutter damals mit mir ergangen sein; jedenfalls ließ es sich auch hier nicht vermeiden, dass ich schließlich lesen konnte.

Nur, was sollte ich jetzt lesen? Bis zu meinem Schulantritt waren die sich mir bietenden Möglichkeiten noch äußerst dürftig.

Da gab es die mächtige Bibel, die man Oma und Opa zur Hochzeit geschenkt hatte. Ein großformatiges Werk war das, eng mit kleinen gotischen Lettern bedruckt, von unglaublichem Gewicht, in respekteinflößendem, wuchtig schwarzem geprägtem Einband und mit feierlichem Goldschnitt. Sein unerschöpflicher Inhalt allerdings blieb mir, selbst bei geduldigstem Immerwiederlesen und hartnäckigstem Herumrätseln, oft schleierhaft, bisweilen erschien er mir auch drohend oder böse bis gar schrecklich.

Da war es schon abwechslungsreicher, die kleinen Reklamekalender zu studieren, wie sie die Lebensmittelhändler zum Jahresende an die Hausfrauen verteilten. Einen Nachteil dabei stellten die vielen

Rezepte dar, die dort enthalten waren und einem nur unnötig den Mund wässerig machten, denn das vortreffliche Speisenrepertoire der Großmutter war arg begrenzt und duldete keinerlei Experimente.

Klug, bisweilen ganz schön hintersinnig, oder auch nur einfach lustig, waren dagegen die Tagessprüche auf dem Abreißkalender in der Küche, die der Großvater allmorgendlich eingehend studierte.

Am allerliebsten war mir jedoch stets die Lektüre eines ausrangierten Lesebuches, das allerlei Kurzgeschichten und Gedichte enthielt.

Es fehlte dort nicht die altbekannte, bedenkenswerte Erzählung vom Vater und seinem Sohn, die mit dem Esel unterwegs waren. („Allen Menschen recht zu tun, ist nicht immer leicht.") Von Johann Peter Hebel gab es die schaurig-schöne Geschichte vom „Unverhofften Wiedersehen" mit dem ganz in Eisenvitriol konservierten Bräutigam. Der wird als vor fünfzig Jahren verschütteter Bergmann wieder ausgegraben und von der einstigen Braut identifiziert. Es fehlte so wenig Adalbert Stifters lyrischer „Hochwald" wie auch ähnlich Romantisches von Joseph von Eichendorff, Rainer Maria Rilke oder Eduard Mörike.

Selbstverständlich waren Goethes „Erlkönig" und auch „Der Fischer" hier zu finden.

An Holzschnitte erinnere ich mich noch in diesem Zusammenhang, die den möglicherweise doch etwas zu ernst und schwerblütig geratenen Charakter dieses Buches für junge Menschen eher noch betonten. Es waren Werke von Käthe Kollwitz, von Emil Nolde und auch Skulpturen von Ernst Barlach darin abgebildet.

Ganz besonders erinnere ich mich aber noch an ein Buch, das ich anlässlich von Besuchen bei einem Onkel, gleich in der Nähe der Großeltern, immer wieder studierte.

Dieser Onkel war im Krieg Sanitäter gewesen und als solcher immer noch weit und breit als Nothelfer gefragt und aktiv. Er besaß ein dünnes Buch, das, als medizinische Schnellbleiche, die wesentlichen Gegebenheiten, Voraussetzungen, möglichen Schwachstellen und Erscheinungsformen von Verletzungen oder Krankheiten schilderte. Es enthielt auch eine schematisierte Darstellung des Verdauungsvorganges, unter Angabe von Zeiten für die Verdauung verschiedener Speisen.

Und hier fraß sich bei mir ein lang anhaltendes, kurioses Missverständnis ein, das erst Jahre später korrigiert werden konnte. Ich interpretierte die zeichnerische Darstellung der einzelnen Verdauungszeiten nämlich so, dass die jeweils angegebenen Minuten- beziehungsweise Stundenzahl die Zeit beschreibe, die das Befördern der entsprechenden Speisen vom Mund durch die Speiseröhre bis zum Magen brauche.

Gut, dass es sich nur um eine falsche Auslegung meinerseits handelte. Wie lange hätte man, unter diesen Bedingungen, sonst gebraucht, um etwa ein Kotelett samt Beilagen zu verzehren, vom Verdauen und Ausscheiden ganz zu schweigen?

Eine neue Welt tat sich mir auf, als ich nach zwei Jahren wieder bei den Eltern lebte.

Zunächst gab es hier auch nicht viel mehr an Lesestoff, außer einigen alten Landkarten, oder deren Resten, von Ostpreußen und Polen, die mein Vater aus dem Krieg mitgebracht hatte, und einem zerfledderten Schulatlas. Das war Kraftfutter für die Entwicklung der Vorstellungskraft!

Wenn ich tags die Karten genug besehen hatte, lag ich abends im Halbdunkel und formte die diversen Rissmuster in der Zimmerdecke zu Kontinenten, Inseln, Flüssen und Meeren, auf denen ich abenteuerliche Reisen unternahm.

Abgesehen von diesen herrlichen Übungen der Vorstellungskraft, waren die aufgenommenen geografischen Begriffe eine gute Voraussetzung für das Studium der Tageszeitungen, die, glücklicherweise, oder auch unglücklicherweise, zu dieser Zeit abonniert wurden.

Der soeben stürmisch entfachte Kalte Krieg lieferte mehr als ausreichendes Heizmaterial für die Emotionen des Zeitungslesers. Die Gefahr eines Atomkrieges zwischen den beiden Supermächten wurde Tag für Tag immer greller ausgemalt, steigerte sich in die Potenz der Wasserstoffbombe, so dass es schließlich auch mich in meinem alten eisernen Kinderbett packte und ich in horrormäßige Albträume verfiel. So weit hatte ich die schwarze Angst aus dem weißen Papier aufgesogen, dass ich nicht mehr zwischen Wahn und Wirklichkeit unterscheiden konnte.

Allen Ernstes befürchtete ich, unbeirrbar, einen stündlich hereinbrechenden atomaren Schlagabtausch. Grauenvoll ist sicher ein matter Ausdruck für die Vorstellungen, die ich mir von seinen Folgen machte. Mag sein, dass sie, in ihrer Grenzenlosigkeit, vielleicht gar die Wirklichkeiten von Hiroshima oder Nagasaki übertrafen. Doch bedrängten wohl auch manchen Erwachsenen apokalyptische Vorstellungen in diesen Jahren und fanden ihren Niederschlag in wildesten Spekulationen. Als zum Beispiel einer der beiden Brauereibesitzer eine Garage in den Hang unterhalb seines Wohnhauses bauen ließ, kursierten sofort abenteuerliche Gerüchte über einen Atomschutzbunker, den er sich dort in Wirklichkeit bauen ließe.

Die Eltern und Geschwister hatten einen schweren Stand mit mir, nachdem das Lächerlichmachen fürs Erste nicht half. Auch nachdem mir die Zeitungslektüre untersagt war, suchten mich die fiktiven Schrecken noch lange in verschiedenen heimtückischen, aber stets gleichbleibenden Verfremdungen im Traum heim.

Sicher mitbeteiligt an dieser unglücklichen Entwicklung war der Umstand, dass mein damals wesentlicher Literaturbestand aus gebundenen Chroniken der Kriege 1870/71 und 1914–18 bestand. Teils handelte es sich um nur zu diesem Zweck erstellte Dokumente, teils auch um die Zusammenfassung spezieller Zeitschriften. Diese Bände waren enorme Scharteken, großformatig, dick, außerordentlich schwer und, auf dünnem Papier, prall gefüllt mit kleiner Schrift und zahlreichen, wenig heiteren Illustrationen.

Die Gewalttätigkeit dieser Machwerke schlug sich schließlich, wortwörtlich, auf mich nieder.

Ich lag einige Tage mit einer starken Grippe im Bett und vertrieb mir die Zeit unter anderem mit dem Studium eines dieser Zyklopenwerke. In meiner Langeweile vollführte ich zwischendurch Stemmübungen, indem ich einen der Wälzer mit ausgestreckten Armen über mich hielt. Weiß der Teufel, ob es an der grippalen Schwächung lag, jedenfalls stürzte plötzlich das kaiserliche Format aus Armeshöhe in vollem Umfang flach auf meine Nase.

Echtes, frisches Blut trat heftig aus und färbte nicht nur den Bucheinband symbolträchtig.

Mit Beginn meiner Schulzeit eröffnete sich mir endlich der ganze sagenhafte Schatz der Schulbibliothek in seiner bescheidenen Herrlichkeit. Als wären alle literarischen Schleusen auf ein geheimes Zeichen gleichzeitig geöffnet worden, richtete nun auch das Bürgermeisteramt eine kleine Gemeindebibliothek ein, und ein winziger Tabakladen bot für geringes Geld ebenfalls den Verleih von Büchern an.

Wahllos verschlang ich in jener Zeit alles, was mir an Lesbarem in die Finger geriet.

Reisebeschreibungen wechselten sich ab mit der jugendlichen Trivialliteratur der sogenannten Kinderbuch-Verlage. Hauffs, Grimms, Andersens und Bechsteins Märchen waren kunterbunt eingereiht zwischen dem „Schlemihl" und einem wunderschönen Band über die Burgen der Umgebung, mit vielen Grundrissen und Rekonstruktionszeichnungen. Bergsteigergeschichten folgten dem klassischen Mark Twain: Die Abenteuer des Tom Sawyer und des Huckleberry Finn. Erlebnisberichte der U-Boot-Fahrer und Flieger beider Weltkriege verwoben sich mit den „Flusspiraten des Mississippi", mit den verschiedenen Karl-May-Bänden und dem „Waldbauernbub" zu einem Kaleidoskop ohne Rahmen. Überaus spannend und lehrreich geschriebene Bücher über die Überwindung der Schallgeschwindigkeit in der Fliegerei oder die Entwicklung der Optik gingen da selbstverständlich einher mit den allseits bekannten Comics, mit den unvermeidlichen Wildwest- und Kriminal-Groschenromanen, mit Edgar Wallace und Wilhelm Raabes Erzählungen. Es fehlten nicht die berühmten Gestalten des Don Quijote, Till Eulenspiegel, Münchhausen, Simplizius Simplizissimus. Verschiedene schwerblütige, tragische Ganghofers waren ebenso vertreten wie Löns naturbegeistertes „Grünes Buch". Wilhelm Busch stand da neben dem Lebenslauf des Rennfahrers Caracciola und Spoehrl, Thoma und Kästner waren selbstverständliche Pflichtlektüre für jeden Schüler. Hans Dominik wetteiferte mit Jules Verne, die Gedankenmalerei zu beflügeln, und selbstredend waren auch „Robinson Crusoe", „Die Schatzinsel", „Lederstrumpf", „Moby Dick" und „Die Meuterei auf der Bounty" dabei.

Waren schon die „Geschichten aus 1001 Nacht" nicht immer verständlich, so gingen die „Kriegsbriefe gefallener Studenten" oder Freytags „Die Ahnen" als Weihnachtsgeschenkidee meines Vaters wohl etwas daneben, wenn auch durchaus in das übrige heillose Kunterbunt meiner Literaturwelt passend.

Sehr angetan war ich von Selma Lagerlöfs „Die wunderbare Reise des kleinen Nils Holgersson mit den Wildgänsen", und die eindrucksvoll illustrierten „Deutschen Heldensagen" verschlang ich geradezu – und das mehrmals.

Fasziniert war ich aber auch von einer Biografie Goyas wie von einem Band mit weiblichen Aktfotografien aus der Bibliothek von Rolfs Eltern, nicht nur der dort beschriebenen, erstaunlichen anatomischen Gesetzmäßigkeiten wegen.

Dann gab es noch „Oliver Twist", „Onkel Toms Hütte" sowie diverse Seefahrer-, Seeräuber- und Indianergeschichten. Mundartliches, wie Paul Münchs „Die Pälzisch Weltgeschicht", behauptete sich da neben Historischem, dessen Themenbreite von den Pfahlbauten des Bodensees über die Völkerwanderung und die verschiedenen Atlantis-Spekulationen bis zum Mittelalter reichte.

Um das verschwenderische Angebot noch weiter zu steigern, grub der Schwager einige Exemplare der gelben Taschenbuchformate von Velhagen & Klasing aus, den „Parzival", „Götz von Berlichingen", Kleists „Hermannsschlacht" und „Prinz Friedrich von Homburg".

Wie ich allerdings auf Lewis Wallace' „Ben Hur" kam, weiß ich nicht mehr zu sagen.

Nach diesem historischen Roman fragte ich jedenfalls im Tabakladen, wo ich ab und zu die schaurigsten Groschenromane für meine Mutter auslieh. Die ältliche Ladenbesitzerin wollte wissen, ob dieses Buch für mich sein sollte, und als ich bejahte, versteinerte ihr Gesicht ob meines Begehrens, worauf sie anzüglich nach meinem Alter fragte. Elf Jahre schienen ihr nun doch bedenklich und sie bestand darauf zu erfahren, ob meine Eltern denn wüssten, dass ich dieses Buch lesen wolle, und ob sie damit einverstanden seien.

Als ich hartnäckig blieb, wie es wohl heute noch bisweilen meine Art sein kann, gab sie den Titel dann doch, wenn auch äußerst zögerlich, unter deutlichen Bedenken heraus, jedoch erst, nachdem sie noch etwas darin geblättert und so, auf die Schnelle, nichts Anstößiges darin gefunden hatte.

Irgendwie wurde ich den Verdacht nicht los, dass sie den Titel wohl missgedeutet hatte.

Mit dem Eintritt ins Gymnasium lernte ich die Welt der Reclam-Heftchen kennen, die zuallererst durch ihr Preisniveau begeisterten. So kaufte ich, über die Unterrichtszwecke hinaus, gelegentlich das eine oder andere, wenn es mir gelang, die paar Pfennige aufzutreiben.

Da waren der „Wilhelm Tell" dabei und „Maria Stuart" und „Ein Sommernachtstraum", „Die Zauberflöte", „Der Freischütz", Shakespeares „Cäsar" und „Weh dem, der lügt", aber auch Adalbert Stifters „Bergkristall".

In ganz besonderer Erinnerung blieb mir Schillers „Die Jungfrau von Orleans", die zum Thema einer Klassenarbeit degradiert wurde.

Unser damaliger Deutschlehrer war gleichzeitig der Direktor des Gymnasiums, ein kleiner, zu leichter Korpulenz neigender Mann, von großer Gewandtheit und Dynamik, den eine gewisse Freizügigkeit seines Lebenswandels auf diesen unbedeutenden Provinzposten verschlagen hatte. Doch ließ er auch hier nicht von seiner Gewohnheit ab, fleißig die Wirtshäuser seiner neuen Umgebung zu frequentieren und sich hier insbesondere mit Zechern jedweder Couleur und jeden Standes gemein zu machen, was der Erwartungshaltung der vereinigten Dorfhonoratioren absolut entgegenlief; so wurde er dem ihm vorauseilenden Ruf schließlich wieder voll gerecht.

Doch zurück zu Jeanne d'Arc. Was immer der Beweggrund gewesen sein mochte, auch hier wich er, mit einem eigenartigen pädagogischen Einfall, vom Pfad überlieferter Verhaltensmuster ab.

Als er die zensierten Aufsätze wieder zurückgab, leitete er diesen Vorgang mit einer verblüffenden Eröffnung ein. Er werde jetzt, so wies er darauf hin, eine Arbeit vorlesen und anschließend solle die Klasse darüber abstimmen, ob diese mit einer Eins oder einer Fünf zu benoten sei. Dann las er vor.

Mir stockte der Atem, dies war doch meine Arbeit!

Wenngleich ich eigentlich mit Reaktionen in irgendeiner Form hätte rechnen müssen, denn bei der Abgabe des Aufsatzes war mir doch klar gewesen, dass ich ihn gezielt provoziert hatte.

Meine kritische Würdigung der heiligen Johanna lief nämlich geradewegs und absichtlich derjenigen des Direktors genau entgegen. Hatte er diese Frau mystifiziert, glorifiziert, idealisiert und ihre Widersacher aufs Schärfste verdammt, so drehte ich den Spieß einfach um. Ich bezichtigte sie eines gestörten Persönlichkeitsbildes, das, gepaart mit krankhaftem Ehrgeiz, in ein maßloses Sendungsbewusstsein ausgeufert war. Ihre patriotisch-religiösen Ziele entlarvte ich als vorgeschoben und unterstellte ihr unlautere persönliche Motivationen, deren Durchsetzung sie mit verbrecherischen Methoden angestrebt habe. Als Ursache dieser verhängnisvollen Entwicklung vermutete ich Probleme mit dem anderen Geschlecht.

Ob die Klasse nun von meiner Argumentation überzeugt war, die originelle Auslegung honorierte oder sich einfach nur an der gezielten Opposition gegen den Direktor erfreute, war im Nachhinein nicht mehr festzustellen. Jedenfalls fiel mir ein Stein vom Herzen, als überwiegend für die Note eins plädiert wurde.

Der Direktor war allerdings ein schlechter Verlierer und gab mir stattdessen eine Zwei.

Vor Tagen las ich übrigens, ganz zufällig, in einer Zeitschrift über die etwa vierzigste Neuverfilmung der Johanna. Der Regisseur, Luc Bessons, lässt die Mission seiner Heldin als Ego-Trip erscheinen und die Stimmen, die sie vernimmt, nicht von Gott, sondern aus ihrer verstörten Seele kommen.

Wenn wir hier schon etwas vom Thema abgeschweift sind, so schadet es vielleicht auch nicht, der Vollständigkeit der Geschichte halber, oder um die Skizze abzurunden, die diesen interessanten Pädagogen und vor allem Menschen charakterisieren soll, die, wenn man so will, Schlusspointe nicht auszulassen.

Jahre danach, ich hatte schon längst Elternhaus und Heimatort verlassen, traf ich ihn wieder.

Es war schon spät am Abend, als ich ihn alleine, in der Bierschwemme der Bahnhofskneipe in der Stadt, als einzigen Gast auf einem Hocker an der Theke sitzen sah. Ich sprach ihn an und zu meiner Verblüffung erkannte er mich sogleich wieder. Lange fischte er in verschiedenen Taschen nach Kleingeld, das hauptsächlich aus 5-Pfennig-Stücken bestand und gerade dazu reichte, mir ein kleines Bier zu spendieren, wovon er sich auch nicht abbringen lassen wollte.

Er war schon einigermaßen angeheitert, die stets unvermeidliche Zigarre fiel ihm aus dem Mund und ich fischte sie wieder zwischen den Stuhlbeinen hervor.

Wir warteten zusammen auf den letzten Zug ins Dorf und er nahm gegenüber dem einzigen Passagier Platz, den wir im Wagen fanden, und das war ein hübsches junges Mädchen.

Auf das Buch, das sie gerade las, anspielend, bemühte er sich wortreich und zäh, einen Anbändelungsversuch daran emporzuranken. Trotz fortgeschrittener Zeit und widriger konditioneller Umstände, schürfte der promovierte Germanist tief in den wohlgefüllten Magazinen seiner Belesenheit und breitete die Wunder seines Wissens schillernd und verlockend vor der jungen Dame aus, wie ein Händler seine bunten Stoffe im Basar.

Einmal hörte ich noch von ihm. Er sollte in der Stadt Schwierigkeiten mit der Polizei bekommen haben, als er mit einem Haufen dunkelhäutiger US-Soldaten darüber debattierte, wer von den Anwesenden wohl den längsten Penis hätte. In Erwartung einer Prämierung, hatte er den seinen zur Begutachtung auf dem Wirtshaustisch präsentiert.

Bei dieser Gelegenheit erinnere ich mich auch wieder seiner

Lebensphilosphie, die er einst, vorbeugend auf gewisse Gerüchte anspielend, die gegen ihn im Umlauf seien, vor der Klasse erläutert hatte:

„Je weiter der Horizont eines Menschen ist, desto mehr Berührungspunkte hat er. Je mehr Berührungspunkte er hat, desto leichter kann er anecken."

Mir scheint, ganz unrecht hatte der Mann nicht; doch möge ein jeder den Wahrheitsgehalt solcher Aussage für sich selbst prüfen.

Wahrhaft ein kühner Bogen, der sich da von der heiligen Johanna zum Penis eines Schuldirektors spannt, vielleicht ein zu kühner; kehren wir also wieder auf diesem Bogen zurück, wo er begann, zu den literarischen Abenteuern der Jugendzeit.

Außer „Lohengrin" (der erste Ölsardinen-Liebhaber: „Immer will ich Elsa dienen!") und dem Michael Kohlhaas (der unser sensibles jugendliches Rechtsempfinden leidenschaftlich in Wallung versetzte und, ich gebe es zu, mich noch heute tief beeindruckt), sog ich Storm in die noch weiche, noch prägsame Seele, was im fremdsprachlichen Unterricht, mit „David Copperfields Youth", Rebalds „Malficeli" oder Daudets „Tartarin de Tarascon" schon weniger vergnüglich war. Hatten wir doch mit der französischen Sprache an sich schon Schwierigkeiten genug, wie viel weniger sollten wir die amüsanten Seiten der provenzalischen Idiomatik und Aussprache des Helden Tartarin begreifen. Und was den „Malficeli" betraf: „Was wunder, wenn die Rückseite meines Bändchens eine Zeichnung aus Schülerhand zierte, die Erlösung dieser papierenen Schoßhündchenkreatur unter einem derben Stiefeltritt, gleichzeitig als Erlösung des geplagten Schülers, grob signalisierend.

Da war es mit Kiplings „Stories from the Jungle Book" schon einfacher, lagen doch die Analogien zum trivialen „Tarzan" greifbar nahe.

War es vielleicht die noch ausstehende literarische Kategorie, die mich reizte, oder ein erwachendes politisches Interesse, das dann irgendwann einen Trendwechsel in meinem Leseverhalten bewirkte?

Plötzlich jedenfalls vollzog ich einen scharfen Schwenk zur politischen Literatur und las von da an mit der gleichen Kreuz-und-quer-Wut, was mir der Zufall diesbezüglich in die Hände spielte. Nur noch Tucholsky, Morgenstern, Roth oder Endrikat konnten mich gelegentlich davon abhalten.

Unter anderem war ein regierungsamtliches Exemplar eines 5-Jahres-Planes der DDR dabei, die damals bei uns noch als SBZ (sowjetisch besetzte Zone) abgekürzt wurde. Ein Onkel hatte diesen Planwirtschafts-Fahrplan bei einem Besuch „von drüben" mitgebracht.

Noch immer tobte ja grimmig der Kalte Krieg, dessen Brandung bis ins Klassenzimmer unseres Gymnasiums Wellen schlug.

Hier gab es nämlich die pikante Konstellation eines stark kommunistisch engagierten Mitschülers einerseits und eines ehemals stramm NS-orientierten Klassenlehrers andererseits, der, als Spätheimkehrer aus russischer Gefangenschaft, schwer gebüßt und alsbald seinen Lehrdienst wiederaufgenommen hatte.

Der Vater des Mitschülers war eine wohlangesehene und respektierte Persönlichkeit. Seine Aktivitäten als überregionaler Parteifunktionär und Vertreter der KPD im Gemeinderat wurden eher als tragische politische Fehleinschätzung angesehen und brachten ihm den Ruf eines Edelkommunisten ein.

Der Sohn folgte getreulich dem in der Tat roten Faden seines Vaters, verbrachte die meisten Ferienzeiten in FDJ-Heimen des Arbeiter- und Bauernstaates und war stets gut mit der mehr oder minder politisierten Literatur von dort versorgt. Dies schlug sich folgerichtig in unentwegt eifriger Parteinahme für „den anderen deutschen Staat" nieder, die ihre Standhaftigkeit auch in den heftigsten Diskussionen mit dem Klassenlehrer nicht verlor und, besonders im Geschichtsunterricht, gelegentlich provokativ-propagandistische Züge annahm.

Bisweilen steigerten sich diese verbalen Duelle zu einer Heftigkeit, die uns den Atem stocken ließ; zumal dann, wenn der Lehrer den absichtlichen Herausforderungen auf den Leim ging und, argumentativ in die Enge getrieben, verräterische Rückfälle in die noch nicht überwundenen Denkstrukturen seiner braunen Vergangenheit offenbarte. Dabei verstieg er sich beim Versuch, diese zu leugnen, derart, dass er schließlich bis zur Lächerlichkeit ins unglaubhafte Gegenteil überzog und in seiner in die Enge getriebenen Hilflosigkeit gar Gefühle des Mitleids und Mitleidens beim einen oder anderen Schüler weckte.

Verständlich, im Sinne mildernder Umstände, waren für den Lehrer freilich mit Sicherheit seine leidvollen Erfahrungen mit dem großen Bruder und Lehrmeister des ersten deutschen Arbeiter- und Bauernstaates während seiner Gefangenschaft. Sie hatten ihn nicht gerade zum Russenfreund bekehrt.

Vom Sohn des ehemaligen NSDAP-Jugendführers konnte ich ein Exemplar des berühmt-berüchtigten Hitler'schen „Mein Kampf" ausleihen und war maßlos enttäuscht über die schäbige Durchsichtigkeit dieses grundlegenden Werks des Nationalsozialismus. Mir war es ein Rätsel, wie man, trotz dieser doch rechtzeitigen und überdeutlichen Offenbarungen, in der Folgezeit mit fliegenden Fahnen in das Lager solcher Gesinnung hatte überlaufen können; die Vorgeschichte, der Nährboden, die dies alles erst vorbereitet und ermöglicht hatten, waren mir damals noch unbekannt. Aus der gleichen Ecke kam auch ein Buch über den nationalsozialistischen Märtyrer Horst Wessel, dessen pathetische Hasspropaganda geradezu widerwärtig aus jeder Silbe stank.

Was ich damals sicher auch nicht bedachte, war die schlichte Tatsache, dass in Wirklichkeit wohl nur wenige das despotische Drehbuch Hitlers gelesen hatten, selbst als es später als staatliches Hochzeitsgeschenk (!) verteilt wurde.

Wie auch immer die Folge weiterer politischer Themen meines Lesestoffs war, an deren Autoren und Titel ich mich teils nicht mehr erinnere, so seien hier doch einige noch beispielhaft erwähnt.

Ein kleines Bändchen über die deutschen KZs schilderte in erschreckender Nüchternheit die in diesem Zusammenhang verübten Verbrechen, wobei das völlig emotionsfreie Aneinanderreihen von Zahlen, Orten und Daten das Grauen eher vertiefte.

Emotional ging mich als Leser Leon Uris „Mila 18" über den Aufstand im Warschauer Ghetto an, dessen Heldenhaftigkeit Gefühle des bedingungslosen Respektes und der Bewunderung weckten.

Im Gefolge gab es Schilderungen der Aufstände in der DDR, in Ungarn und in Polen, die, diplomatisch nüchtern, als „Die Vorkommnisse in Ungarn, Polen und so weiter" dokumentiert waren.

Es gab Wolfgang Leonhardts beeindruckendes „Die Revolution entlässt ihre Kinder" und Buber-Neumanns „Als Gefangene bei Hitler und Stalin".

Wenn auch noch nicht ganz meinen damaligen Englischkenntnissen entsprechend, so war „The Trial of Berlin" doch eine überaus packende Lektüre, die eine Vorstellung des schier unentwirrbaren Dschungels der Hintergründe des Kalten Krieges, am Beispiel des vorübergehend in die DDR übergewechselten Verfassungsschutzpräsidenten Otto John vermittelte.

Schließlich hatte ich auch diese Phase und damit, mehr oder minder, den Teil, den man gemeinhin als Jugend bezeichnet, hinter mir, um dann für längere Zeit in die typische Nüchternheit der Erwachsenen zu verfallen, nämlich die sterile Welt der Fachbücher.

Aber davon soll ja hier nicht die Rede sein.

Eingemachte Reptilien

Im Physikunterricht wurde uns eindeutig vor Augen geführt, dass es kein Perpetuum mobile geben könne und dürfe; dies ganz nach der treffenden landläufigen Feststellung: „Von nichts kommt nichts."

Zwar weckte unser Physiklehrer zwischendurch nochmals Zweifel, doch war auch da, wie immer, alles wissenschaftlich erklärbar.

Exakt, wie er war, pflegte er nämlich den Tauchsieder nicht einfach ins Glasbecken und das zugehörige Kabel in die Steckdose zu stecken, sondern hängte stets sorgfältig einen unförmigen Ein-/Ausschalter in einem großen schwarzen Bakelit-Gehäuse dazwischen. Auf das Kommando „Strom ein!" hatte dann ein eigens dazu bestimmter Schüler den überdimensionalen Drehschalter zu betätigen. Nur einmal ging das schief, als er den Tauchsieder bereits am Schaltkasten angeschlossen hatte und soeben mit dem gefüllten Wasserbecken zurückkehrte. Wie gewohnt, wollte er den Tauchsieder aufnehmen, doch der bestand nur noch aus Sockel und Kabel. Im schwarzen Experimentiertisch aber war sauber und deutlich der Umriss eines Tauchsieders eingebrannt. Der zum Schalten befohlene Schüler starrte mit dem Lehrer fassungslos auf den Schandfleck.

Ein großes Wiehern lief durch die Klasse, jäh gebremst vom wütenden „Ha, ha, ha!"-Echo des Lehrers. Zuerst beschuldigte er den Schüler, ohne Befehl geschaltet zu haben. Als die Klasse heftig intervenierte, beschuldigte er den Schaltkasten eines Defektes. Doch erübrigte sich die kurzfristige Beweisführung, weil der Schalter keinerlei Ein-/Aus-Markierungen aufwies, wie auch die längerfristige, weil das Gerät aus dem Verkehr gezogen und zur Strafe nie wieder erwähnt wurde.

Wohl waren solche wissenschaftlichen Demonstrationen dazu geeignet, unsere Belustigung zu erregen, jedoch weniger als Anreiz, bei uns ein wenig Zuneigung zu den Naturwissenschaften zu erwecken.

Solcher Anstoß kam zunächst durch einen Zufall zustande. Ein

Ereignis, das beweist, dass auch unglückliche Anstöße durchaus zu einem glücklichen Ergebnis führen können.

Dieser bestand darin, dass ich mich, nach einer massiven mütterlichen Schimpfkanonade (ein besonderes Talent unserer Mutter, das ich schlimmer fürchtete als eine Ohrfeige), schmollend auf den oberen Dachboden zurückzog. Dort wühlte ich in meinem Grimm, ohne besondere Absichten, einfach so mechanisch in dem seltsamen Bodenbelag herum.

„Rußspeicher" hieß dieser oberste Winkel unter den Firstziegeln. Zur Hälfte war er als Taubenschlag genutzt und besaß einen altertümlichen Boden aus einem Lehm-Stroh-Gemisch, das in ein Gerippe aus dünnen Eichenknüppeln eingebracht war. Abgedeckt war das Ganze mit dem Universalbaumittel des Ortes, den Schlacken- und Sandabfällen der Eisengießerei.

Warum auch immer, jedenfalls wühlte und schürfte ich in diesem seltsamen Bodenbelag und stieß dabei auf eine kuriose und zugleich faszinierende Ansammlung von Dingen.

Zuerst kamen einzelne Briefmarken (!) ans Licht, meist älteren Datums, überwiegend mit einem Klebefalz auf dem Rücken, wie er früher von Sammlern zum Festkleben der Marken im Album verwendet wurde. Dann gab es eigenartige, kleine geschnürte Bündel unregelmäßig gebrochener Glasstreifen. Ebenfalls gebündelt waren bleistiftlange Teile von dünnen Zweigen. Am beeindruckendsten waren jedoch etliche, meist kleine Mineralstufen, die sich verstreut in dieser kuriosen Gesellschaft fanden.

Es waren einheimische Mineralien, mit winzigen Zettelchen beklebt, auf denen in gestochener Miniaturschrift mit schwarzer Tusche die jeweiligen Fundorte notiert waren. Wasserklare Quarzkristalle gab es da, kräftig violetten Amethyst, Topas von dunkler Kognakfarbe, regelmäßige Lamellen von gelblichem oder rosa Schwerspat, bleigraue Aggregate von Rauchquarz und leuchtend grüne bis türkisfarbene Kupfererze von Malachit bis Chrysokoll.

Keiner dieser Namen war mir damals geläufig.

Die ersten brauchbaren Hinweise erhielt ich dann von meinem Vater. Zu zweit suchten wir unter den Dachschrägen weiter und zogen noch einige große Mineralstufen hervor.

Bei Gelegenheit nahm ich die größeren Stücke in die Volksschule mit, wo sie, von entsprechenden Erläuterungen des Lehrers begleitet, durch die Bänke liefen. Danach wurden sie, im Laufe der nächsten Tage, noch an andere Lehrer und Klassen weitergereicht, bis sie wieder den Heimweg antraten. Dieses Glück war allerdings nur noch einem Teil der Kollektion beschieden. Von der Fülle eines halben Drahtkorbes, wie man sie bei der Kartoffelernte benutzte, war etwa die Hälfte abhanden gekommen. Der Rest hatte teils erhebliche Blessuren davongetragen; Kristalle waren ausgebrochen, Ritz- und Härteprüfungen vorgenommen worden. Auf einem Stück waren, leidlich schön, Initialen eingraviert.

Doch widerfuhr solch flegelhafte Unbill, wie ich zwei Jahre später feststellen konnte, selbst den gymnasialen Belegstücken, dem sogenannten Lehrmaterial, das der Chemielehrer bisweilen herumreichte.

Er war es auch ganz besonders, der weitere Anregung zur näheren Beschäftigung mit den Naturwissenschaften gab, nicht nur im Biologie- und Chemieunterricht. Insbesondere verstand es dieser Pädagoge nämlich, bei Spaziergängen und auf Wanderungen den Unterricht durch die lebendige Praxis in der freien Natur überzeugend zu ergänzen. Seine interessanten Hinweise auf vielfältige Beispiele im Gelände sprachen die Schüler immer wieder direkt an, waren beeindruckend, oft erstaunlich und stets (an-)fassbar, ja wiederholt sogar zum Mitnehmen!

Eine dieser lehrsamen und gleichzeitig reizvollen Exkursionen führte uns eines Sommertages an einem winzigen Steinbruch im Wald vorbei. Ziel war eigentlich eine Anhöhe bei einem Bauernhof, auf der sich der Standort einer seltenen Pflanzengattung befand. Doch gelang es dem Lehrer in seiner unnachahmlich unauffälligen Art, so ganz nebenbei, an diesem zimmergroßen Aufschluss unser Interesse über die Maßen zu erregen. Unvermittelt zog er nämlich aus dem Schuttkegel von flachen Steinplatten, der fast zur Hälfte in die Höhe der niedrigen Bruchwand stieg, eine kleine Versteinerung mit wirrem Muster, die er als fossile Wurzelabdrücke, namens Stigmarien, vorstellte. Wir wühlten noch ein wenig, einige wurden selbst fündig, und schon ging es weiter, währenddessen die Erklärung der hier aufgeschlossenen geologischen Periode, samt einer Zeitangabe in unvorstellbaren Dimensionen, nämlich in Jahrhundertmillionen, erfolgte.

Wir, auf jeden Fall Janos und ich, waren fasziniert und schon die Woche darauf wieder an Ort und Stelle. Jetzt hatten wir Zeit und jugendliche Ausdauer sowieso, und wir suchten während des ganzen langen Sommertages, bis zum Einbruch der Dunkelheit, im Schutt, Platte für Platte, Stein für Stein in die Hand nehmend und umdrehend. Wir wurden fündig!

Überwiegend stießen wir auf Stigmarien, doch waren der Mühe Preis auch einige kleine Stücke von Siegel- und Schuppenbäumen, die wir in den folgenden Wochen und Monaten als solche identifizieren konnten.

Zu diesen Funden gesellten sich, wohl zunächst noch ohne besondere Absicht, im Laufe der Zeit verschiedene Knochen, teils Schädel- oder auch Kieferreste, die wir auf unseren Streifzügen aufsammelten. Zunächst wurde nur alles gesammelt und gehäuft, bis wir auf ein zusammenhängendes Skelett stießen, das wir, mit Hilfe unseres Zoologiebuches, als Dachs bestimmen konnten.

Sogleich reifte in uns der Wunsch, diese Reste wieder zu einem Ganzen zusammenzufügen, in der Art, wie wir es an den riesigen Sauriern bei einem Besuch des Senckenberg Museums in Frankfurt am Main gesehen hatten.

Dies war nun leichter gesagt als getan. Es waren die Knochen ja keinesfalls im zusammenhängenden Verbund des Skeletts vorhanden. Vielmehr löste dieses sich beim Aufnehmen in alle Einzelteile auf, und das konnten, um davon einen Begriff zu geben, allein schon gegen zwanzig Fußknochen pro Fuß sein. Waren alle Bestandteile des Skeletts einigermaßen vollständig, so galt es, diese miteinander zu verbinden, und zwar so, dass jeder, auch der kleinste Knochen, in richtiger Position, am richtigen Ort saß. Weiter war es wichtig, die Biegung der Wirbelsäule und Stellung der Extremitäten so einzurichten, dass eine möglichst naturgetreue Haltung erzielt wurde. Das alles war verbunden mit technischen Problemen, und zwar die einzelnen Knochen möglichst unauffällig miteinander zu verbinden. Dieses musste stabil genug, aber auch wieder ausreichend biegsam sein, um anschließende Haltungskorrekturen zu erlauben. Schließlich musste die fertige Konstruktion noch so auf dem Standbrett abgestützt werden, dass die Halterung nicht störend wirkte.

Ein Vierteljahr mussten wir wieder die verschiedensten Quellen anzapfen, um ein Buch anzuschaffen: „Sammeln und Präparieren von Tieren". Zwar besaß es nur etwas mehr als Taschenbuchformat und enthielt lediglich Zeichnungen anstelle von Fotografien. Zudem war die Papierqualität echt bescheiden. Was aber den Inhalt und seine Darstellung betraf, waren wir hell begeistert.

Über das Montieren von Skeletten hinaus waren nämlich etliche weitere Techniken anschaulich und ausführlich beschrieben, die uns bislang wenig bis unbekannt gewesen waren. So zum Beispiel das Ausstopfen von Tierbälgen, das Haltbarmachen von Ganzpräparaten oder das Aufbereiten von gesammelten Insekten. Erläutert waren auch das Trocknen und Pressen von Pflanzen, von Früchten und Samen und vieles mehr. Von da an gab es kein Halten mehr!

Mit bewundernswerter Geduld und großem Geschick fertigte Janos, der so unser Präparator wurde, ein Ausstellungsstück nach dem anderen. Überwiegend waren es ausgestopfte Vögel, bei denen wir uns bislang mit der Zurschaustellung der Schwingen begnügt hatten. Er stellte sie so lebhaft (in Lebendstellung, wie es in der Fachsprache hieß) dar, dass wir regelrecht hingerissen waren. Es folgten Ratten und Mäuse und sogar ein Maulwurf. Freilich waren uns Grenzen gesetzt, was die Größe der Tiere anging, die wir in Spiritus-Formalin-Gemisch „einlegten". Die Skala reichte von Lurchen und Fröschen über Fische und Schlangen bis zu neugeborenen Kaninchen und Hunden. Insekten wurden, nach entsprechender Behandlung, auf Tafeln aufgespießt, also Falter, Schmetterlinge, Käfer, Fliegen, Mücken, Wespen und Bienen, Libellen und so weiter, und so fort.

Inzwischen war, selbstredend, nicht nur Bedarf für einen geeigneten Aufbewahrungs-, sondern vielmehr Ausstellungsraum entstanden. Keiner von uns hätte da nur die geringste Chance gesehen im häuslichen Umkreis, selbst der Vetter nicht mit seinen unzähligen Möglichkeiten im Schloss. Nicht so Janos, der bereits zu jener Zeit zuhause nicht nur antiautoritäre (wie man heute sagen würde) Verhältnisse genoss, sondern vor allem mit seinem außerhalb des elterlichen Machtbereiches gelegenen Mansardenzimmer extrem günstige Bedingungen bot.

Diesen Vorteil nutzend, begannen wir dort eine terrassenartige Stellage aufzubauen, die wir mit weißen Mulltüchern belegten, um darauf unsere Exponate zu drapieren.

Mit der Zeit räkelte sich dieses Gebilde immer weiter in die Höhe und Breite; die einzelnen Stufen wurden immer flacher und zahlreicher, bis der Zuwachs schließlich auch von den Wänden Besitz ergriff, einschließlich der dachseitigen Schräge.

Die Sammlung besaß Geweihe beziehungsweise Gehörne von Rotwild, Reh, Damhirsch, Schafen und Kühen. Rinden verschiedener Gehölze waren auf Tafeln aufgereiht. Zweige und Blätter mit verschiedenem Gallapfelbesatz gab es, Holzteile mit Insektenfraßspuren konnte man sehen, nebst unterschiedlichen Wabengebilden und Nestformen. Schnecken- und Muschelgehäuse waren ausgestellt, Schildkröten-, Krebs- und Krabbenpanzer. Getrocknete, krautige Pflanzen fanden sich ebenso wie Flechten und Moose, allerlei Samen, Samenzapfen und -schoten. Erwähnt wurden schon die zahlreichen Mineralien, Gesteine und Versteinerungen und die auf Tafeln geordneten Insekten. Für eine Reihe durchscheinender Mineralien, insbesondere Achate, bastelten wir einen beleuchteten Kasten, in dessen Vorderwand diese eingelassen waren. Aus Gipsplatten fräßten wir, mit Hilfe eines alten, fußbetriebenen Zahnarztbohrgerätes, Fossilreproduktionen. Die pausten wir einfach mit Kohlepapier von entsprechenden Abbildungen auf die Gipsoberfläche. Unser Meisterstück war hier die Nachbildung des Urvogelskeletts Archaeopteryx, die auch in der Gesteinsfärbung dem Original angeglichen wurde. Über das Sammeln, Präparieren, Bestimmen, Katalogisieren und Beschriften der Ausstellungsstücke hinaus erarbeiteten wir auch illustrierte Einzelbeschreibungen zu verschiedenen Objekten oder Themen, die wir feinsäuberlich in einer dicken Kladde ins Reine brachten und woran wir viel Freude hatten. Kurzum, wir waren aufs Höchste motiviert und engagiert und so auch bemüht, unsere Begeisterung auf andere zu übertragen.

So schleppten wir alle Erwachsenen, deren wir habhaft werden konnten, unters Dach, einschließlich des besagten indirekten geistigen Mitverursachers dieses Resultates, des Biologie- und Chemielehrers. Der war sichtlich hin- und hergerissen zwischen Freude und Bewunderung einerseits und (sicher teils berechtigter) pädagogischer Sorge andererseits, ob diese intensive naturkundliche Beschäftigung nicht unsere übrigen schulischen Leistungen schmälern könne.

Doch liegt mir fern, unseren damaligen, doch recht speziellen Enthusiasmus heute auch noch auf alle Leser übertragen zu wollen.

Kommen wir deshalb zu einigen Szenen jener Periode, die vielleicht geeignet erscheinen mögen, ihres Unterhaltungswertes wegen zu erfreuen.

Eine nette Geschichte war zum Beispiel die, wie wir in den Besitz einer Grizzlykralle kamen. Sie begann mit der Stippvisite eines kleinen Wanderzirkus, der für wenige Tage im Schulhof gastierte. Mein Vetter hatte sich mit dem knapp gleichaltrigen Sohn der Zirkusleute angefreundet und wurde von diesem zu einem Blick hinter die Kulissen eingeladen. Dabei stach ihm ein prächtiges Grizzlyfell auf dem Diwan des elterlichen Wohnwagens ins Auge. Besonders die noch am Fell befindlichen mächtigen Krallen hatten es ihm augenblicklich angetan. Nachdem es ihm aber, trotz aller Überredungskünste, nicht gelang, den Jungen zum Abschneiden einer ganzen Pranke zu bewegen, brachte er ihn immerhin dazu, eine der Krallen abzuschneiden. Ich kann nicht mehr sagen, was er ihm dafür gab, doch hatten wir nunmehr eine leibhaftige Grizzlykralle in unserer Sammlung.

Mit den Skeletten hatten wir, wie schon zuvor angedeutet, besondere Probleme. Fanden wir sie als blitzeblanke Knochen vor, so fehlte meist schon einiges, weil es von Aasfressern zerstört oder verschleppt worden war. Fanden wir dagegen den noch unverwesten Kadaver, so musste die weitere Zersetzung möglichst unter unserer Obhut verlaufen, um unerwünschte Störenfriede fernzuhalten. Das ging dann in der Regel so vor sich, dass wir das tote Tier mit nachhause schleppten und dann hinterm Gartenhaus vergruben, wo sich mit der Zeit so eine Art Tierfriedhof etablierte. Oft stellte der langwährende Prozess der Gebeinsbildung durch Mutter Natur unsere Geduld auf eine harte Probe und wir konnten es uns nicht verkneifen, gelegentlich nachzugraben, um zu sehen, wie weit die Auflösung fortgeschritten sei. Dann wunderten wir uns jedes Mal aufs Neue über die Unzahl der Maden, die, oft noch im lederbraun verkappten Larvenstadium, das Erdreich bevölkerten und durchwimmelten.

Mit Erstaunen las ich neulich, dass Wissenschaftler des bereits mehrfach erwähnten Senckenberg Museums zur Zeit Ähnliches tun.
Um die Erhaltungsbedingungen von 50 Millionen Jahre alten Fossilien der weltberühmten Grube Messel (bei Darmstadt) besser zu verstehen, gruben sie die Kadaver toter Pythonschlangen des Frankfurter Zoos ein; sie verwahrten diese wenig lieblich duftenden Forschungsobjekte allerdings in erdgefüllten, geschlossenen Behältnissen.
Unserer allzeit eifrigen Jagd nach solcher Beute entging auch nicht die Kunde, dass in einem bestimmten Waldgebiet ein toter Hund vergraben worden sei. Von keinem gewöhnlichen Hund war hier die Rede, denn dessen Promenadenspezies war bei uns bereits als Skelett vertreten; ein Bernhardiner sollte es sein!
Von allen Faktoren der Verlockung sind es wohl die Dimensionen, die die größte Anziehungskraft ausüben (auch in einem richtigen heutigen Museum). Selbstredend, dass sich umgehend ein Suchtrupp in Marsch setzte, ausgerüstet mit Hacken und Schaufeln.
Das richtige Terrain war bald gefunden, und nach einigem Suchen, Rätseln und Abwägen waren wir überzeugt, am Ziel angelangt zu sein. (Hier lag, im wahrsten Sinne des Wortes, der Hund begraben!)
Ein nicht zu kärglicher, flacher Erdhügel leuchtete frisch durch die Buchenstämme. Also begannen wir der Sache regelrecht auf den Grund zu gehen. Nachdem wir die Aufschüttung abgetragen hatten, nahmen wir eine kräftige Hacke zu Hilfe, um weiter in die Tiefe zu dringen. Bald schien es uns jedoch, als lösten die Hackenschläge ein dumpfes, hohl klingendes Echo aus. Wir waren deshalb darauf bedacht, die Schläge vorsichtiger zu dosieren, doch beim nächsten Schlag war es schon zu spät!
Zischend fuhr ein scharfer, schwärzlicher, entsetzlich stinkender Strahl einer undefinierbaren Flüssigkeit aus der Grube, genau von der Stelle aus, wo jetzt ein Teil des gewaltig aufgeblähten

Bernhardinerbauches frei lag. Wir flüchteten, was das Zeug hielt, und verzichteten freiwillig auf ein Belegexemplar dieser Hunderasse.

In unseren Alkoholpräparaten befanden sich auch verschiedene Fische. Wenn ich an eine der diesbezüglichen Sammelexkursionen denke, bin ich jedes Mal versucht, einen kleinen geistigen Haken zu schlagen, weil mich der damalige Auftritt von Janos immer wieder an Mark Twains „Huckleberry Finn" erinnert.

Wir zogen an einem heißen Sommernachmittag los, zu einem Miniaturweiher, der sich in einem aufgelassenen Steinbruch gebildet hatte. Dieser Weiher war übrigens, in einer makabren Anwandlung des Volksmundes, nach einem ehemaligen Steinbrucharbeiter benannt, der sich hier ertränkt hatte. Aber das hat nicht unbedingt mit jenem Nachmittag zu tun.

Janos hielt das brüchige Oberleder seiner braunen Halbschuhe, anstelle von Schnürsenkeln, links mit roter Wolle und rechts mit Draht zusammen. Es war beileibe nicht die blanke Not, die für dieses Schuhwerk verantwortlich zeichnete. Immerhin war sein Vater einer von damals nur zwei Zahnärzten in der Umgebung. Vielmehr waren es die, wohl schon mehrfach erwähnten, familiären, weltanschaulichen Bedingungen seines nonchalanten Zuhauses, die ihm solche erstaunliche Handhabung seiner Garderobe erlaubten und um die wir ihn damals und womöglich auch heute noch heimlich beneideten oder eigentlich mehr bewunderten.

Während wir uns am Ufer unserer Strümpfe und Schuhe entledigten, marschierte er mit seiner kompletten Fußbekleidung schnurstracks in den See. Dort zog er im seichten Randbereich einen Schuh aus, warf ihn ans Ufer, streifte die Socke vom Fuß und gebrauchte diese als Fanggerät, indem er die Öffnung mit den Händen weit gespreizt hielt und behutsam durchs Wasser führte. In der Tat hatte er auf diese Weise nach einer Weile einiges aus der Fischschule herausfiltriert, die sich da im sonnendurchfluteten Flachwasser tummelte, und in ein großes Glas abgefüllt.

Eine reichliche Anzahl von Schmerlen, kleinen, bunt gestreiften Fischen, die wir im Fluss gefangen hatten, hielten wir in einem Becken im Garten. Gesellschaft leisteten ihnen etliche Teichmolche und Wasserschnecken. Die Schmerlen waren zwar reichlich mit Gräten bewehrt, doch wog ihr vortrefflicher Geschmack diesen Nachteil wieder in etwa auf. Sie waren damals, noch vor den Weißfischen, die häufigsten Bewohner des Flusses.

In dem vom bereits beschriebenen Schöpfrad mit Flusswasser gespeisten Gartenbecken waren sie jedoch bald nicht mehr so zahlreich. Obwohl wir sie zweimal wieder ergänzten, waren sie, wie auch ihre Gefährten, die Molche, stets wieder aufs Neue dezimiert. Wegen des überragenden Beckenrandes und des tiefen Wasserspiegels war die Katze vom Verdacht der Selbstbedienung auszuschließen. Auch waren in der Umgebung keinerlei verendete Insassen zu finden, die vielleicht aus dem Gewahrsam herausgesprungen wären. Wir standen vor einem Rätsel!

Die Lösung ergab sich eines Sonntagmorgens. Beim Spülen des Frühstücksgeschirrs erspähte meine jüngste Schwester durchs Fenster eine wilde Bewegung draußen im Bassin. „Da! Da ist was im Wasser!", rief sie, und ich rannte hinaus, so schnell ich konnte.

Eine Schlange schwamm dort. Nie hatte ich eine Schlange dieser Länge bei uns gesehen! Sie hatte Mühe, den Abstand zwischen Wasserspiegel und überragendem Rand zu überwinden. Das gab mir Gelegenheit, in die Scheune zurückzulaufen und einen alten Sack zu ergreifen. Die Schlange war noch da, und Janos auf mein Rufen inzwischen zu Hilfe geeilt. Jetzt sahen wir, dass sie, trotz der von uns ausgehenden Bedrohung, noch immer einen Molch quer im Maul hielt, den sie nicht losließ. Wir warfen den Sack darüber, packten kräftig zu und zogen sie heraus. Dabei rettete sich der Molch lebend in die Freiheit.

Die Schlange deponierten wir in einer großen alten Milchkanne und verschlossen diese mit einer Steinplatte. Es war natürlich klar, dass die Haut dieser Jagdbeute schon unserer Sammlung verfallen war.

Von seinem Vater, dem Zahnarzt, besorgte Janos eine Sprühampulle mit 250 ccm Äther. Davon entleerten wir etwa die Hälfte in die Milchkanne, die sich durch die Verdunstungskälte alsbald innen wie außen mit einer dicken Reifschicht überzog. Als wir nach einer halben Stunde vorsichtig die Steinplatte lupften, bewegte sich die Schlange immer noch, wenn auch im Zeitlupentempo. So sprühten wir denn die restliche Äthermenge in die Kanne und fanden nach einer Stunde das Reptil so hart gefroren, dass man es hätte in Stücke brechen können.

Erst nach dem Auftauen wagten wir eine nähere Begutachtung, stellten fest, dass es sich um eine Ringelnatter handelte, und maßen eine Länge von 1,1 Meter.

Die eigentliche Überraschung ergab sich jedoch beim Enthäuten. Die verdächtige Ausbuchtung, etwa genau in der Mitte der Schlange, entpuppte sich als eine unserer vermissten Schmerlen. Außer einer geringen Zersetzung der Schwanzflosse war sie noch nahezu unversehrt erhalten.

Von da an gab es im Wasserbecken des Gartens keine unerklärlichen Verluste mehr.

Ein anderes Mal machten wir Jagd auf den Großen Gelbrandkäfer. Der war ein kräftiger, flotter Schwimmer und Taucher und ein kühner Räuber in Tümpeln und Teichen, der es selbst mit kleineren Fischen aufnahm.

Der Platz, an dem wir ihm nachstellten, war ein kleines abgeschlossenes Paradies, wie ich es seither nirgends mehr fand. Eigentlich war der Tümpel mitten im Wald die meiste Zeit trocken gelegen oder auf einzelne größere Pfützen beschränkt. Doch lag er so versteckt und unzugänglich, dass er nahezu ungestört blieb.

Da gab es zahllose Insekten, darunter seltene Käfer, wie verschiedene Libellenarten und eine Menge Spinnen, Schlangen und Vögel. Eine Weile befassten wir uns intensiv mit der geheimnisvollen Köcherfliege, die dort ebenfalls vertreten war und von deren abenteuerlichen Gehäusekonstruktionen wir aufwendige Detailzeichnungen anfertigten.

Als wieder einmal der größte Teil des Tümpels trockenlag, sauste bei unserem Herumstöbern doch plötzlich ein aufgeschreckter wilder Hamster vor uns her! Noch bevor unsere Verwunderung über diesen seltenen Gast abgeklungen war, verschwand er in einem alten Zinkeimer, der, liegend, nur noch zum kleineren Teil aus dem Sand ragte. Wir schlichen uns an, Janos fasste blitzschnell in den Eimer, fuhr jedoch noch schneller mit einem Schmerzensschrei zurück. Ein heftig blutender Zeigefinger zeugte von einem wehrhaften Verteidiger und die Angreifer zogen sich zurück.

Regelrechte Jagdszenen spielten sich ab, als wir den Wasserratten nachstellten. Wer sie nicht, wie wir, von Kindesbeinen an erlebt hat, mag vielleicht nicht glauben, wie groß diese Tiere werden können.

Aus der Zeit, in der unsere naturkundlichen Ambitionen noch schlummerten, waren wir gut vertraut mit ihnen. Sie waren ja recht scheu, stets misstrauisch und von äußerster Aufmerksamkeit, diese flinken und überaus wendigen Gesellen. Gelang ihnen beim Zusammentreffen mit uns nicht die augenblickliche Flucht in eines ihrer zahllosen Schlupflöcher in der Flussböschung, so setzten sie sich, je nach Bedarf schwimmend oder tauchend, in Windeseile ab, denn sie hatten auch unter der Wasseroberfläche Zugänge zu ihren Bauten im Uferbereich angelegt.

Überrascht und in die Enge getrieben, kannten sie keine Furcht, sondern gingen, auf den Hinterbeinen aufgerichtet, mit bleckenden Schneidezähnen, in Stellung. Schlug man mit einem Stock, einem Gartengerät oder was sonst gerade greifbar war nach ihnen, so wichen sie blitzartig aus. Dann konnte es geschehen, dass sie den Angreifer, mit enormer Schnellkraft anspringend, bedrohten und erschreckten.

Ein andermal war uns eine Ratte durch einen Sprung in eine Abwasserröhre entwischt, die sich ungefähr einen Meter über der Wasseroberfläche befand. In diesem Augenblick waren wir gerade als Krieger unterwegs gewesen, unter anderem mit einem langen Schleppsäbel, der Hinterlassenschaft eines ehemals bayrischen Dragoners und Hausbewohners. Mit dieser Waffe fuhr der Vetter in das Rohr, um der geflüchteten Ratte zu Leibe zu rücken. Doch was geschah?

Das Tier nahm die Herausforderung ohne Zögern an. Es verließ die Röhre auf direktem Wege und nahm die Säbelklinge dankbar als Brücke an, indem es nicht nur behänd über sie tänzelte, sondern von hier auch weiter, in Verlängerung, über den ausgestreckten Arm auf die Schulter des Vetters. Von dort genügte ein galanter Kopfsprung in den Fluss, um einen erstarrten Vetter, nebst Gefolge, staunend und schaudernd zurückzulassen.

Das waren, wie gesagt, Erlebnisse in noch jüngeren Jahren.

Größer und kecker geworden, mit verfeinerten Jagdmethoden, war unsere Pirsch dann eine andere.

Wir lauerten im flachen Boot (im schon beschriebenen umfunktionierten Rettungsschlitten) zur Dämmerungszeit den Ratten auf. Getarnt waren wir durch den zusätzlichen Schatten der Brücke, wo wir, unter strengem Schweigen, vor Anker lagen und mit dem Luftgewehr auf unsere Beute ansaßen.

Da kam sie schon, geräuschlos, kaum an einer leichten Kräuselung der Strömung wahrnehmbar, den Fluss herunter. Janos legte an, visierte und schoss. Die Ratte sprang wie eine Feder frei aus dem Wasser, vielleicht vierzig Zentimeter hoch, in ein dickes Abflussrohr. Wir blieben im Hinterhalt, unbewegt lauernd, gespannt wie das Gewehr zum neuen Schuss.

Da, ein schriller Pfiff! Eine Ratte am Rohrende! Ein Fehlschuss. Die Ratte im Wasser zieht heftig, halb getaucht, flussabwärts. Ein zweiter Schuss. Die Ratte wirft sich herum, erstarrt in der Drehbewegung, treibt leblos an der Oberfläche weiter. Wir lösen uns mit dem Boot aus dem Schatten, stoßen scharf auf die treibende Beute und nehmen sie auf.

Ja, so war das damals mit der Wasserrattenjagd. Als wir uns jedoch anschickten, die Jagdbeute zu präparieren, gab es einige Überraschungen. Zuerst stellten wir beim Öffnen des Körpers fest, dass ein Schuss genau das Herz durchschlagen hatte. Beim Enthäuten wurde dann ein tiefsitzender Streifschuss sichtbar, der unterhalb des Nackenbereichs das Rückgrat bis auf die Knochen geschürft hatte.

Die Rekonstruktion des Jagdverlaufs ergab Folgendes: Der erste Schuss hatte das Ziel verfehlt. Das Tier war in die Abwasserröhre geflüchtet, die jedoch schon von seinesgleichen bewohnt war. Von den rechtmäßigen Einwohnern verfolgt und wohl auch gebissen (der schrille Pfiff), war es zum Ausgang geflüchtet und vom zweiten Schuss am Rücken gestreift worden. Erst der dritte Schuss ins Wasser hatte es zur Strecke gebracht.

Unvermutet war jedoch der Zustand des Balgs. Er wies zahlreiche, teils blutige Kahlstellen auf und war, zum Schaudern, übersät mit Parasiten. Dazu stank er penetrant. Zu guter Letzt waren wir froh, dass uns das arg lädierte Fell ausreichend Grund bot, auf die Präparation zu verzichten.

Mit der Zeit weitete sich unsere naturwissenschaftliche Betätigung folgerichtig über das reine Sammeln und Beschreiben hinaus aus.
Wir legten uns einige weitere Bücher zu, manche wurden uns auch geschenkt, und lasen uns Allgemeines wie auch Spezielles an. Insbesondere schöpften wir aus einem gewaltigen Berg alter „KOSMOS"-Hefte, die eine Mieterin auf dem Dachboden unseres Hauses zurückgelassen hatte und deren älteste Exemplare aus dem Jahre 1907 stammten. Weiter beschafften wir uns verschiedene Gerätschaften und Chemikalien sowie Messtischblätter der Umgebung. Auf den Karten wurden die Vorkommen der verschiedenen Gesteins-, der Pflanzen- und Tierarten, die sich in unserer Sammlung befanden, mit farbigen Glaskopfstecknadeln markiert.
Alsbald begannen wir auch einen regen Schriftverkehr mit den verschiedensten Personen, Institutionen, Verlagen und Händlern aufzunehmen. Eine Erfassung der Vogelarten und -populationen eines festgelegten Gebiets wurde während verschiedener Zeiträume vorgenommen und an die nächstgelegene Vogelschutzwarte weitergegeben.

Noch bei seinem Besuch hatte der Biologie- und Chemielehrer diskret die Frage aufgeworfen, ob eine derart intensive Beschäftigung mit der Naturkunde unseren übrigen schulischen Leistungen nicht vielleicht abträglich sein könnte. Dieser Wink mit dem Zaunpfahl kam, mit unterschiedlicher Bedeutungsschwere für den Einzelnen, sicher nicht von ungefähr. Doch hatte, was den Biologieunterricht betraf, inzwischen eine junge Lehrerin dieses Fach übernommen. Sie gefiel uns, es sei zugegeben, insbesondere ihrer aufregenden Proportionen wegen, und wir versuchten ihr zu gefallen, indem wir, wenigstens in diesem Fach, zur Note eins gelangten.

Als Janosens Eltern auszogen, löste sich nicht nur die Sammlung, sondern auch die Interessengemeinschaft auf, was sicher auch eine Folge der letzten Pubertätsstufe war. Fast hätte ich gesagt, die Sammlung „löste sich in nichts auf". Aber das hätte dann doch nicht ganz gestimmt.
 Tagelang waren wir damit beschäftigt, die Bestände aufzuteilen, je nach Interessensgrad und Besitzanspruch. Nicht alles fand einen Abnehmer. Manches wurde in Kisten verpackt, anderes mit großer Überwindung weggeworfen.
 Ich selbst übernahm im Wesentlichen die Gesteine, Mineralien und Fossilien. Noch heute trauere ich zwei Stücken nach, die in den Besitz von Janos übergingen: ein eiszeitlicher Pferdezahn und eine der seltenen Buntsandsteinmuscheln.
 Bei Janos blieben vor allem die Tierpräparate, und der Vetter begnügte sich mit einigen wenigen Teilen.
 Und dann?
 Tja, dann ging es ab, über das Neutrumsstadium der Nachpubertät geradewegs in das Erwachsenenleben.
 Und was ist aus den Sammlungsobjekten geworden?
 Ich weiß es nicht. Das heißt, ich weiß es nur, was den Teil betrifft, der bei mir verblieb.
 Die Gehörne gingen zum Teil, zusammen mit der Grizzlykralle, an einen verwandten Trophäensammler über die innerdeutsche Grenze. Dort hingen sie, bis zu seiner Ausbürgerung in den Westen, kurz vor der sogenannten Wende, in der obligatorischen Datscha, neben dem offenen Kamin, an der Wand; kein schlechter Platz im Vergleich zur Mansarde! Mit einheimischen Schaustücken bildeten sie sozusagen eine gesamtdeutsche Einheit. Als bemerkenswert ist vielleicht hierzu abschließend noch zu erwähnen, dass die auch in unserer Jugend so begehrte Bärenkralle beim hochoffiziellen und -bürokratischen

Grenzübertritt wohl noch einen beamteten Liebhaber fand und somit im Osten verblieb; jedenfalls war sie in der verplombten Kiste nicht mehr enthalten.

Zu den Opfern des Nationalsozialismus waren nun solche des Sozialismus hinzugekommen und die Grizzlykralle den politischen Umständen zum Opfer gefallen. Hatte Hitler das rosa Kaninchen gestohlen (Kerr: „Als Hitler das rosa Kaninchen stahl"), so hatte dies Honecker jetzt mit der schwarzen Kralle von Meister Petz getan.

Verschiedene „eingemachte" Reptilien fanden irgendwann die Zuneigung eines Neffen, dies zum Entsetzen seiner Mutter.

Was aber ist aus den Sammlern und Jägern geworden, den Jüngern der Wissenschaft?

Nun, der Vetter hat, auch noch als erwachsener Mann, hin und wieder nicht widerstehen können, da oder dort etwas aufzulesen, was er des Mitnehmens für wert hielt. Einmal blieb er mit einem großen, auf den Rucksack geschnallten Elchgeweih in einer norwegischen Zugtür hängen. Ein andermal nahm er einen Schafschädel mit nachhause, den wir, während einer Islandreise, an den Kühler unseres Geländewagens gebunden hatten. Und vor nicht allzu langer Zeit nahm er den Balg eines prächtigen Greifvogels aus dem Walde mit nachhause, wo er ihn als Jogger gefunden hatte. Ehrensache, dass er ihn, nach offizieller Fundmeldung beim Forstamt und entsprechender Erlaubniserteilung, präparieren ließ.

Janosens Spur verlor sich alsbald. Das Letzte, was ich von ihm hörte war, dass er in einem biotechnischen Institut arbeitete. Zu meiner großen Freude gelang es mir viel später, ihn wieder ausfindig zu machen und Kontakt zu ihm aufzunehmen.

Und ich selbst?

Ich kam von der Geologie nicht mehr los! Nicht nur, dass ich den damaligen Grundstock an Gesteinen, Mineralien und Fossilien mittlerweile beträchtlich vermehrt habe. Auf die weitere Beschäftigung mit rezenten, also heute lebenden Pflanzen und Tieren wollte ich dabei freilich auch nicht ganz verzichten. So erfreuen sich jetzt, nach der Systematik des Tier- und Pflanzenreiches geordnet, unter anderem Strandfunde heute lebender Muscheln und Schnecken der verwandtschaftlichen Nähe, die ihre Plätze neben versteinerten Familienmitgliedern in den Vitrinen belegen. Vermehrt wurden auch die Kontakte mit Sammlern und Wissenschaftlern, mit Museen und Organisationen im In- und Ausland. Vermehrt hat sich seither auch die stattliche Zahl der Fachbücher, der Zeitschriften und Ordnerreihen mit einschlägigem Inhalt. Gewachsen sind dabei auch Bestände der Lichtbilder vieler Reisen, ihrer geologischen Aufschlüsse und Funde. Zahlreich sind inzwischen auch meine Vorträge und Exkursionen, die mit diesem faszinierenden Gebiet verbunden waren.

Und ein klein wenig durfte ich dabei auch, gar nicht so selten, die übrige Naturkunde streifen, die uns damals so fasziniert hatte.

Kriegsware(n)

Der große Krieg war vorüber und hatte einige(s) zurückgelassen. In der Stadt mehr Trümmer, bei uns auf dem Lande mehr andere Dinge.

Bei uns auch uns, die Kinder des Krieges, von denen die weitaus meisten überlebt hatten. Diese Kriegsware war noch sehr, sehr neu damals, kaum der Fronturlaubsproduktion entwachsen.

Das Wahrnehmungsvermögen dieses Jugendstadiums war noch durch einen besonderen, natürlichen Schutzfaktor begrenzt. Die Folgezeit hat im Übrigen, mit dem gleichen Mechanismus wie bei den Erwachsenen, nur noch viel wirksamer (bei Kindern heilen Wunden bekanntlich schneller), ihren Teil zum Vergessen, oder doch zumindest Verschleiern, beigetragen. Meist sind es nur ganz bestimmte, für die kindliche Wahrnehmung spektakuläre Ereignisse, die in der Erinnerung haften blieben. Und die etwaige zeitliche Einordnung ist, so überhaupt, nur im Nachhinein möglich.

Meine späteren Spielkameraden kannte ich vor Kriegsende nicht einmal.

Der Vetter im Schloss, zum Beispiel, war ja zwei Jahre jünger als ich. Von Janos weiß ich nicht, wie er der Hölle Dresdens entging. Der Sohn des Nachbarn, dem man den gleichen germanischen Vornamen verpasst hatte wie mir, zog mit seiner Familie erst später unters Dach des Nachbarhauses, nämlich als die alte Wohnung seiner Eltern von den Franzosen beschlagnahmt und sein Vater, der Jugendführer, in Haft genommen wurde. Auch wann die Familie der beiden ostpreußischen Brüder auf abenteuerliche Weise aus ihrer Heimat geflohen war, kann ich nicht sagen. Doch weiß ich von dem Sohn des Arztes, dass dieser mit seinen Leuten noch vor Kriegsende als „Rücksiedler" über die elsässische Grenze zu uns kam.

Wie überhaupt viel im Dunkeln und in den Wirren frühkindlicher Erinnerung blieb oder auch später aus Berichten der Älteren

Übernommenes und Selbsterlebtes nicht immer eindeutig zu trennen waren.

So dürften die Szenen, in denen ich auf dem Schoß der Tante, zwischen den nur optisch Schutz bietenden Flurwänden des Elternhauses, so manche Fliegerangriffe verschlief, zum Teil eher gefühlsmäßig nachempfunden sein.

Unsere Türen und Fenster waren nämlich nach korrekter Landesart immer einander genau gegenüberliegend, von Wand zu Wand, durch den Flur hindurch, angeordnet. Dadurch konnte es passieren, dass die Bordgeschosse der Tiefflieger auf der Fensterseite eines Raumes eindrangen, durch die Tür hinaus den Flur überquerten, in der gegenüberliegenden Tür einschlugen und das Haus durch das Fenster des anderen Raumes wieder verließen.

Schutz zwischen den türfreien Abschnitten des Flures suchten wir nur dann, wenn die Fliegerangriffe so überraschend kamen, dass es zur Flucht in unseren Keller nicht mehr reichte, denn der befand sich im Nachbarhaus. Stets fiel ich bei solchen Gelegenheiten in einen augenblicklichen tiefen und instinktiven Schutzschlaf, aus dem ich erst wieder erwachte, wenn die Gefahr vorbei war, gleich einem Käfer, der sich tot stellt.

Nur einmal funktionierte das nicht, als ich nämlich durch das anhaltend schrille Schreien einer Frauenstimme aus dem Nachbarhaus geweckt wurde und gleichfalls in heftigstes Weinen verfiel. Eines der Mädchen in der dort befindlichen Telefonzentrale der Post hatte soeben die Nachricht erhalten, dass seine Schwester, nicht weit entfernt, bei dem Fliegerangriff ein Bein verloren habe.

Dunkel, im wahrsten Sinne des Wortes, erinnere ich mich auch an den Keller im Nachbarhaus. Dunkel war er im gleichzeitig abenteuerlichen wie anheimelnden Kerzenlicht. Er war recht hoch und geräumig, hatte Tonnengewölbe aus Backstein und zwei dicke quadratische Pfeiler in der Mitte. Die wenigen Insassen verloren sich in dem Raum. Erst später waren wir mehr, als ausgebombte oder flüchtende Familien bei uns einquartiert waren. Da wurde es im Hause mehr als eng, aber im Keller verlor man sich immer noch.

Der Wechsel vom Wohnhaus zum Keller hatte ja möglichst schnell zu erfolgen, was mit Übung (die uns der Feind reichlich verschaffte) und Disziplin auch bald zur gut eingespielten Routine wurde. Es waren die stets gleichen Handgriffe, welche die Mutter und die älteren Geschwister den großen Spirituskocher, bestimmte Töpfe und Geschirr sowie die Schulranzen mit dem Brot (soweit vorhanden), dem Eingemachten, Kartoffeln und was es sonst gerade Nahrhaftes gab, packen ließen, nicht zu vergessen die Kerzen und die Zündhölzer. Manchmal wurde auch ein Gericht vom großen Küchenherd gezogen, das seine provisorische Vollendung dann im Keller erfuhr.

An verschiedene aufregende Begebenheiten erinnere ich mich, die diese gleichförmige Routine unterbrachen.

Einmal stürzten, während der Fliegerangriff bereits begonnen hatte, zwei deutsche Soldaten in den Keller, was unter den Anwesenden sogleich zu heftigen Diskussionen Anlass gab, weil einige dies als ernsthafte Gefährdung der Zivilisten betrachteten und lauthals protestierten. Die beiden jungen, abgerissen und gehetzt wirkenden Männer wollten sich schon, gleich geprügelten Hunden, wieder davonschleichen, als sich der Zuspruch eines solidarischen Teils der Insassen stark machte und ihr Verbleiben erwirkte. Man bot ihnen eine Erbsensuppe an, die sie schüchtern dankbar annahmen. Hastig löffelten sie, schon waren sie wieder draußen.

Ein anderes Mal war die Aufregung weit größer. Zwei Buben fehlten noch, mein Bruder und der Sohn einer bei uns einquartierten Familie. Der Angriff hatte bereits begonnen und die Mütter waren aufs Höchste erregt und hilflos zugleich. Da stürmten die Überfälligen herein und schlugen krachend die Tür zu, während die Jagdflieger noch hinter ihnen herschossen (die Geschossspuren waren noch lange Zeit an der Sandsteintreppe des Nachbarhauses zu sehen). Alle Beteiligten, insbesondere die älteren Männer, stimmten vorwurfsvoll in eine eindringliche Belehrung ein, doch überwog bei den Frauen der freudige Schreck.

Wehklagen und Jammern wurde zu einer anderen Gelegenheit laut, als man, nach der Entwarnung, aus dem Keller trat und lodernde

Flammen samt Rauch gewahrte, die aus dem Kamin unseres Hauses aufstiegen, obwohl der Herd kalt war. Doch weilte zu dieser Zeit gerade ein alter Frontsoldat auf Heimaturlaub mit im Keller, der die Gemüter rasch mit der Erklärung besänftigte, dass es sich hier lediglich um einen Kaminbrand handele. Dieser war durch Leuchtspurgeschosse der Jagdflieger entstanden, die den Ruß entzündet hatten. Tatsächlich erlosch auch das Feuer nach kurzer Zeit wieder von selbst.

Die ganze wahnsinnige Logik des Krieges aber offenbarte sich in einer routinemäßigen Prozedur, die nach jedem Tiefliegerangriff einsetzte. Wenn der aufs Dach trommelnde Hülsenregen, der uns so manche Ziegel zerschlug, abgeebbt war, sammelten wir eifrig die überall verstreuten großen Messinghülsen der Bordkanonengeschosse auf, um sie beim Bürgermeisteramt abzuliefern, auf dass man selbst wieder genügend Munition produziere, um bei diesem Geschieße auch ausreichend mithalten zu können.

Der beim Kaminbrand erwähnte Mann und ein zweiter Fronturlauber waren es übrigens, die zu jener Zeit sogar dem Feind Gutes taten, ja ihm sogar möglicherweise das Leben retteten.

Das war, als wir wieder einmal aus dem Keller kamen und, nach oben schauend, eine Menge von Trümmern am Himmel sahen, die in weitem Bogen torkelnd, purzelnd und wirbelnd am Himmel trieben. Dazwischen gewahrten wir einen bemannten Fallschirm, der in nicht allzu großer Höhe rasch ostwärts abtrieb. Die beiden Urlauber rannten, mit Blickkontakt zu dem schnell sinkenden Schirm, das Wiesental hinauf, etwas über einen Kilometer weit, in größerem Abstand gefolgt von Frauen und Kindern, die nicht Schritt halten konnten. Das Ganze kam aber erst, noch um einiges weiter entfernt, an der Friedhofsmauer hinter dem Nachbarort zum Stehen, wo wehrhafte Einwohner mit ihren traditionellen Waffen, wie Knüppeln, Mistgabeln und Hacken, den niedergegangenen Flieger umzingelt hatten.

Der Flieger gehörte einer amerikanischen Jagdbomberbesatzung an, die von der deutschen Flak abgeschossen worden war. Er war als Einziger mit den Trümmern heil heruntergekommen und lehnte jetzt, bleich, mit durchschossenem Oberarm, an der Mauer. Wie unter Schock, dumpf vor sich hin starrend, rauchte er eine Zigarette und nahm wohl kaum war, was sich da um ihn zusammenbraute.

Hier stand man erstmals im Hinterland dem Feind Auge in Auge gegenüber und hatte, während man sonst seinen Flugzeugen ohnmächtig ausgeliefert war, die einmalige Gelegenheit, aktiv in die Auseinandersetzung einzugreifen, und dies, so wie der Fall hier lag, sogar mit guter Aussicht auf Erfolg, auf Sieg! Wehe dem, dessen der Volkszorn habhaft wird! Den Fronturlaubern gelang es nur durch mühsames Taktieren, Zeit zu gewinnen und das drohende Lynchen aufzuhalten. Wäre nicht ein Gendarm aus unserem Dorf noch rechtzeitig mit dem Fahrrad zu Hilfe gekommen, die Sache wäre wohl übel ausgegangen – letztlich auch für alle Beteiligten.

Unser Keller war nur ein Souterrainkeller, dessen Schutzwirkung, beim Einsatz schwerer Kaliber, mehr moralischer denn physischer Art gewesen wäre. Deshalb versammelten wir uns, als wir in den letzten Kriegstagen in die vordere Kampfzone einbezogen wurden, mit vielen anderen für zwei Tage in den Gewölben des Schlosses.

In Anbetracht des unmittelbar bevorstehenden Feindeinmarsches war nämlich von unseren Leuten Artilleriebeschuss angekündigt worden. Der fand dann auch tatsächlich am zweiten Tag im Verlauf des Nachmittags statt. Obwohl nur von den Höhen im Norden, über das Dorf hinweg, geschossen wurde, versetzten die nie so nah gehörten Detonationsfolgen eines für uns im Keller unsichtbaren Kampfes alle in Angst und Schrecken. Einige beteten laut, andere saßen wie gelähmt da. Kinder schrien und die Frauen versuchten sie zu beruhigen. Doch war es mehr ein hektisches, verzweifeltes Lamentieren, was ihnen in der allgemeinen Enge und dem Wirrwarr dieser Stunden gelang.

Hinzu kam, dass, bedingt durch die stark unterschiedliche Versorgungslage der Kellerinsassen, die Stimmung nicht gerade freundlich war. Es blieben den Schutzsuchenden nämlich nicht die für jene Tage beneidenswerten Vorräte des zwangsweise zum Herbergsvater gewordenen Schlosseigners verborgen. Der Mensch lebt zwar bekanntlich nicht von Brot allein, aber mitunter schon, wenn er nichts anderes hat. Deshalb stachen die in Regalen aufgereihten Brote, von denen der Hauseigentümer behauptete, sie seien Eigentum des ebenfalls in den Keller geflüchteten Bäckers, durchaus ins Auge. Der Bäcker seinerseits stellte das anders dar. Doch was blieb, war die Unzufriedenheit derjenigen, die zwar viele hungrige Mäuler, jedoch nicht genug Brot hatten und die nicht einsehen mochten, warum so wenige Leute so viele Laibe für sich horteten.

Am späten Abend es zweiten Tages ließ der Beschuss nach und hörte schließlich ganz auf. Dann, nach einer endlos scheinenden Weile beklemmender Stille, näherte sich allmählich ein immer bedrohlicher näher rückender, zuletzt infernalischer Lärm aus Dröhnen und Rasseln, der bis zu uns hinunterdrang und die Mauern erzittern ließ.

Und schon sprang es wie ein Lauffeuer durch die Menge: „Die Alliierten rücken ein!"

Die Mutigen und auch die Neugierigen wagten sich vorsichtig nach droben und draußen, und auch wir waren dabei.

Das Bild, das sich uns bot, war von schrecklicher und gleichzeitig fremdartiger Faszination – fast unwirklich. Riesige Stahlungetüme klirrten in endloser Kette, nur durch einen schmalen Vorgartenstreifen von uns getrennt, vorbei. In den offenen Turmluken saßen leibhaftige Neger, die noch nicht Farbige hießen und die man bislang nur in Bilderbüchern gesehen hatte, und ließen ihre weißen Zähne in der Dunkelheit blitzen. Sie warfen, nach Laune, Schokolade und Kaugummi in unsere Richtung oder beliebten auch, vom Turm her, übel scherzend, ihre Maschinengewehre gegen uns zu schwenken.

Wir, nachdem wir uns annähernd gefasst hatten, klaubten euphorisch die Kostbarkeiten, mit denen uns der Feind so unvermutet bedacht hatte, von der Erde und bargen sie in unserer Kleidung.

Keiner sprach ein Wort. Alle waren mehr oder minder mit einem Bein wieder zur Flucht in den Keller bereit.

Das also war der gefürchtete Feind, das war das Ende des Krieges! Wir hatten überlebt!

Doch spielte sich auch bei uns der Krieg nicht nur im Keller ab. Bevor er so glücklich für uns endete, gab es andernorts noch einige Zwischenstationen, die in der Erinnerung haften blieben.

Den wesentlichen Eindruck verschaffte mir, unbestritten, ein längerer Aufenthalt bei den Großeltern, die in einer Kleinstadt, nahe der französischen Grenze, auf einer Anhöhe, hoch über dem Tal, wohnten.

Von hier war, talwärts, das Geschehen wie auf einer Bühne zu beobachten, wobei wegen der Distanz selbst der Geräuschpegel in einem ferneren, gedämpften Niveau verblieb.

Dort stand ich, nicht weit vom Haus der Großeltern, bei meiner Tante, mit dieser am Fenster und beobachtete einen Luftkampf zweier deutscher Jäger mit einem feindlichen Bomberpulk und deren Begleitschutz. Die Jäger umschwirrten den feindlichen Verband mit hoher

Geschwindigkeit in immer neuen Anläufen, als es plötzlich einen fernen, dumpfen Schlag gab und sich von einem der Bomber eine Fontäne kleiner und kleinster Trümmer löste.

Übrig geblieben waren nur noch der Rumpf ohne Heck, mit einer vollständigen Tragfläche und einem Tragflächenstummel. Dichter schwarzer Qualm zog in einer mächtigen Wolke aus dem Torso, der trudelnd nach unten torkelte, und zwar genau auf unser Fenster zu.

Wir rannten aus dem Haus, um unser Leben, die eine Straße hinunter, die andere hinauf, ins Haus der Großmutter, in Sicherheit, wie wir glaubten. Doch ein Blick aus dem Fenster „überzeugte" uns, dass der Absturz nun wiederum genau auf uns zuhielt. Bewegungsunfähig starrten wir dem unausweichlichen Schicksal entgegen, doch es dauerte und dauerte und das Schreckensgebilde kam nicht näher.

Erst allmählich wurde uns bewusst, dass unsere Einschätzung der Lage wohl nicht ganz gerecht wurde, das heißt unsere Perspektive wohl trügen musste, und wir beobachteten die Entwicklung des Szenarios, um eine Spur weniger hoffnungslos, weiter.

Wer hat zu solchen Gelegenheiten sein Zeit- und Raumgefühl noch unter Kontrolle? Ich vermag heute beim besten Willen nicht mehr zu sagen, und vermutlich hätte es keiner von uns damals gekonnt, wie lange wir das mörderische Schauspiel noch beobachteten, bis wir gewiss waren, dass das brennende Wrack sich in weitaus größerer Höhe befand, als es für uns den Anschein gehabt hatte, und dass es sich sogar eher von uns weg- als auf uns zubewegte. Das setzte sich noch eine ganze Weile so fort, bis es, kilometerweit entfernt, mit einem dunklen Rauchpilz in einem größeren Waldgebiet niederging.

In den nächsten Tagen war zu erfahren, dass es sich um einen kanadischen Bomber gehandelt hatte und alle sechs Mann der Besatzung verkohlt in der Maschine gefunden worden waren. Die dumpfe Detonation, die dem Absturz vorausgegangen war, rührte von einem Flaktreffer her, der von einer etliche Kilometer entfernten Burgruine aus, mitten zwischen Freund und Feind gesetzt, den „Richtigen" getroffen hatte. Welches Vabanquespiel!

Noch grausamer war mitzuverfolgen, wie weit unten auf der Straße, im Tal, eine deutsche Truppenkolonne bombardiert und beschossen wurde. Die Marschformation der Fahrzeuge war auf der engen, gewundenen Straße recht dicht und bunt gemischt, aus LKWs, Kübel- und sogar Pferdewagen. Einige Planen waren mit dem roten Kreuz gekennzeichnet und dieser einigermaßen erbärmliche Zug bewegte sich nur mühsam vorwärts.

Die Einschläge der im Tiefflug angreifenden Jagdbomber fielen exakt, wie an einer Kette gereiht, auf das schmale Band der Straße, gleichmäßige Trichter hinterlassend, ungeachtet der zuvor an ihrer Stelle befindlich gewesenen Gefährten, Menschen und Tiere. Die Bordkanonen der folgenden Welle perforierten das bereits wüst gelöcherte Band der Marschkolonne noch einmal mit filigranen Linien der Länge nach. Es brannte, rauchte, explodierte und die Großmutter hielt mir die Augen zu.

Dieses Städtchen erlitt das Schicksal, etwas später eingenommen zu werden als unser Dorf und hatte deshalb noch etwas länger zu leiden.

Den ersten feindlichen Vorstoßversuch auf die Stadt erlebte ich auch von Großmutters Küchenfenster aus.

Da erschienen an einem strahlend hellen Frühjahrstag mehrere Panzer und ein Panzerspähwagen auf der gegenüberliegenden Höhe, jenseits des Tales. Die Panzer verhielten, nur noch knapp sichtbar, hinter dem Höhenrücken, während der Panzerspähwagen über den Kamm hinweg ein Stück hangabwärts vorzog. Aus diesem Fahrzeug stieg ein einzelner Soldat aus, trat ein paar Schritte seitlich nach vorn und begann mit seinem Fernglas die gegenüberliegenden Höhen, also das Gebiet hinter uns, abzusuchen. Wie Spielzeug mutete dies alles an und erinnert mich jetzt, beim Rückblick, peinlich an Szenen, die wir später so leidenschaftlich (!) mit unseren Blei-, Zinn-, Holz- und Gipssoldaten nachspielten.

Plötzlich ein dumpfer Knall, ein Aufspritzen von Erde und größeren Blechfetzen, verbunden mit Rauch und blassem Feuerblitz.

Das zuvor beschriebene Bild war wie weggewischt, ersetzt durch einen kleinen, ebenmäßigen Trichter in der Erde, in dessen Umkreis größere Wrackteile aus dieser Entfernung kaum erkennbar waren. Als sich binnen Augenblicken der Rauch verzogen hatte, waren auch die hinter der Kuppe lauernden Panzer verschwunden.

Bald danach waren für den Rest des Tages fortlaufende, schwere Explosionen vom Stadtrand her zu hören. Es hieß, unsere Truppen seien dabei, den eigenen Fuhr- und Geschützpark im Fußballstadion der Stadt zu sprengen.

Dies geschah auch in der Tat, allerdings jedoch nur teilweise, wie man sich noch knapp zwei Jahre danach überzeugen konnte. Wir Buben wussten uns dann oft nicht zu entscheiden zwischen der Verfolgung des Spielgeschehens auf dem Fußballplatz und der Möglichkeit, die sich nur an Heimspieltagen ergab, in dem ganzen Gerümpel herumzusteigen, das noch immer um das Spielfeld drapiert war.

Die Amerikaner rückten jedoch erst über eine Woche nach dem Verlust ihres Panzerspähwagens in die Stadt ein. Doch wurde schon bald darauf, wie nach und nach in der ganzen Region, die Ablösung der Amerikaner durch die Franzosen angekündigt.

Furcht ging um. Die provisorische Stadtverwaltung erließ Order, alle in Zivilbesitz befindlichen Waffen und optischen Geräte bei einer Sammelstelle abzuliefern, unter Androhung empfindlicher Strafen, im Falle der Weigerung, versteht sich.

Großvater war ja aus dem 1. Weltkrieg bewaffnet nachhause gekommen. So war es, bei allen schlimmen Erwartungen und bei allen entsetzlichen Prophezeiungen der Großmutter, für ihn undenkbar, sich nun doch noch vom „Erbfeind" entwaffnen zu lassen. Also versteckte er sein Bajonett in einem großen Stapel von Tonröhren unter dem Hühnerstall. Seinen Karabiner fettete er dick ein, wickelte ihn mehrfach in Ölpapier und versenkte ihn im Wasser der trüben Regentonne hinter dem Haus. Ich fand diese Verstecke miserabel, doch besaß ich in diesem Gremium kein Stimmrecht.

Einzig seine entschärften Granatenblindgänger, die er im Tornister von Flandern nachhause geschleift hatte, ließ er offen im Kellerregal stehen. Auch diverse soldatische Erinnerungsfotos und die großen Muscheln und Schnecken von Ostende hielt man für unbedenklich.

In der Zeit, die ich zusammen mit meiner älteren Schwester bei den Großeltern verbracht hatte, fuhren wir bisweilen mit dem Zug zu unserem doch für damalige Verhältnisse recht weit entfernten Heimatort.

Die Erinnerung an diese Fahrten wird nur noch spärlich von den Flammen der brennenden Häuserzeilen und ganzen Straßenzüge, in der Umgebung des Umsteigebahnhofs der Stadt, nicht weit von unserem Dorf, erleuchtet. Der Bahnhof war zu der Zeit schon länger zerstört. Was mich jedoch noch mehr beeindruckte als das Ausmaß der Zerstörung war die Tatsache, dass in diesem Inferno bereits wieder eine Vielzahl geräumiger Baracken errichtet war, in denen der Bahnbetrieb weiterging, als wäre nichts, oder doch nicht allzu viel, geschehen.

Selbstverständlich fuhren die Züge nicht mehr nach Fahrplan und eine Bahnfahrt war wirklich eine Sache auf Leben und Tod, weil die Züge unterwegs immer wieder von Flugzeugen angegriffen wurden. Dann hielt der Zug an, wo immer das war, und die Leute flüchteten aus den Waggons hinter den Fahrdamm. Mitunter hatten sie auch mehrmals Stellungswechsel, von der einen auf die andere Seite, zu vollziehen, je nachdem, aus welcher Richtung die Angreifer gerade kamen. Wurden die Gleise oder gar die Dampflok getroffen, dann hieß es zu Fuß weiterzukommen. Dann konnte nur noch ein Fuhrwerk, das einen hie und da ein Stück mitnahm, die Strapazen der Weiterreise leidlich mildern.

Denn bepackt war man ja immer, um die Versorgung sicherzustellen. Dies nahm im ersten Jahr nach Kriegsende sogar noch zu. Da waren die Züge oft so überfüllt, dass diejenigen, die keinen Platz im Wageninneren gefunden hatten, auf den offenen Plattformen und sogar auf den Trittbrettern mitfuhren.

Einmal kamen wir so im Dorf an; ich schlüpfte als Winzling geschwind durch das Gedränge und hatte, als ich draußen war, meine

Schwester aus den Augen verloren. Das heißt, es gelang ihr gar nicht so schnell, durch das Sperrwerk von überquellenden Riesenrucksäcken, geschnürten Kartons, prall gefüllten Taschen und Bündeln und, nicht zu vergessen, dicht gedrängten Menschen ins Freie zu gelangen. Als ich mich auf Zehenspitzen vor das Abteilfenster stellte, um sie da drinnen ausfindig zu machen, gab es ein großes Durcheinander von Leuten, die ihren Heimkehrern oder, wenn man so will, Beschaffern beim Ausladen der Beute behilflich sein wollten. Augenblicklich wurde auch, von mehreren gleichzeitig, das vor mir befindliche Fenster heruntergerissen, und aus dem zur Öffnung drängenden Knäuel von bepackten Armen löste sich ein ausladender, praller Rucksack. Der landete schwungvoll genau auf meinen Füßen.

Das Gefühl dieses Augenblicks entsprach genau dem, was man heutzutage mit der schnoddrigen Redewendung „Ich glaub, mich tritt ein Pferd!" ausdrücken möchte. Mein erster Gedanke war, dass ich nun wohl nie mehr laufen könne, was ich, nach Überwinden der Schrecksekunde, durch ein der Bedeutung angemessenes Brüllen signalisierte. Doch reichte es dann sogar noch dazu, auf diesen Füßen nachhause zu gehen, denn es war ja, Gott sei Dank, nicht mehr weit.

Wie zuvor geschildert, erlebte ich das eigentliche Kriegsende zuhause im Dorf. Ähnlich wie bei den Großeltern, fand ich auch hier einen, in anderer Hinsicht, wirklich günstigen Platz als Zuschauer.

Leider hatte ich die zahlreichen deutschen Soldaten noch nicht ausreichend in der Erinnerung festhalten können, die zuvor ständige Durchzugsgäste in unserem Haus beziehungsweise auf unserem Grundstück waren. Es gab nämlich zwischen unserem und dem Nachbarhaus einen weiten Hofraum, der von der Hauptstraße leicht zugänglich und doch sehr verdeckt lag. Hinzu kamen vor allem die ungenutzten Gebäudeteile unseres Anwesens.

Da gab es eine große Scheune mit Tenne, einen ebenfalls großen Stall und ein schmalbrüstig langgezogenes Fachwerkhaus, dessen oberer Stock, wie schon beschrieben, in abbruchreifem Zustand war, während der untere eine Waschküche, Schweineställe und verschiedene Schuppen beherbergte.

Draußen im Hof stellten die Soldaten meist ihre Gefährte und Geschütze ab und brachten die Pferde im Stall unter. Sogar ein Schwein führten sie bei Gelegenheit mit, das sie eine Weile im Fachwerkhaus verwahrten. Kurz vor ihrem Aufbruch schlachteten sie diese ambulante Verpflegung und aßen alles ratzeputz auf, obwohl das Schlachtgewicht damals noch zwischen drei und vier Zentnern betrug. Uns füllten sie zum Abschied einen großen Steinguttopf randvoll mit Schmalz, ein wahrer Schatz, von dem wir noch eine ganze Weile zehren konnten.

Ob die Soldaten, die meist jung und bei gutem Appetit waren, sich in nächster Zeit noch einmal so satt essen konnten, ist leider nicht überliefert.

Doch wollte ich eigentlich davon erzählen, wie es war, als der Krieg vorbei war. Es war nicht etwa nichts mehr, nur noch Frieden sozusagen, sondern stattdessen etwas anderes, ganz anderes!

Es begann damit, dass die Amerikaner das im Nachbarhaus befindliche Postamt besetzten. Sie traten zu dieser Zeit, im Gegensatz zu später, noch recht kriegerisch auf.

Im Schalterraum fanden sie ein großes Fotoporträt des Führers. Das rissen sie unter Triumphgeheul von der Wand, richteten es mit Tannenschmuck (wie erlegtes Wild!) auf der Kühlerhaube eines Jeeps her und fuhren damit johlend, jippieh schreiend und in die Luft schießend durch den Ort: Eine Siegesfeier nach Westernart, gewissermaßen.

Auch an den nächsten Akt dieses Stückes mit dem Titel „Die Sieger" erinnere ich mich noch ganz genau. Es war nämlich der 21. April, mein Geburtstag – nicht Führers Geburtstag, der einen Tag zuvor schon nicht mehr gefeiert worden war. Ich hatte Glück gehabt und durfte später, ab und an, mit der am gleichen Tag geborenen englischen Königin Elisabeth feiern – allerdings erst im Juni, wenn das Wetter besser war in England.

Aus dem Haus eines Nachbarn wurde der Ortsgruppenführer der NSDAP herbeigeführt.

Kindern fallen ja, selbst bei dramatischsten Geschehen, am meisten und gerade die Nebensächlichkeiten auf. Was mir vor allem ins Auge stach war, dass er, obwohl noch im April, bereits ein kurzärmeliges Hemd trug. Dieses khakifarbene Kleidungsstück hatte große aufgesetzte Brusttaschen. Man stellte ihn, bei vorgehaltener Waffe, mit erhobenen Händen vorm Postamt an die Wand und durchsuchte ihn. Dabei zog man aus jeder der beiden Hemdentaschen einen sehr kleinen roten Apfel, die man, mit theatralisch überzogener Geste, auf den Boden schmiss und mit den Absätzen der Schnürstiefel zertrat.
Sonst fand man gar nichts bei dem Gefangenen, und Ablauf und Ergebnis dieser Aktion wirkten auf mich in höchstem Maße albern, ja belustigend. Zum einen das martialische Auftreten der Soldaten gegen einen unbewaffneten Zivilisten, die ihn mit der Waffe auf eine Weise im Anschlag hielten, als gälte es eine reißende Bestie niederzuhalten. Zum anderen der lächerliche Effekt des Durchsuchungsergebnisses: zwei kleine rote Äpfelchen, die man demonstrativ liquidierte!

Die Amerikaner hielten es noch eine ganze Weile aus im Postamt, das sie, samt der im Haus befindlichen Privatwohnung, besetzt hielten. Diese Wohnung wäre wohl ungeschoren geblieben, wenn sie von ihren vormaligen Bewohnern nicht, überflüssigerweise, fluchtartig verlassen worden wäre. Ein Lehrer der örtlichen Realschule (er war eifriges NSDAP-Mitglied gewesen) und seine Familie waren vor den anrückenden Amerikanern in die Nähe von Nürnberg geflüchtet, dorthin, wo alsbald ebenfalls Amerikaner einrückten.
Ein guter Teil des Lebens dieser Soldaten, zumindest der unteren Chargen, spielte sich bei uns auf besagtem Hof ab. Dort stand noch, von dem zuletzt einquartierten deutschen Kontingent, ein großer Anhänger, dessen Ladefläche den Soldaten, bei heruntergeklappten Seitenwänden, als Mittagstafel diente. Wenn sie dort ihr Essen einnahmen, waren sie sicher nicht zu beneiden. Eine Menge hungriger Kinder stand nämlich in gebührendem Abstand um sie herum und

verfolgte jeden Bissen, den sie in den Mund schoben, mit hungrigen Augen und begehrlichen Blicken.

Nun war ja anfangs den Soldaten jede Fraternisierung und Hilfestellung gegenüber den Besiegten untersagt. Was sollten diese Männer also tun, die oft noch selbst nicht lange dem Kindesalter entwachsen schienen und schließlich, hinter ihrer soldatischen Verkleidung, das zivil empfindsame Herz auch nur mit Mühe verbergen konnten?

Nun, dieses Herz fand, nach einigem Ringen mit dem Gehorsamskonflikt, eine tragbare Lösung für beide Seiten.

Man warf, als das Feuer der verbrannten Abfälle schon fast erloschen war, nochmals Kartons nach, in denen „aus Versehen" noch diese und jene kleinen Verpflegungsbestandteile zurückgeblieben waren. Dabei durch sprechende Blickkontakte verständigt, stürzten wir uns, sobald die Soldaten außer Sicht waren, auf den glimmenden Abfallhaufen und stöberten die brauchbaren Teile in den Kartons auf. Dies waren süße oder salzige Kekse, Kaugummi, kleine Konservendosen und manchmal sogar Schokolade (!).

Fast hätte ein kleiner Zwischenfall diesem stummen Einverständnis ein baldiges Ende bereitet.

Während die Soldaten wieder am Anhänger ihr Essen einnahmen, saß, von allen unbeobachtet, ein größerer Junge im Hintergrund auf der Kellertreppe und klopfte da scheinbar gelangweilt an etwas herum. Er war der Sohn von Leuten, die aus einer Industriestadt der weiteren Umgebung aufs Land evakuiert worden waren und zuerst provisorisch und später in einer eigenen Wohnung auch nach Kriegsende noch eine Weile bei uns verblieben.

Plötzlich tat es einen kurzen scharfen Knall, einige Soldaten ließen ihre Kochgeschirre fallen und griffen alarmiert zu den Waffen, so in Reichweite.

Da sah man in der offenen Kellertür noch ein ganz klein wenig von bläulich weißem Rauch, der sich gerade klammheimlich verziehen wollte, als sei nichts geschehen. Dort saß auch Paul und presste sich bleichen Gesichts die linke Hand. Die Soldaten hasteten hinzu und wir hinterdrein. Man bemächtigte sich seiner verborgenen Hand und stellte zwei rot geschwollene Finger mit schwarzen Schmauchspuren fest. Mehr war nicht passiert. Er hatte ja nur einen Nagel auf den Zünder der leeren Hülse einer Flieger-Bordkanonen-Patrone gesetzt und das noch intakte Zündhütchen per Nagel und Hammerschlag zur Explosion gebracht.

Schlechter erging es dem alten grauen Schnauzerhund des Bäckers. Der hatte es sich zur Gewohnheit gemacht, einen Bombentrichter auf dem schmalen Acker, hinter dem Haus unseres Nachbarn, regelmäßig zu kontrollieren. Der Grund waren die Essensabfälle und allerlei Kartons, die die Amerikaner dort anhäuften. (Man sieht: Tiere sind auch nur Menschen!)

Einmal kam er jedoch zur Unzeit, als die Soldaten den Inhalt des Trichters mit Benzin übergossen hatten, um alles zu verbrennen. Als der Hund sich nun gerade im schönsten Wühlen und Suchen erging, zündeten sie an. Einen Funkenregen hinter sich herziehend, schoss der

Schnauzer mit einem nicht enden wollenden Heulton aus den Flammen, ein wahrer Höllenhund. Rauchend überschlug er sich mehrmals, wälzte sich auf der Erde und raste dann in wahnwitziger Geschwindigkeit auf der schmalen Holzbrücke über den Fluss, Richtung nachhause. Die Soldaten wollten sich kugeln vor Lachen, und der Hund verdankte sein Leben nur der Tatsache, dass seine Haartracht noch kürzer war als der Bürstenschnitt seiner Peiniger.

Dies war eigentlich die einzige Missetat, die ich ihnen während ihrer kurzen Stationierungszeit ankreiden konnte. Andere hatten da mehr Grund zur Klage.

So zum Beispiel die Post, deren Sendungen ja zuletzt nicht mehr befördert worden waren und sich deshalb zu erstaunlichen Bergen angehäuft hatten. Als wir nach Abzug der Amerikaner das Postamt erstmals wieder betraten, bedeckten sie den Fußboden der Schalterhalle knöcheltief. Viele Kuverts waren geöffnet und die Briefe, vom Umschlag getrennt, in dem ganzen Haufen vermengt. Außer dem Packpapier waren von den Paketen nur noch spärliche Reste des Inhalts dazwischen verstreut.

Schlimmer erging es der zuvor erwähnten Lehrerfamilie, die ihre Wohnung über der Post so voreilig und leichtsinnig verlassen hatte. Wüst sah es da aus, sehr wüst! Den GIs mussten sagenhafte Vorstellungen von unermesslichen Schätzen vorgeschwebt haben, die an den seltsamsten Stellen verborgen worden seien. Anders ist wohl kaum erklärbar, dass alle Polstermöbel, wie auch die Federbetten, aufgeschlitzt wurden und ihr Inhalt zum Teil entleert worden war. Nachdem man nicht fündig geworden war, hatte man sich zur Entschädigung ans Eingemachte gehalten. Eingemachtes, nämlich Obst und Marmelade, war ja seinerzeit, wenn auch nicht die Leib-und-Magen-Speise, so doch, gezwungenermaßen, die germanische Volksnahrung.

So kosteten die fremden Krieger reichlich von der exklusiven Speise. Auf Schränken, Vitrinen, Stühlen, Tischen, Fenstersimsen und wo immer sich eine Abstellfläche fand, waren ringförmige

Geschmacksproben hinterlassen. Meist war aus den Gläsern jedoch nur wenig genascht worden und der Inhalt bereits in Schimmelbildung oder Gärung übergegangen. Federn und Sitzmöbelfüllungen waren gleichmäßig in der Gegend verteilt, teils mit den süßen Köstlichkeiten vermengt, und so sorgten sie, im Verein mit diversen schmutzigen, teils halbgefüllten Tassen und Gläsern, wie auch reichlich Kippen, Zigarrenstummeln und Aschespuren, für ein stimmungsvolles Etappenidyll.

Bald, zu bald, verließen uns jedoch diese Besucher.
Abgelöst wurden sie bereits nach wenigen Wochen durch französische Soldaten, in der Mehrzahl nordafrikanische Hilfstruppen. Mit ihnen kehrten die Schrecken des Krieges noch einmal in unseren Landstrich zurück, mit Plünderungen, Gewalttätigkeiten, Vergewaltigungen, Verhaftungen, Konfiskationen und Vertreibungen.
Anstatt durch die Kellertür, die wohl ein leichteres Hindernis gewesen wäre, brachen diese wilden Haufen durch die straßenseitige Hauswand in unseren Souterrainkeller ein. Auf der fanatischen Suche, sowohl nach verborgenen Reichtümern als auch nach Alkoholischem, entdeckten sie eine im Kellerboden eingelassene und mit dicken Bohlen abgedeckte Grube. Diese war mit einigen Zentnern Weizen gefüllt, die uns die deutschen Soldaten damals, samt dem Schweineschmalztiegel, zurückgelassen hatten. Wie lange hätten wir davon noch zehren können! Nichts ließen sie uns, außer einigen spärlichen Körnern auf dem Boden des holzverschalten Erdlochs. Das war ein harter Schlag, der unsere Sympathien für diese ungebetenen Gäste nicht mehrte.
Anspruchsvoller als ihre Vorgänger, begnügten sie sich nicht mit dem bescheidenen Postquartier. Vielmehr besetzten sie in einem der Nachbardörfer einen schlossähnlichen Herrschaftssitz. Dieses Komfortstreben irgendeines kleinen Stabsoffiziers hatte jedoch Folgen, die jedem Anhänger des Determinismus leicht zum Paradebeispiel dafür gereicht hätte, dass man seinem vorbestimmten Schicksal nicht entrinnen kann.

Der Herrensitz war zu dieser Zeit von der Baronin und ihren drei Kindern bewohnt.

1946 wurde in dem Anwesen auch ein Kinder- beziehungsweise Waisenheim eingerichtet, das noch bis 1948 bestand, obwohl die Franzosen bereits 1947 wieder ausgezogen waren.

Näheres wurde nie bekannt. Doch hieß es, dass die Franzosen im Park, unter der Plastik eines weißen Hirsches, die Jagdwaffen eines der beiden Barone, der damals die dort befindliche, altehrwürdige Eisengießerei leitete, entdeckt hätten. Dieser wurde verhört, misshandelt und inhaftiert. Nach einiger Dauer aus dem Gefängnis entlassen, wurde er seines Besitzes verwiesen und musste sich Quartier in einem einfachen Gasthaus in der Nähe suchen. Als Verwalter des Betriebes wurde von den Franzosen der Sohn der Tochter der Baronin eingesetzt.

Wie später zu hören war, hatte ein Gießereiarbeiter das Waffenversteck an die Franzosen verraten.

Die Vorfahren dieser Familie waren, wie auch die unsrigen, noch vor 1700 als Hugenotten aus Frankreich geflohen. Nach nahezu 250 Jahren konnte sie, wie sich gezeigt hatte, letztlich doch nicht der Verfolgung durch ihre ehemaligen Landsleute entkommen!

Übrigens hatte die Siegermacht auf einem kleinen Felsen, gegenüber dem Herrensitz, ihre Trikolore aufgezogen. Auf der schmalen Straße, damals noch ein unbefestigter Weg, zwischen Fels und Anwesen, patrouillierte stets ein Posten unter der Fahne.

Dies war einigen größeren Buben Herausforderung genug, ungeachtet der Wache sich dem Felsen von der Rückseite zu nähern und die Flagge zu erbeuten. Als der Frevel ruchbar wurde, schickte sich ein gemischtes Kommando aus französischer Gendarmerie und deutschen Hilfspolizisten an, die Schulen der nächstliegenden Orte nach den oder dem Rebellen zu durchsuchen. Irgendwie mussten sie Wind davon bekommen haben, dass keine Erwachsenen am Werk gewesen waren. Doch drang die Kunde der bevorstehenden Nachforschungen auf geheimnisvollem Wege noch rechtzeitig an die richtigen Ohren, so dass sich derjenige, der diesen gefährlichen Streich ausgeführt hatte, aus dem Staub machen konnte.

Er flüchtete in die nahe gelegenen alten Erzgruben, wo er sich einige Tage versteckt hielt, während ihn seine Kameraden diskret versorgten. In dessen Elternhaus war die Aufregung allerdings groß, und den Nothelfern gelang es nur mit Mühe, ihr Schweigen über seinen Aufenthaltsort zu wahren.

Mit dieser Episode gingen auch schon die letzten Scharmützel der unmittelbaren Nachkriegswochen und -monate zu Ende. Noch war zwar kein Friede geschlossen, wenn auch schon die Kapitulation unterzeichnet. Doch herrschte jedenfalls kein Krieg mehr, kein militärischer.

Jetzt begann der zivile Krieg!

Private Rachefeldzüge wurden ausgetragen. Denunziation war die Waffe der Stunde. Leute wurden verhaftet, Vermögen beschlagnahmt, selbst Hausrat. Schimpf und Schande wurden vergossen über Schuldige und Unschuldige. Sogenannte „Entnazifizierungsprozesse" fanden statt. Wer an der Reihe war, wurde im „Aushängekästchen", sozusagen dem schwarzen Brett des Bürgermeisteramtes, nach Wildwestmanier an den Pranger gestellt und die Mitbürger wurden aufgefordert, ihren Beitrag zu diesem öffentlichen Schauspiel zu leisten.

Dies alles lief ab vor dem Hintergrund der Nürnberger Prozesse, die, einschließlich minutiöser Livereportagen zur Vollstreckung der Hinrichtungen, genüsslich im Rundfunk übertragen wurden. Sehr genau erinnere ich mich noch an mein fassungsloses Schaudern während einer solchen Übertragung, die den letzten Gang eines Verurteilten akribisch schilderte. Es war der Chef der Operationsabteilung im Oberkommando der Wehrmacht, Generaloberst Jodl, dessen letzte Worte, der Vorgang seiner Hinrichtung bis zur amtlichen Feststellung seines Todes in allen Einzelheiten, Schritt für Schritt, berichtet wurden.

In jener Zeit besuchten wir oft (und sie uns) eine Frau, die mit den französischen Soldaten über die Grenze gekommen war und die für unser Dorf eine Art illustre Bereicherung darstellte.

Sie war von kleiner Statur und gehörte zu der Sorte von Leuten, die wohl schon alt geboren werden. Doch hatte die Natur diesen kleinen Nachteil durch ein freundliches, ja charmantes Wesen wieder ausgeglichen. Und war sie einmal weniger guter Laune, dann erweckte zumindest ihr französischer Akzent den gegenteiligen Eindruck. Darüber hinaus verstand sie es, trotz der bescheidenen Verhältnisse – ihrer persönlichen und der zeitbedingten –, zu leben, dass es eine Freude war. Selbst meiner Winzigkeit machte sich dieses Geschick schon bemerkbar, obwohl ich noch kein Wort Französisch und schon gar nicht Savoir-vivre kannte.

Dies gelang ihr nicht nur aufgrund ihrer guten Beziehungen zur französischen Besatzungsmacht, sondern auch dank ihrer mitgebrachten Koch- und Lebenskünste. Sie flirtete nicht nur gerne mit allen Männern, sondern war auch sonst in der Umgebung mit allen bekannt, was mir allerdings einmal zum Nachteil gereichte.

Eines schönen Sommertages spazierte ich mit ihr durch den Wald zu einem wenige Kilometer entfernten Bauernhof. Dieser Hof hatte die Besonderheit, eine Schnapsbrennerei zu beherbergen. Uns war auf unserer Wanderung warm geworden und man bot uns in der Küche etwas zu trinken an. Durstig hob ich, sechsjährig, das Wasserglas und tat einen gierigen Zug. Da war mir, als ob ich aufs Heftigste stranguliert und gleichzeitig Feuerspucker sein würde. Die Tränen schossen als Sturzflut hervor, wie bei Paulinchen, die mit dem Feuer spielte. Anschließend setzte ein kapitaler, nicht enden wollender Husten mit fortdauerndem Räuspern und Krächzen ein – vom Zwetschgenschnaps.

Die in der Küche versammelten Bauersleute waren aufs Höchste begeistert und hatten lange nicht so gelacht.

Doch vergaß ich diese Unbill stets aufs Neue, wenn ich Madame mit meiner Mutter besuchte. Dort oben, unter den Schrägen der Dachstockwohnung, war man sogleich heimisch. Immer war es das gleiche Ritual, doch nie wurde ich seiner müde.

Die beiden Frauen begannen damit, eine delikate Kleinigkeit zu verzehren, die sie zuvor in der winzigen Küche zubereitet hatten, und auch ich wagte, mit meinem bescheidenen Appetit, stets gerne das Abenteuer des Verkostens. Nach dem Essen trank man, je nachdem, was gerade vorrätig war, einen Likör, einen Rotwein oder meist den dunklen, stark gerösteten, bitteren französischen Kaffee.

Dann war es für mich an der Zeit, zum Höhepunkt des Abends zu schreiten. Dieser war, zugegebenermaßen, immer der gleiche, doch dank fortschreitenden kindlichen Vorstellungsvermögens nie derselbe. Madames gefallener Mann war nämlich Fremdenlegionär und so auch einige Zeit in Nordafrika stationiert gewesen.

Außer der Bibel, die meinen Eltern zur Hochzeit geschenkt worden war, waren mir zuhause nie Bücher in die Finger geraten (abgesehen von den Schulbüchern meiner Geschwister). Zwar gab es auch bei Madame, außer einer Menge Liebesromanen, nichts Lesbares, doch war da ein kleines Fotoalbum mit farbigen (!) Bildern.

Die auf den Fotos dargestellten Wüstendünen, die Kamele, die Palmen, die Eingeborenen in ihrer malerischen Kleidung und die Soldaten in ihren fremden Uniformen offenbarten mir eine nie gesehene, eine wahrhaft exotische neue Welt. Mit jedem der gelegentlichen Besuche sah meine entfachte Vorstellungskraft die Bilder in immer neuen Variationen der Erkenntnis. Stets aufs Neue erging ich mich in abweichenden Detailbetrachtungen und jedes Mal dünkte mir weiteres Unbekanntes entdeckt und wiederum Aufregendes erlebt zu haben.

Noch schöner fast war der stets gleiche Abschluss des Tages, wenn ich dann, müde geworden von meinen weiten und strapaziösen Augenreisen, meinen Platz auf dem Schoß der Mutter einnahm, mich an sie schmiegte und, im halblauten Gespräch der Frauen, allmählich ins Reich der Träume hinüberglitt. Aus immer weiterer Ferne drangen dann ihre Stimmen in mein Bewusstsein. Eine Weile lauschte ich noch dem vertrauten Wohlklang der Stimme meiner Mutter, deren Vibration sich auch ihrem Körper, gleich einem Resonanzboden, mitteilte. Ab und an erhöhten sich die Schwingungen leicht, wenn ein sanftes Lachen ins Gespräch einfloss. Und schließlich war ich dann, sacht und unmerklich, eingeschlafen.

Erst später fielen Schatten auf diese Freundin meiner Mutter.

Madame gab nämlich an, nicht nur anderen bereits „einen Gefallen getan zu haben", sondern bot auch meiner Mutter ihre diesbezüglichen Dienste an.

Diese „Gefallen" bestanden darin, Einheimische bei der französischen Kommandantur in der Kreisstadt zu denunzieren. Sie versicherte, dass es hundertprozentig funktioniere, ob schuldig oder nicht. Und sie berichtete von einigen, die auf diese Weise, anonym versteht sich, bereits Rache genommen hatten, als Vergeltung für zurückliegende Ereignisse der Vor-, Kriegs- und Nachkriegszeit – ganz gleich, wie gesagt, ob zu Recht oder Unrecht.

Von da an war das Verhältnis zu Madame getrübt.

Der Bruch war schließlich nicht mehr zu heilen, als nach und nach bekannt wurde, dass auch Einheimische an den Denunziationen beteiligt gewesen waren. Auch wurden die teils üblen persönlichen Folgen für die Beschuldigten bekannt und schließlich sogar ein Gastwirt der Zusammenarbeit mit den Franzosen, noch während der letzten Kriegsmonate, beschuldigt. Ihm wurde, unter vorgehaltener Hand und unbewiesen, nachgesagt, per Funk alliierte Flieger auf den unregelmäßigen Zugverkehr gelenkt zu haben. Was immer an diesem Gerücht wahr war, die Kneipe siechte langsam, aber sicher ihrer Schließung entgegen.

Doch gab es auch andere Beispiele der Vergangenheitsbewältigung, wie man das später nannte. Sie sind mir dadurch so gut im Gedächtnis geblieben, weil die Personen, die sie betrieben, so völlig entgegen jeder üblichen, oder doch zumindest meiner, auch noch heutigen, Erwartung reagierten.

Zum Beispiel der Mann unserer ehemaligen Putzfrau, ein Arbeiter, ein wirklich einfacher, unbedarfter Mensch. Honorige Stammgäste des Bahnhofsrestaurants (des damals einzigen mit sogenanntem gehobenem Publikum und Charakter) hatten ihn und einen weiteren Mann aus dem Dorf reichlich mit Alkohol traktiert, mit Hetztiraden und -parolen in Stimmung gebracht und am späten Nachmittag des 9. November 1938 zielgerichtet in Marsch gesetzt, mit dem Auftrag, diese übelsten Gewalttätigkeiten zu begehen, die damals als Kristallnacht beziehungsweise Reichskristallnacht bezeichnet wurden und heute auch unter dem Namen Reichspogromnacht als historischer deutscher Schandfleck erster Güte berüchtigt sind. Er war einer von denen, die die Büros, Geschäfte und Wohnungen der kleinen Kaufleute und Viehhändler stürmten, alles auf die Straße warfen, zerschlugen, die Synagoge anzündeten, den jüdischen Friedhof schändeten. Diese Helden schlugen einer der beiden älteren Damen, die einen kleinen Gemischtwarenladen am Marktplatz betrieben, ihr Bügeleisen auf den Kopf und zertraten die Mehl- und Zuckersäcke, die sie, samt dem Hausrat, vor die Tür geworfen hatten.

Die Franzosen holten ihn ab, und er schämte sich furchtbar und bereute zutiefst, wie er es schon unmittelbar nach der Tat seinerzeit getan hatte, als ihn seine Frau zur Rede stellte. Als er nach zwei Jahren wiederkam, sprach ihn meine Mutter auf die damaligen Hintermänner und Anstifter an. Er aber winkte nur müde ab. Man sprach nie wieder mit ihm darüber.

Worauf war sein Schweigen zurückzuführen? Hatte man Einfluss auf ihn genommen, mit Drohungen, mit Versprechungen, mit Zuwendungen? Oder hatte er nur einfach resigniert? Wir haben es nie erfahren.

Bemerkenswert auch jener Handelsvertreter, dessen Familie bei uns einquartiert wurde, als ihr Haus bei einem Fliegerangriff schwer beschädigt wurde. Daraus entspann sich eine Freundschaft, die auch weiterbestand, als die Familie wieder in das instandgesetzte Haus zurückkehren konnte.

Der Handelsvertreter war durch die faschistische Rassengesetzgebung zum „Halbjuden" erklärt worden. Ein guter Teil seiner Verwandtschaft wurde in die KZs verschleppt und ermordet. Ihm selbst wurde zwar nicht die Ehre zuteil, dem Vaterland mit der Waffe dienen zu dürfen, dagegen fand er noch als Bausoldat in der „Organisation Todt" Verwendung, wo die Arbeitsbedingungen allerdings eher als Sklavenarbeit zu bezeichnen waren. Zudem brachte ihm sein „Halbjude" auch zuhause im Dorf Beleidigungen, Anspucken, Schläge, Diskriminierungen und sonstige Formen der Demütigung ein.

Als meine Mutter auch ihn fragte, ob er jetzt, nach Ende der Naziherrschaft, nicht Genugtuung verlange, wollte er davon absolut nichts wissen. Obwohl er kein gläubiger Mensch war, sprach er genau wie ein solcher von Vergebung, Verzeihen und Neubeginn, wenn er auch nicht vergessen könne und wolle. Er weigerte sich sogar, trotz des Drängens seiner Frau und seiner Bekannten und trotz seiner bescheidenen Lebensverhältnisse, finanzielle Forderungen im Rahmen der damals geleisteten Wiedergutmachungszahlungen zu stellen. Gegen diese seine innere Überzeugung, dass Geld nichts wiedergutmachen könne, verstieß man dann allerdings doch noch, ohne dass er es verhindert hätte. Amtlicherseits wurde er nämlich als einer der wenigen überlebenden Verwandten seiner Familie festgestellt und ihm zur Entschädigung, auch für eingezogene Vermögenswerte der Ermordeten, eine verhältnismäßig bescheidene Summe überwiesen.

Bescheiden waren die finanziellen und oft auch die übrigen Verhältnisse nach dem Krieg auch bei uns wie anderswo.

Ich weiß heute noch nicht, ob mein Bruder registrierte, dass wir, so nach und nach, eine ganze Reihe von Briefmarken aus seiner Sammlung zum Bäcker trugen. Der Bäcker, ein großer, grobknochiger Mann, nahm die Marken mit erstaunlicher Behutsamkeit stets still und ernst entgegen. Gefiel ihm eine, so klemmte er eine kleine Lupe ins Auge, um das Stück auf Unversehrtheit zu mustern. War er schließlich zum Kauf entschlossen, so zog er ein abgegriffenes Schulheft aus einer Schublade unter der Theke und suchte dort den fein säuberlich für alle gängigen deutschen Marken der damaligen und früheren Zeiten handschriftlich vermerkten Preis auf. Das waren in der Regel Pfennigbeträge, aber das Brot kostete ja auch nur Pfennige, Reichspfennige noch. Stets nahm er nur so viele Marken, wie er zur Begleichung für den Gegenwert des Brots brauchte. Das konnten, je nach Markenwert, ein oder mehrere Stück sein. Die Differenz des Mehrwerts der Marken gab er stets korrekt, auf den Pfennig, bar zum Brot zurück. Manchmal allerdings, wenn man mit angehaltenem Atem, in absoluter Stille, ausgeharrt hatte, konnte es auch passieren, dass er für keine der angebotenen Briefmarken Bedarf hatte oder Beschädigungen reklamierte. Dann zog man unverrichteter Dinge wieder ab. Waren noch andere Kunden im Laden, dann war man stets hurtig wieder draußen, um bei diesem peinlichen Geschäft nicht ertappt zu werden.

Jahre später empörte sich mein Bruder ob seiner stark ausgedünnten Sammlung.

Nicht nur an Brot mangelte es seinerzeit, sondern unter anderem auch an Heizmaterial. In diesem Zusammenhang unvergessen und in späteren Jahren vom Vater immer wieder gerne der Mutter vorgeworfen, war eine ganz besondere Beschaffungsart für Heizmaterial, auf die meine Mutter in jenen Tagen unglückseligerweise verfallen war.

Es ergab sich, wie der Zufall manchmal so spielt, dass just in dem Augenblick, als der Bürgermeister, wegen einer Zwangseinweisung von Flüchtlingen, in die Scheune trat, meine Mutter, mit Hilfe eines weiteren

Unkundigen, dabei war, einen wesentlichen Balken der Dachkonstruktion herauszusägen. Die Einwände des Bürgermeisters kamen zu spät, und heute erinnert, trotz eines in neuerer Zeit eingezogenen Stahlseiles, eine im oberen Bereich stark nach Süden gekippte Giebelwand an diesen Missgriff.

Im Übrigen beschafften wir Kinder das Holz im Wald. Das hört sich im Prinzip recht einfach an, war aber nicht ganz so.

Die sogenannten Holzlesescheine kosteten nämlich Geld, das beim Forstamt zu entrichten, aber oft auch gar nicht vorhanden war.

Woher wohl auch? Unser Vater, zum Beispiel, befand sich in Gefangenschaft. Seine Bezüge wurden nicht mehr gezahlt. Sonst gab es kein Einkommen, außer gelegentlichen, minimalen Pachteinnahmen, die aber von den Pächtern meist nicht zu den vereinbarten Fälligkeiten geleistet oder aber, bestenfalls, erst nach endlosem Mahnen und penetrantem Beharren, sehr unwillig, in unzureichenden Naturalien beglichen wurden.

Besaß man schließlich einen solchen Holzleseschein, dessen Vergabe pro Haushalt zeitlich wie mengenmäßig limitiert, also rationiert war, wie alles, dann hatte man noch lange kein Holz. Der Waldboden war nämlich damals wie leergefegt. Da lag nichts herum, was nicht bereits einen Interessenten gefunden hätte. Nun wäre vielleicht noch die Möglichkeit gewesen, dürre Bäumchen, die noch standen (was selten genug vorkam), abzuschlagen. Doch das Miniaturkaliber, das die Förster noch tolerierten, gab es fast gar nicht. Fällte man dagegen ein stärkeres trockenes Stämmchen, dann konnte es gut sein, dass nicht nur der Handwagen beschlagnahmt, sondern auch empfindliche Geldstrafen verhängt wurden.

Was blieb, war das Ausweichen in abgelegene, schwer zugängliche Gebiete. Dies bedeutete in der Regel sehr weite Wege, so wie stark unebenes bis steiles Gelände. Dies war wiederum verbunden mit vermehrter körperlicher Anstrengung. Letztere stand andererseits in einem augenfälligen Gegensatz zur etwas dürftigen körperlichen Ausstattung, die, ernährungsbedingt, gerade das Erscheinungsbild prägte.

Bei einer solchen Gelegenheit kam es eines Tages zu einem kuriosen Zwischenfall, der nur knapp an einem bösen Unfall vorbeiging.

Die üblichen und für die zugelassene Holzstärke voll ausreichenden Werkzeuge waren damals Sicheln aus fast beilstarkem Eisen, die wir (warum auch immer) „Hebe" nannten. Wir krebsten zu mehreren im widerborstigen Unterholz eines kurzen, aber steilen Hanges herum. Es gab wenig Raum, der genug Platz zum aufrechten Stehen und Arbeiten bot, und war man mit Mühe zu einem solchen Fleck vorgedrungen, so rutschte man gleich darauf wieder hangab. So ergab es sich, dass man zeitweise dicht beieinander arbeitete.

Ich war sowieso mit Abstand der Jüngste und Unerfahrenste in diesem Handwerk und deshalb bemüht, den Anschluss nicht zu verlieren. Dabei musste ich wohl zu dicht auf meinen Vordermann aufgerückt sein. Jedenfalls tat ich einen Schlag mit der Hebe und der Junge vor mir stieß ein tierisches Gebrüll aus.

Zum Glück war dieser Urlaut nur ein instinktiver Reflex, sozusagen ein Signalschrei für höchste Gefahr im Verzug. Ich hatte ihm, von hinten, die Sohle seiner Holzsandale durchgehauen, unter seinem am Hang angewinkelten Fuß hinweg. Doch wog der Verlust dieses seltenen Schuhwerks immerhin schwer genug, meine Approbation als anerkannter Holzfäller in dieser Gemeinschaft für die nächste Zeit in Frage zu stellen.

Meist war, wie nicht anders zu erwarten, verbotenes Holzformat in der schweren Last der Handkarre verborgen, die wir mit allergrößter Anstrengung nachhause zogen. Doch auch wenn wir noch so ausgeklügelte und deshalb meist weite Umwege wählten oder den Schutz schlechten Wetters oder der Dunkelheit in Anspruch nahmen, konnte es geschehen, dass der Förster unvermutet auftauchte und seines Amtes waltete. Nun war dies andererseits kein Wunder, denn das hügelige, unübersichtliche Gelände verbarg uns zwar, aber gleichermaßen auch ihn. Zudem war es für ihn ein Leichtes, den mit seinen eisenbereiften Holzrädern unvermeidlich polternden und rumpelnden Handwagen von Weitem zu orten. Obwohl er ja eigentlich, wie man bei uns so schön sagt, „nur seine Pflicht tat" (und den deutschen Wald für den sauren Regen unserer Tage aufsparte), war er gleichwohl einer der bestgehassten Leute seinerzeit.

Wenn wir unsere jüngste Schwester damals nicht gehabt hätten!

Sie war ja nur vier Jahre älter als ich (wenn auch am gleichen Tag und Monat geboren), aber so etwas wie der Joker der Familie. Wo immer kritische, heikle, unangenehme Missionen zu erfüllen waren: Es war ihr Part!

Insbesondere war sie darauf spezialisiert, bei den säumigen Pächtern den ausstehenden Pachtzins einzutreiben. Und brachte sie kein Geld nachhause, so doch willkommene Naturalien, seien es Getreide, Mehl, Eier, Kartoffeln und was derlei Köstlichkeiten mehr waren, selbst wenn Menge und Qualität nicht immer in ausgewogenem Verhältnis zur offenen Forderung standen: besser als leere Hände!

Doch gab es noch manch andere, weitaus riskantere Aktionen, die sie erfolgreich meisterte. Können Sie schweigen, lieber Leser? Wie ein Grab? Ich auch!

Ihren Humor, ihre Unerschrockenheit, ihre Abenteuerlust und auch ihre Unverwüstlichkeit hat sie sich seither bewahrt (und durchaus auch etwas von ihrem guten Aussehen). Kapital hat sie allerdings aus keiner dieser Gratisgaben der Natur geschlagen, wozu auch, sie war ja auch so immer guter Dinge.

Zwei Jahre nach Kriegsende kehrte unser Vater zurück.

Mein Bruder und ich waren gerade dabei, den Stall vom Mist zu säubern, den das Vieh einer letzten elsässischen Evakuierung hinterlassen hatte. Ich erkannte unseren Vater nicht wieder und der erste Abend im Kreis der Familie verlief in einem seltsamen Gemisch allseitiger Scheu, Befangenheit, Unsicherheit und, so meine ich noch heute schmerzlich zu spüren: durchaus auch einer bedrückenden, verzweifelten Ratlosigkeit.

Mein Vater hatte sich in der Gefangenschaft selbst total in Segeltuch ausstaffiert, einer dicht gewebten, äußerst starken Qualität, in sehr hellem Beige dürren Grases. Auch der Hut mit eingearbeiteten Lüftungsösen und die große Reisetasche waren aus dem gleichen Material.

Er hing sehr an dieser ungewöhnlichen, fremd anmutenden Kleidung und war erst nach geraumer Zeit dazu zu bewegen, sie gegen Herkömmliches auszutauschen. Nur auf seinen Hut wollte er nicht verzichten, sooft ihn unsere Mutter auch bedrängte. Als Papa eines Tages auf der Brücke stand, die das Wohnhaus mit dem Garten auf der anderen Seite des Flusses verband, stieß sie ihm den Hut in einem günstigen Augenblick vom Kopf. Da trieb er geschwind davon, aber sein Besitzer rannte ihm hinterher, mit Strümpfen und Schuhen, geradewegs ins Wasser, und rettete ihn. Zum Trocknen steckte er ihn einfach in den offenen Backofen des nur leicht geheizten Herdes.

Als er ihn am nächsten Morgen suchte, war es bereits zu spät. Irgendjemand hatte im Laufe des Nachmittags nicht nur kräftig eingeheizt, sondern auch die Klappe des Backofens geschlossen; der Rest war nicht mehr zu gebrauchen. Unserem Familienoberhaupt aber war die letzte Übergangshilfe genommen, und unsere Mutter konnte sich wohl nie mehr ganz von dem Verdacht befreien, hier etwas nachgeholfen zu haben.

Die übrigen ungewöhnlichen Souvenirs unseres Vaters wurden noch etwas länger in der Wohnung geduldet, bis sie auf dem Dachboden ins Exil gingen. Besonders auffällig darunter waren etliche kartonierte Bände eines Gartenbaulehrbuches, die in enger Schrift, mit Tintenblei, auf Toilettenpapier geschrieben waren (einer pergamentartigen Qualität, wie ich sie später noch in drittklassigen französischen Landgasthäusern oder auf Bahnhofstoiletten dieses Landes antraf).

Der Ursprung dieser erstaunlichen Aufzeichnungen lag in der geistigen Einöde der Kriegsgefangenschaft begründet, die man sich mit allerlei Vorträgen von Kameraden, so auch denen eines ehemaligen staatlichen Gartenbaudirektors, zu vertreiben suchte.

Diese Kriegs- oder Nachkriegssaat zeitigte denn auch einige Jahre später tatsächlich Früchte. Doch waren diese von bescheidenem Wuchs und ihre Ernte nur eine Episode, was womöglich auf die Kriegsqualität des geistigen Saatgutes zurückzuführen war.

Und zwar wurde mein Bruder dazu bestimmt, das Gartenbauhandwerk zu erlernen.

Auf dem elterlichen Anwesen wären, in der Tat, durchaus gute Bedingungen und Voraussetzungen zur Einrichtung einer Gärtnerei vorhanden gewesen. Ja, es wurde sogar eine aufwendige Bewässerungsanlage installiert, um, mit Hilfe einer großen Elektropumpe, das Wasser aus dem Fluss über Rohrleitungen und Berieselungsautomaten zu verteilen. Verglaste Frühbeete wurden angelegt. Doch waren die Ausbildungsbedingungen, fernab des Elternhauses, eher dazu geeignet, dem Ausbildungsbetrieb billige Arbeitskräfte zu beschaffen als einen erfolgreichen Abschluss zu garantieren, was erwartungsgemäß die Motivation des Lehrlings nicht übermäßig beflügelte und schließlich zum Abbruch dieses Vorhabens führte.

So wurde aus der Not eine Tugend gemacht und die im Auslaufen befindliche, behelfsmäßige Landwirtschaft, im Übergangsstadium sozusagen, durch einen provisorischen Gartenbaukompromiss aufgefangen. Auf diese Weise retteten wir uns mit dem Verkauf von Setzlingen, Gemüse und Blumen (diese nach Amateurart leider meist gratis) recht knapp über die Runden, bis unserem Vater die Wiedereinstellung in den Staatsdienst geglückt war.

Diese Zeit war eine schmerzliche, über die man mehr als ein Kapitel, nämlich ein ganzes Buch reflektieren könnte, aber nicht möchte. Nur mit Mühe grabe ich sie aus unter dem wohlgeschichteten Berg des Vergessens, Verstehens und nicht immer Verzeihens.

Es war die schreckliche Zeit, in der die Eltern, anfangs auch der materiellen Sorgen wegen, sich zunehmend in Auseinandersetzungen verfingen, die oft so dramatische Formen annahmen, dass uns Kindern nichts mehr verborgen blieb. Ich selbst verbrachte fast zwei Jahre dieser Ära im Asyl der Großeltern, wobei ich, aus dem Tollhaus der elterlichen Streitereien zum tyrannischen Diktat der Großmutter, schon ein wenig vom Regen in die Traufe wechselte; letzlich aber war ich den beiden älteren Geschwistern gegenüber, die diese Misere vor Ort voll auszukosten hatten, doch im Vorteil.

Denn es gab, wie immer, die ausgleichende Gerechtigkeit, deren Rolle bei mir der Großvater übernahm, der alle Qualitäten, die man gemeinhin solcher Position zuschreibt, auf sich vereinigt hatte: Güte, Bescheidenheit, Langmut, Humor, Einfühlsamkeit ins kindliche Gemüt, eine einfache und gesunde Sicht der Dinge. Das waren seine Stärken.

Abgesehen von diesem Großvater blieben mir als Nachbild haften: die unbefestigte Straße, die durch die Stadtrandsiedlung führte und auf der ich mir als Fußballtorwart unentwegt blutige Knie holte; der kümmerliche Rest einer alten Spielzeugdampfmaschine, die mein einziges und deshalb auch liebstes Spielzeug war; die Bahnhofswirtschaft, in der sich der Großvater jeden Samstag 1/8 (!) Liter Wein und einen Kümmelwecken leistete; und das verbotene Aufsammeln von Brikettbruch und -gruß am Güterbahnhof, von dem wir, wenn auch in ständiger Furcht, geschnappt zu werden, stets mit reicher Beute auf dem Handwagen zurückkehrten; dann der junge Mann, der ein paar Häuser weiter wohnte und mit Vornamen Fritz hieß.

Wenn er zeitweise vom Musikkonservatorium nachhause kam, spielte er mit uns kleinen Kerlen auf der Straße hingebungsvoll Prellball. Mit Vorliebe zog er auch, mitsamt Anhang, gleich dem Rattenfänger von Hameln, mit seinem Luftgewehr durch die Gegend. Am Gürtel trug er dann, betont martialisch, zahlreiche erlegte Spatzen als Trophäen aufgehängt, was ihm den Spitznamen „Spatzenfritz" eintrug. Noch wusste zu jener Zeit niemand, dass dieser große, athletische, südländisch wirkende Jüngling dereinst einer der größten deutschen Tenöre werden sollte.

Als ich mit einem Mädchen aus der Nachbarschaft blumenstreuend die Hochzeit meiner ältesten Schwester, seiner ehemaligen Schulkameradin, verschönte, hatte er seinen ersten öffentlichen Auftritt in der evangelischen Stadtkirche. Er hatte dies heimlich arrangiert, und während er, zur allgemeinen Überraschung, mit „So nimm denn meine Hände" und „Ave Maria" unter Orgelbegleitung von der Empore zu vernehmen war, ging ein Raunen durch die Menge und der kommende Ruhm schlich sich, gleichsam als leises Vorahnen, in die Herzen des Publikums. Am Nachmittag füllte er die winzige gute Stube der Großmutter mit Schifferklavier-, Mandolinenmusik und Gesang, dass es eine wahre Freude war, ihm zuzuhören. Und so ganz nebenbei erzählte er, wie er seine Stimme „entdeckt" und die Ausbildung zum Sänger eingeschlagen hatte. Und damit hatte es seine ganz besondere Bewandtnis.

Die Siedlung, in der die Großeltern lebten, war zu Beginn der 1930er-Jahre überwiegend mit Haustypen gleicher Bauweise angelegt worden. Auf der Straßenseite jedenfalls, auf der die Musikerfamilie von Fritz (sein Vater hatte schon früh Selbstmord verübt) und meine Großeltern wohnten, waren die Toiletten als Plumpsklos in die Keller gebaut. Die spartanischen Räume waren ganz einfach winzige betonierte Zellen mit roher Holztür. Standardmäßiges Inventar waren dort ein Drahtbügel für entsprechend formatiertes Zeitungspapier links an der Wand und ein polierter Aluminiumspiegel an der Holztür, genau gegenüber der rustikalen Sitzgelegenheit. Was diesen Raum auszeichnete, war, ohne Zweifel, eine gediegene Akustik. Jedwede Lautäußerung des Auf- und Vorsitzenden wurde verstärkt wiedergegeben, und sang er gar (sei es, um einer etwaigen Beklemmung im einsamen Keller Herr zu werden oder zur eigenen Unterhaltung oder ganz einfach nur so, aus reinem Übermut), so bot sich zudem die vortreffliche Gelegenheit, anatomisch-morphologische Studien zu betreiben, sprich den Bewegungsablauf der am Gesang beteiligten Gesichtspartien zu beobachten und zu überwachen. Auf diese Weise hatte Fritz sein Sängertalent entdeckt.

Ich aber zog wieder zurück zu den Eltern, wo man, nachdem mit dem Ende des Krieges der äußere Frieden eingekehrt war, dabei war, sich auch innerlich wieder friedlich einzurichten.

Fünf Jahre schlugen wir uns, nach Vaters Heimkehr, noch mehr schlecht als recht durch, wie zuvor schon geschildert. Das war die Zeit der Wiederbelebungsversuche der bereits in den 1930er-Jahren aufgegebenen Landwirtschaft und die Zeit der behelfsmäßigen Gartenbauversuche.

Zwei Jahre nach Vaters Rückkunft war Währungsreform. Dies war für einen Erstklässler nicht nur ein denk- und merkwürdiges, sondern mehr noch ein unfassbares Ereignis.

Wie konnte es angehen, dass der überwiegende Teil der Bevölkerung, von heute auf morgen, für etliche Wochen ohne nennenswertes Bargeld war? Denn das Kopfgeld pro Person von 40 DM der Bank Deutscher Länder war ja so wenig, dass es quasi nur als Muster dienen konnte.

Mir wurde, am letzten Tag der Gültigkeit der alten Währung, ein 20-Reichsmark-Schein in die Hand gedrückt, was mir ganz und gar ungeheuer vorkam, zumal diese unglaubliche Übergabe mit dem Kommentar verbunden war, ich könne mir dafür kaufen, was ich wolle. Fast noch erstaunlicher war, dass mich dieses paradiesische Angebot auch keine Minute überlegen ließ oder in Gewissensnöte gebracht hätte, was das denn nun sein könnte für die 20 Mark.

Schnurstracks lief ich – die Auswahl der Läden war ja, zum Glück, wahrlich nicht als nennenswert zu bezeichnen – zu einer Haushalts- und Eisenwarenhandlung. Wie groß war da doch meine Verwunderung über die, wie von Geisterhand gezauberte, Vielfalt des Schaufensterangebots. Gestern war vielleicht ein Drittel davon ausgestellt gewesen.

Nahezu genau inmitten dieser wunderbaren Anhäufung, gleichsam als optischer Dreh- und Angelpunkt, als Krönung der Garnierung, stand ein kleines buntes Holzschiffchen. Es hatte in etwa die Größe einer Erwachsenenhand, war, samt Aufbauten, nach Kutterart gebaut und in milden, aber satten Farben angemalt. Hier lag die nie für möglich gehaltene Erfüllung einer lange, heimlich gehegten Sehnsucht zum Greifen nahe!

Da wollte mich, mit einem Mal, eine tiefe, verzweifelte Verzagtheit packen, dass mein Geld für diesen ungeheuren Luxus nicht reichen möge und das ganze unfassbare Glück sich auf der Stelle in nichts auflösen könne.

Mit zittrigen Knien erklomm ich die Stufen und versuchte mich in dem weitläufigen Laden zu orientieren. An diesem Tag war hier eine Menge los. Und so wollte es der Zufall, dass ein Schulkamerad meines Bruders (jetzt sind beide Grabnachbarn) seinem Vater heute beim Verkauf assistieren durfte. Das erleichterte die Sache ungemein. Mutig geworden, ließ ich meinen Wunsch verlauten, der Junge verschwand im Nebenraum und kehrte nach Kurzem mit einer kleinen grauen Pappschachtel zurück, die beim Öffnen das Geheimnis ihres in zartem Papier eingewickelten Inhalts offenbarte. Von freudigem Schrecken erfasst, wagte ich erst gar nicht, nach dem Preis zu fragen, ging mit ihm zur Kassenschublade und vernahm den schier unglaublichen Preis von etwa einem Drittel der Summe, die man mir so großherzig überantwortet hatte. Da überfiel mich ein weiteres Mal eine heillose Verwirrung, denn ich hatte von dieser einmaligen Gelegenheit nur einen kleinen Teil genutzt und kam, zur Verwunderung der Mutter, mit dem überwiegenden Teil der Barschaft wieder nachhause; des Geldes, mit dem wir am nächsten Tag und noch eine ganze Weile länger spielen sollten, weil es plötzlich nichts mehr wert war.

Als dann die sonderbare neue Währung ausgeteilt war und uns erstmals zu Gesicht kam, bedurfte es einiger kurioser Annäherungsversuche, bis ein gewisser Stand der Vertrautheit erreicht war.

Ein famoses Beispiel dafür war der Sonntagsspaziergang, den ich in diesen Tagen mit einem jungen Liebespaar unternahm. Traditionsgemäß drehten junge Menschen dieser außerordentlichen Verfassung ihre Runden am Hausberg, zu dessen Füßen, im Halbradius, ein lauschiger Weg mit etlichen Bänken verlief: die im Volksmund wohlweislich spöttelnd geheißene „Seufzerallee". Doch war dieser Parcours üblicherweise vornehmlich den weniger hellen Stunden des Tages (und meist der Sommertage) vorbehalten und selbstverständlich auch den Stunden der ausschließlichen Zweisamkeit.

Um eine solche handelte es sich hier allerdings nicht; es war eher, wenn ich mich recht entsinne, ein strahlender Spätfrühlings- oder Frühsommertag, wie man will. Unser Ziel war das den Hausberg krönende Kriegerdenkmal, das auf einem steilen Pfad zu erreichen war. Dieses Denkmal beim Eichenhain, das man, mit seinem Turm und seiner Aussichtsplattform, schon als Bauwerk ansprechen kann, macht durchaus Eindruck (welchen auf wen, wollen wir dabei mal dahingestellt sein lassen).

Schon Goethe wusste: „Die Schönheit liegt im Auge des Beschauers."

Zu den seit 1933 für jedermann zu erkennenden Kriegsvorbereitungen (auch den indirekten in nichtmilitärischen Bereichen, wie z. B.

Luftschutz, Feuerwehr, Erste-Hilfe- und Krankenpflege-Ausbildungen usw.) hatte, zynischerweise, auch der Bau von Kriegerdenkmälern gehört – hier wie anderswo. Dabei ging es nicht nur um die allgemeine nationale Stärkung von Wehrwillen und Opferbereitschaft, sondern auch um ganz schlichte, naheliegende, praktische Bedürfnisse.

Platz für die Gefallenentafeln des geplanten, kommenden, neuen Weltkrieges war bereits neben denjenigen der Opfer des noch nicht lange zurückliegenden 1. Weltkrieges vorgesehen worden und inzwischen (wir schrieben jetzt das Jahr 1949), dank der Schaffung zahlreicher unfreiwilliger neuer Helden des 2. Weltkrieges, reichlich belegt worden. Die Kriegervereine hatten hier, bereits 1933, im wahrsten Sinne des Wortes, dem Hitler-Regime unauffällige und kompetente Schützenhilfe geleistet; schließlich zierte ja das Eiserne und nicht das Hakenkreuz die Decke des irgendwie sakral wirkenden Baues. (Verzeihung! Ob die Geistlichen beider Konfessionen bei der Einweihung wohl in das dreifache „Heil!" des Bürgermeisters auf den Führer einstimmten?) Wie dem auch sei: Auf uns Kinder wirkte das Denkmal damals, schon rein perspektivisch, durchaus monumental!

Bevor ich jedoch weiter abschweife, wollen wir zum Spaziergang und zur Währungsreform zurückkehren.

Besagtes Paar bestand aus einem einheimischen Mädchen und einem jungen Ungarn, den die Kriegswirren hierherverschlagen hatten. Wenngleich ihm, nach überstandenem Fronteinsatz, ein Unfall mit einem Pferdefuhrwerk ein Bein gekostet hatte, so war er doch ein temperamentvoller, sympathischer und vor allem überaus fleißiger junger Mann geblieben. Das Mädchen hatte irgendwie bei uns ausgeholfen, und als sich eine stärkere Bindung zu dem Ungarn ergab, hatten wir die beiden der Einfachheit halber bei uns, in den Mansarden unterm Dach, einquartiert. (Jahre nach dem Krieg verkauften ihnen die Eltern einen größeren Streifen des Grundstücks hinter dem Haus, wo sie sich später wohnlich niederließen.)

Der junge Mann zog also, halbwegs vor der Anhöhe, einige der neuen 50-Pfennig-Scheine und 1-Mark-Scheine, die es damals anfangs gab, hervor und ließ sie im Übermut mit dem leichten Frühlingssäuseln davonfliegen. Seine Freundin versuchte vergeblich, das Geld zu erhaschen, was ihn nur zu neuen Flugversuchen anstachelte, bis sie in Schimpfen und Vorhaltungen verfiel. Da erst hielt er lachend ein.

Noch heute, muss ich sagen, bin ich beeindruckt von der Unbekümmertheit und der erfrischenden materiellen Verachtung, die dieser wirklich total unvermögende Mann damals vorführte, und sei es nur aus jugendlichem Leichtsinn gewesen.

Auf eine andere Art kurios war eine Nachlese zu diesem Kapitel der Geschichte, die zwei Jahre später stattfand.

Mein Vater erhielt nämlich aus seiner ehemaligen Heimatstadt die Mitteilung einer Bank über ein dort für ihn bestehendes Sparkonto. Weiter war von ergangenen Aufrufen, Fristen und Versäumnissen die Rede. Beigefügt war ein Kontoauszug, der besagte, dass nach der Geldabwertung aus ehemals etlichen tausend Reichsmark jetzt ein paar hundert D-Mark geworden seien. Wie zum Hohn wurde noch die Frage nach der Weiterführung oder Auflösung des Kontos gestellt.

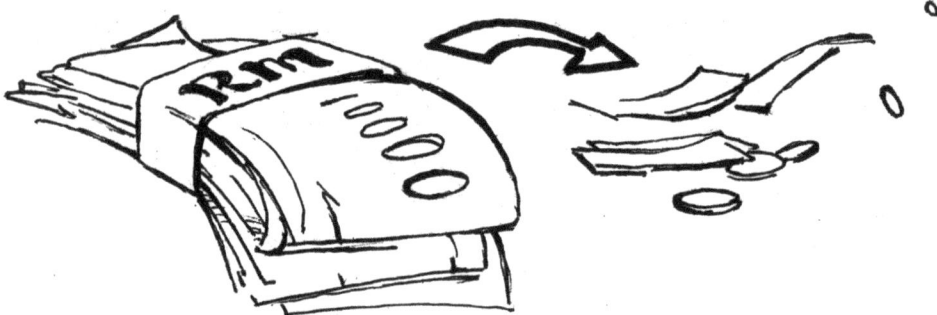

Wie sich bei anschließenden Nachforschungen herausstellte, handelte es sich bei diesem Geld um solches, das der Großvater väterlicherseits für unseren Vater angelegt hatte, allerdings ohne dessen Wissen, zur Überraschung sozusagen. Die Überraschung war gelungen!

Nachlesen gab es jedoch nicht nur zur Währungsreform, sondern, für uns Kinder von gefährlichem Reiz, auch zum erst kurz zurückliegenden Krieg.

War in den ersten Nachkriegsjahren der Besitz von Waffen und Munition für Zivilisten noch unter schwere Strafandrohung gestellt, so war die Situation doch bald schon eine ganz andere.

Die Franzosen hatten ihre Soldaten aus den vielen kleinen Stützpunkten der ländlichen Gebiete zurückgezogen und nur noch in den Garnisonen der größeren Städte oder Städtchen konzentriert, wo ja auch, im Gegensatz zum flachen Lande, ehemalige deutsche Kasernen die benötigten Quartiere boten.

Was jetzt noch an Kriegsmaterial herumlag und -stand, war gewissermaßen herrenlos. Das heißt, es hatte so lange keinen Herren, bis wir Buben es ausfindig gemacht und vereinnahmt hatten.

Was war das und wozu konnten Jungs, von neun bis dreizehn, so etwas gebrauchen? Nun, diese Fragen sind schnell beantwortet.

Es konnte sich bei diesem militärischen Strandgut um Kriegsgerät jeder Art handeln und gebrauchen konnten wir das alles ganz einfach zum Spielen. Schließlich hatten wir ja in der Regel kaum Spielsachen, außer denen, die die Natur uns lieferte. Und da besagte Kriegswaren überall, in Wald und Flur, zu finden waren, sahen wir sie als natürliche Bestandteile unserer Reviere an, gleich den Ruten, die wir uns vom Haselstrauch schnitten, der Borke, die wir von den Kiefern lösten, den verrosteten Loren im Steinbruch oder den Fischen und Krebsen im Fluss.

Andere sammelten so etwas, um es dem Altmaterialhändler zu verkaufen, aber das war töricht, denn selbstverständlich nahm der keine Munition an, und schon gar nicht von Kindern!

Als wir alt genug waren, uns für solche Dinge zu interessieren, war allerdings das meiste schon beseitigt, jedenfalls soweit es sichtbar, leicht zugänglich und seine Lage auch bekannt war. Wir konnten zu dieser Zeit nicht mehr konkurrieren mit der Generation meines Bruders, der, zusammen mit seinen Spielkameraden, eines Tages eine wachsfarbene, mumifizierte Hand mitgebracht hatte, die aus dem amerikanischen Panzer stammte, der, noch in den letzten Kriegstagen, am Bahnhof vom Projektil einer deutschen Panzerfaust getroffen worden war. Und wir fanden auch, dank der Gnade unserer späteren Geburt, keine solche Panzerfaust mehr, um damit zu schießen und, wie bei den Kameraden meines Bruders geschehen, einen hinter dem Rohr stehenden Beobachter, mit der Stichflamme des Rückstoßes, lebensgefährlich zu verbrennen.

Unsere Funde stammten, wie gesagt, ausschließlich von draußen, aus dem Gelände.

Viel Gewehr- wie auch Maschinengewehrmunition vom gleichen Kaliber sowie Handgranaten fanden wir in den Flüssen und Bächen, wohin sie die geschlagenen deutschen Soldaten geworfen hatten, desgleichen ein Seitengewehr, Gasmaskendosen, Helme. Im Wald fanden wir ein französisches Seitengewehr, eine Maschinenpistole und ein Maschinengewehr, das noch auf seinen Klappbeinen in Stellung stand. Selbstverständlich war alles stark verrostet. Auffallend war, dass bei allen Handfeuerwaffen die Schlösser fehlten.

An dieser Stelle erinnere ich mich auch, dass mein Vater einmal, während des Krieges, als vermisst galt. Man schickte über das Rote Kreuz seine bescheidene persönliche Habe von der russischen Front nachhause. Meine Mutter wunderte sich, warum sich darunter ein Mechanismus befand, der ihr von Kundigen als Pistolenschloss erklärt wurde.

Verbandskasten fanden sich an den abgelegensten Stellen, irgendwo im Gestrüpp, aber auch einzelne, abgerissene Uniformknöpfe, Koppelschlösser, vermoderte Uniformteile und sogar Knochen, deren mögliche menschliche Herkunft uns jedoch fraglich war. Des Weiteren gab es bizarr geformte, mörderisch aussehende Eisenfetzen von Bombensplittern, Kochgeschirre, Riemen, Schnallen, Münzen, Schuh- und Gamaschenteile.

Zu den selteneren Funden gehörten noch gebrauchsfähige amerikanische Konserven und ein Haufen unverbrannter Kohlen von einem verlassenen Biwak.

Recht unscheinbar wirkten die Blindgänger der berüchtigten Stabbrandbomben, die wir zwischen den Dachsparren entdeckten. So stellte sich unser Glück noch im Nachhinein heraus. Doch waren uns diese Funde nicht geheuer und wir übergaben sie einem Sprengkommando.

Übrigens ist es noch gar nicht so lange her, dass wir immer noch ein solches heimtückisches Überbleibsel, wieder zwischen den Dachsparren, fanden. Da es im Dorf ja schon lange keine Polizeistation mehr gibt, packten wir den achteckigen dicken Stab, der eher nach einem verlegten Maschinenteil aussah als nach einer aus dem Flugzeug abgeworfenen Bombe, in Zeitungspapier und nahmen ihn mit in die Stadt. Als wir dem jungen Polizisten auf dem nächstbesten Revier erklärten, um was es sich bei dem mitgebrachten Gegenstand handele, stieß er sich erst einmal mit seinem Rollstuhl heftig von der Theke weg, auf die wir das Ding gelegt hatten.

Die Gewehrmunition, die wir damals fanden, oft noch in langen Maschinengewehrgurten gefasst, machte den Löwenanteil der ganzen Hinterlassenschaft aus und wir verarbeiteten sie ausnahmslos auf die gleiche Art. Wir brachen das Geschoss aus der Hülse und sammelten so pfundweise das Schwarzpulver der Treibladung.

Noch heute ist mir der unverkennbare Geruch in Erinnerung: schwefelig sauer, ein wenig stechend und irgendwie schon im Voraus ein wenig brenzlig. Das meiste Pulver verbrannten wir freilich mit gewaltiger, doch relativ harmloser Stichflamme. Einen Teil verbrauchten wir für unsere Sprengversuche im Steinbruch, wo wir uns auf diese Weise eine Höhle schaffen wollten. Doch war, trotz der in einem anderen Steinbruch gefundenen Zündschnüre, das Ergebnis weniger als bescheiden, weil die Dämmung unzureichend war. Erfolgreicher waren da schon unsere Schussversuche mit einer selbstgebauten Kanone. Diese bestand aus einem konischen, dickwandigen Zementrohr, wie es für Abwasserführungen gebraucht wird. Am weiteren Ende war es mit einem kunstvoll gearbeiteten Holzpfropfen verschlossen, durch den eine Bohrung führte. Das Rohr war mit Ketten schräg nach oben auf einer Lafette befestigt, die aus der Hinterachse eines alten Handwagens bestand. Geschossen wurde damit denkbar einfach. Von vorn wurde Schwarzpulver ins Rohr geschüttet und dann mit nassem Zeitungspapier, oder auch alten Sackfetzen, fest zugestopft. Durch die Bohrung am Ende wurde eine Zündschnur geführt und angezündet. Das rumste respektabel! Und rauchte! Und stank!

Als unsere Schwarzpulvervorräte zur Neige gingen, erwies dieses Geschütz erst so richtig seine Vielfältigkeit, denn wir stellten den Betrieb ganz einfach auf Karbid um.

Weitaus gefährlicher und deshalb selten geübt, war das Abfeuern der Infanteriegeschosse ohne Waffe, also von Hand. Dies gelang mittels einer seltsamen, jedoch zweckmäßigen Vorrichtung und Vorgehensweise.

An der Brücke zwischen Haus und Garten standen nämlich noch einzelne rostige Winkeleisen, an denen früher ein Maschendrahtzaun befestigt gewesen war, der Haustiere wie Kleinkinder daran hindern sollte, in den Fluss zu fallen.

Die zur Befestigung des Drahtes ins Winkeleisen gebohrten Löcher waren unsere Abschussbasis. Der kritische Punkt an der Geschichte war der Zeitpunkt der Zündung. Direkt mit Hammer und Nagel zu Werke zu gehen, wäre nicht ratsam gewesen, der Stichflamme und des Rückschlags wegen. Also gingen wir auf Distanz. Am Ende eines dicken Holzstieles befestigten wir, mit einer starken Schraube, seitlich eine schlanke Eisenpyramide, wie sie damals, einschließlich der zugehörigen Kabelschellen, zur Befestigung elektrischer Leitungen an der Wand dienten. Nun steckten wir das Geschoss mit dem verjüngten Teil der Patronenhülse in das unterste Loch des Winkeleisens. Dann setzten wir unseren selbstgebastelten Schlagbolzen (der in diesem Fall seinen Namen wirklich zu Recht trug) auf den Zündboden der Patrone und droschen, was das Zeug hielt, mit einem Fäustel auf das Holzende. Der Schuss peitschte, vielleicht anderthalb Meter über der Wasseroberfläche, flussabwärts in die gegenüberliegende Böschung!

Bei einem unserer Streifzüge erregte eine kleine Baugrube auf einem Bergrücken am Ortsrand unsere Aufmerksamkeit. Die nähere Inspektion ergab, dass der ausgehobene Erdhaufen eine Reihe nie gesehener Geschosse enthielt. Sie hatten recht große Hülsen, die mit auffälligen Stahlklammern an den komplizierten Geschossen befestigt waren. Die Geschosse selbst hatten eine stumpfe, wie abgeschnitten wirkende, aufgeschraubte Spitze, in die vorn eine flache Vertiefung eingelassen war. Wir tippten auf Aufschlagzünder und gingen deshalb mit größtmöglicher Vorsicht an die Sache heran. Uns war klar, dass das Geschoss selbst mit einem weitaus brisanteren Sprengstoff als Schwarzpulver gefüllt sein musste. Und was vom Aufschlagzünder zu erwarten war, besagte ja schon sein Name. Wegen der großen Schwarzpulvermengen in den Hülsen jedoch wagten wir, wenn auch unter Bedenken, die Munition mitzunehmen. Wohlweislich legten wir sie nicht direkt in unseren Unterschlupf im Erdgeschoss des Fachwerkhauses ab, sondern im Stockwerk darüber.

Dummerweise hatte aber einer unserer Kameraden, der jüngere der beiden ostpreußischen Brüder, seinem älteren Bruder von dem Fund erzählt. Dieser war zwar nur ein Jahr älter als der Älteste von uns, gehörte jedoch dem Kreis der Gefährten nicht an. Nun kam er mit seinem Bruder zu uns, um sein Interesse am brisanten Sprengstoff der Geschosse zu bekunden, den er auch gerne selbst entnehmen wollte, falls wir uns nicht getrauten. Doch gaben wir ihm abschlägigen Bescheid. Allerdings kannte er unser Versteck im baufälligen Haus, dessen Türriegel nur scheinbar mit einem Vorhängeschloss gesichert, dessen Bügel aber nur lose eingesteckt war. So hatten wir durchaus Befürchtungen, dass er sich auch ohne unsere Zustimmung Zutritt verschaffen könnte. Vorsichtig hatten wir aber, nach und nach, bei den meisten Geschossen die Hülsen vom eigentlichen Geschoss getrennt und das Schwarzpulver entleert.

Mittlerweile war es Spätsommer geworden. Es war die Zeit, in der die langen Kartoffelreihen „angehäufelt" und gejätet wurden, und mir gelang es auch dieses Mal wieder nicht, mich dieser aufwendigen Pflicht zu entziehen. Keiner der Freunde hatte derart viele häusliche Aufgaben zu erledigen wie ich, und so war ich darüber bisweilen recht niedergeschlagen, voller hilflosem Zorn. Meine Gefährten griffen mir aber des Öfteren hilfreich und wirklich kameradschaftlich unter die Arme, um mich doch wenigstens teilweise von dieser Fron zu befreien und an den gemeinsamen Unternehmungen teilhaben zu lassen. So auch an jenem Nachmittag, als eine heftige, dumpfe Explosion aus Richtung des Wohnhauses uns jäh aus unserer Kindheit hinausbombte.

Noch bevor eine dünne bläuliche Rauchsäule auf der anderen Seite des Hauses aus dem Hof aufstieg, war uns allen augenblicklich klar, was das zu bedeuten hatte. Wie so oft in Ausnahmesituationen kann man hinterher keinerlei Angaben über den weiteren Verlauf machen, weil das lähmende Entsetzen auch das Gedächtnis erfasst.

Nur noch so viel weiß ich: Ich stürmte als Erster davon, durch den Garten, über die Brücke, durch die Scheune, in den Hof.

Ein gespenstisches Bild bot sich. Drei Frauen standen, gleich einer starren Staffage, in weitem Kreis verteilt im Hofraum, der mit Schwaden schalen bläulichen Rauches erfüllt war. Dieser Rauch drang aus einer Türöffnung, deren Tür bis zum Anschlag geöffnet war. Mit dem Rauch tauchte langsam, endlos langsam, eine schemenhafte Gestalt auf, von der wir schon bei der Detonation gewusst hatten, wer es war.

Der ältere der beiden ostpreußischen Brüder wankte, leicht vornübergebeugt, aus der Ruine. Seine Arme hingen schlaff hinab. Der rechte Arm endete in einer blutigen, formlosen Masse. Am linken Arm war noch der Rest einer aufgespaltenen Hand zu erkennen, von der, an langen, schnurstarken Sehnen, Fingerstücke weit hinunterhingen.

Nur ein ganz leises Winseln, wie es Hunde von sich geben, kam über seine Lippen, während er in einem automatischen, schlaffen Trott scharf links schwenkte und, instinktiv, den Weg zur Wohnung seiner Eltern einschlug.

Auf grotesk-makabre Weise verstärkt wurde der mechanische Eindruck des Bewegungsablaufs durch die an den Sehnen baumelnden Fingerreste, die dem Ganzen einen marionettenhaften Eindruck verliehen. Der Schock ließ nur feine, aber scharfe Blutspritzer austreten und die Arme zuckten und schüttelten rhythmisch. Bevor er noch die Straße erreicht hatte, steigerte sich die Szene ins Infernalische.

Der kleine weiße Spitz der Nachbarin rannte wütend kläffend hinter ihm her und begann abgefallene Fingerglieder gierig zu verschlingen.

Das war das grausige Ende unserer eigentlichen Kindheit.

Epilog: *Der erste Kuss*

Der Übergang vom Kind zum Jugendlichen und schließlich weiter zum Erwachsenen ist unmerklich fließend, wie wir alle wissen. Die vorliegenden Jugenderinnerungen wurden, in ihrer Erstfassung, schon vor rund 25 Jahren aufgeschrieben. Es sei mir deshalb erlaubt, heute, kurz vor der Herausgabe, noch einmal einen abschließenden Blick zurückzuwerfen, der mit einem lachenden und einem weinenden Auge, dem besagten Hinübergleiten ins Erwachsenendasein gleichzeitig voraus wie auch hinterherschaut – mit aller Wonne und Wehmut, die dem letzten Kapitel von Haus aus innewohnt.

Als Siebzehnjähriger stieß ich hinter der Londoner Westminster Abbey auf eine touristisch wohl eher unbedeutende Sehenswürdigkeit: einen der zwölf Abgüsse der „BÜRGER VON CALAIS". Diese Fertigung des wohl bedeutendsten Werkes von Auguste Rodin ist ein Geschenk der französischen Stadt Calais an die Stadt London. Ich muss mich dort wohl recht lange aufgehalten und die eindringlichen, ausdrucksstarken Mienenzüge der dargestellten sechs Geiseln studiert haben, die in tiefster Verzweiflung den Schlüssel der Stadt an die englischen Invasoren übergaben, wobei sie den englischen König um Verschonung ihrer Stadt von den angedrohten Schrecken der Plünderung, Brandschatzung, Zerstörung und des Mordens anflehten. Übrigens hatten 1940 auch die Deutschen Calais besetzt. Dieses Mal jedoch war, im Gegensatz zu 1347, keine englische Königin als Fürsprecherin der Bürger zur Stelle, so dass die Stadt im weiteren Kriegsverlauf letztlich doch stark zerstört wurde.

Der beißende Pulverdampf meiner kriegerischen Jugend auf dem Kontinent hatte sich schon leidlich verzogen, und auch die Flut der kindlichen, ländlichen Erinnerungen war, im endlosen Häusermeer der gewaltigen Stadt, unter dem stetigen Regen verebbt und im dichten Nebel verschwommen.

Zu meinem Schulwissen von zuhause hatte Rodin nicht gehört. Im Bookshop der National Gallery, am Trafalgar Square, erstand ich deshalb ein schmales Rodin-Bändchen, das ich schließlich auf den Stufen des Brunnens mit der Eros-Figur (nomen est omen), am Picadilly Circus, dem Mittelpunkt der Stadt, zu studieren begann. Der kundige Leser ahnt es vielleicht schon: Die berühmte Skulptur „DER KUSS" sprang mir vom Papier mitten ins Herz, wo sich augenblicklich, erdrutschartig, ganze Gefühlsgebirge murengleich lösten und meine Gegenwart an diesem Ort unter den Erinnerungen an ein fernes deutsches Dorf auf einen Rutsch verschütteten. Vor mir erschien das Bild eines großen schlanken Mädchens, mit weit über die Schultern fallendem, braunem Haar und feinen, ebenmäßigen, anmutigen Gesichtszügen.

Der aufmerksame Leser wird sich jetzt eventuell fragen, wo plötzlich die Mädchen herkommen in diesen Geschichten. Fast nie war die Rede von ihnen gewesen, außer im Kapitel „DIE ENTDECKUNG". Und es wird ihm vielleicht gehen wie dem Mann, der seinem Freund berichtete, gerade „DAS KAPITAL" von Karl May zu lesen. Worauf dieser stutzte: „Du meinst wohl Karl Marx?" – „Ach", meinte der Erstere, „jetzt verstehe ich auch, warum so wenige Indianer darin vorkommen."

Nun, die Sache ist ganz einfach die, dass seit dem vorletzten Kapitel die wenigen fehlenden Jahre vergangen waren, die noch zwischen der Kindheit und dem Alter des Heranwachsens lagen.

Sicher hatte es bis dahin schon die eine oder andere kleine Liebäugelei oder auch Schwärmerei gegeben. Apropos Liebäugelei: Ein solcher bescheidener Annäherungsversuch war einmal buchstäblich ins Auge gegangen. Nicht nur mir war eine hübsche, zierliche und quirlige Mitschülerin aus dem nahen Kreisstädtchen angenehm aufgefallen. Auf dem Heimweg von der Schule verwickelte ich dieses Mädchen, mit weiteren Mitschülern und -schülerinnen, in eine Schneeballschlacht auf dem Brachgelände der zerstörten Synagoge. Es wurde viel gelacht und auch geflirtet, aber dann passierte es: Einer meiner Schneebälle traf das liebe Kind voll aufs Auge, wonach auch kein noch so tröstlicher Zuspruch mehr half, ihre Ungnade zu besänftigen.

Die Erinnerungen, die Rodin so stürmisch in mir geweckt hatte, führten mich zurück nach Deutschland, in stimmungsvolle Herbst- und Winterabende, wenn ich meine Süße, Schöne von zuhause abholte, zu dem einen oder anderen verträumten Gang. („Sie gehen miteinander", sagt man.) Zu jener Zeit waren die ersten körperlichen Annäherungsversuche wohl um einiges schüchterner als heute, nicht zuletzt auch wegen des Mangels an Orten, wo diese passender und bequemer hätten ausgedehnt und vertieft werden können. So erschöpfte sich manche stille Leidenschaft in der distanzierten Bewunderung der oder des Angebeteten. Wenn ich zum Beispiel zu früh gekommen (wohl weil ich es kaum erwarten konnte, sie zu sehen), sie in geheimer Verzückung beim ausdauernden Bürsten und Kämmen ihrer wundervollen Haare beobachtete oder beim Putzen ihrer makellosen Zähne. Obwohl ihre häuslichen Verhältnisse recht bescheiden waren, verstand sie es stets, mit der geringfügigen Vielfalt ihrer Garderobe einen gewissen Chic und Charme zu kreieren, der immerfort zusätzliches Öl in das lodernde Feuer meiner zärtlichen Zuneigung goss.

Einmal verabredeten wir uns mit Janos, und er und ich verfielen auf die Idee, als Mutprobe für das Mädchen, uns in der winterlichen Dunkelheit auf dem Friedhof zu treffen – zu bestimmter Zeit, an bestimmtem Ort. Eigentlich war ja das Betreten des Friedhofs nach Einbruch der Dunkelheit untersagt. Nun wussten wir Jungs allerdings, dass gleich in der Nähe des rückwärtigen Eingangs eine etwas überlebensgroße, leicht stilisierte Madonnenfigur ein Grab bewachte. Und jene ragte, bei entsprechenden Lichtverhältnissen, unvermittelt vor dem arglos Eintretenden auf, wohliges Schaudern bis lähmenden Schrecken verbreitend! So auch hier! Während ich, seitlich verborgen, das Eintreffen der mutigen Maid erwartete, war diese, sich langsam im Dunkeln orientierend, schon in Sichtweite der respektablen Madonna geraten und stieß, erwartungsgemäß, einen leisen spitzen Schrei aus. Und schon war ich, wie aus dem Erdboden gezaubert, zur Stelle, umfasste sie zärtlich, mit beruhigenden Worten, die alsbald in einem innigen Kuss untergingen – der vielleicht nie geendet hätte, wenn

Janos nicht, vom entgegengesetzten Haupteingang des Friedhofs her, zu uns gestoßen wäre.

Ich hatte ihr noch eine Reihe glühender Liebesbriefe aus England geschrieben, aber nur einmal kam eine Antwort zurück.

Zwar gab es in meinem Reisepass einen ganzseitigen Eintrag: „... is not allowed to take up any employment, paid or unpaid ..." (zu deutsch: ein Beschäftigungsverbot), aber, so damals wie heute, es fanden sich Wege.

Bald lernte ich zwei junge Männer kennen, deren Wohnungen und „Geschäftssitz" sich in einem der ehemaligen königlichen Marställe, den „mews", am Radnor Place beziehungsweise in einer Straße am Holland Park befanden.

Die beiden waren schier grenzenlose Tausendsassas, was meine uneingeschränkte Bewunderung ihrer unglaublichen Fähigkeiten stets aufs Neue steigerte. Der Wahnsinn! Sie gaben schulischen Nachhilfeunterricht in verschiedenen Fächern, sie waren versierte Babysitter, sie restaurierten Porzellan und stellten selbst, in einem Brennofen, die typischen, altmodischen englischen Teetassen (oder besser -humpen) aus Keramik her, die, auf schmalen Sockeln stehend, sich glockenförmig nach oben erweiterten. Sie gaben Klavierunterricht, malten und zeichneten großartig und, ein Hauptgeschäft: Sie fertigten Sandwiches, die sie mittags an die Berufstätigen ihrer näheren und weiteren Umgebung, im Londoner Westen, frei Haus lieferten.

Mich, als schon außerirdisch unerfahrenes Landei, in diesem sprühenden Kosmos nicht enden wollender Kreativität und Einsatzfreude nur ansatzweise integrieren zu wollen, schien mir, als bemühe man sich, einem Stummen Gesangsunterricht zu erteilen – eine wahrhaft titanische Aufgabe von schöpferischen Ausmaßen!

Nun, ich tat, was ich konnte, und mit der Zeit gelang auch, erstaunlicherweise, das eine oder andere und so immer ein wenig mehr, ganz nach der englischen Weisheit:

A specialist is a man, who learns more and more, about less and less, until he knows everything about nothing. Zu deutsch: Ein Spezialist ist ein Mann, der mehr und mehr über immer weniger und weniger lernt, bis er schließlich alles über nichts weiß.

Ich formte Teetassen auf der Töpferscheibe, bemalte, glasierte und brannte sie. In der Sandwichküche entwarf ich neue Kreationen, die ich mit einer uralten Schreibmaschine auf unsere wöchentlich wechselnde Angebotsliste setzte. Die telefonisch bestellte Ware lieferte ich per Fahrrad, mit großem montiertem Metallkorb, direkt an die Kunden: in die Büros, die kleinen Geschäfte und Läden oder auch an Privatadressen – im dichtesten Linksverkehr der Londoner Innenstadt, durch Smog, Nebel und Regen, mit jeder Menge Kreisverkehr. Als wichtigste Geschäftsgrundlage galten, bei allen Einsätzen und jedem Wetter: Schlips und Jackett!

Mit Gerald, mit dem ich mich besonders angefreundet hatte, wurde es nie langweilig, auch abseits von Alltag und Arbeit. Mir ging es wie Alice im Wunderland: Jeder Tag ein neues Erleben!

Er hatte sich einen gebrauchten Motorroller gekauft und startete, tollkühn nach Landesart, ohne jegliche Kenntnisse sowohl im Gebrauch dieses Geräts als auch der englischen Straßenverkehrsordnung. Das große L-Schild am Heck (L wie Learner = Anfänger) genügte damals, um sich mit Schwung kaltblütig in den heftigsten Verkehr zu mischen. Was, selbstredend, natürlich nicht ohne allerlei Probleme und Schwierigkeiten ablief.

Das ging los an der ersten roten Ampel, wo er das Ding nicht zum Halten brachte und einfach weiter über die Kreuzung fuhr. Schließlich stemmte er sich bei jedem Zwangshalt, nach Art eines die doppelte Blutgrätsche praktizierenden Fußballers, beide Beine nach vorn ausgestreckt, gegen den Boden und hinderte auf diese Weise das Gefährt an der unerwünschten Weiterbewegung. Wir fuhren zügig (ich auf dem Sozius) stadtauswärts, Richtung Kew Gardens, wo das Gelände bald kräftig anstieg. Schließlich wurde das Gelände so steil, dass selbst der Vollgasanschub, mit der Maximalgeschwindigkeit von annähernd vierzig Meilen, als Anlauf nicht mehr genügte. Das Zweirad kam zum Stehen, bäumte sich mit dem Vorderrad wie ein wild gewordener Hengst auf und wir purzelten nach hinten auf die Straße, helmlos sowieso.

Bei einer anderen Gelegenheit fuhren wir entlang der Themse, stromaufwärts, schon ein ganzes Stück außerhalb Londons, wo sich der Fluss bereits schmäler und ruhiger, mit romantischen Uferpartien präsentiert. Wir hatten Skizzenblöcke, grundierte Leinwände und unser Malzeug mitgenommen und bezogen auf einer schmalen Metallbogenbrücke Position. Wie wir nun schon länger, in eifriger Versunkenheit, so vor uns hin gewerkelt hatten – wobei Gerald freilich weitaus schneller vorankam als ich –, tat es einen unerwarteten Windstoß und blies seine Leinwand, schwuppdiwupp!, vom Geländer, wo sie auf einem kleinen Ständer aufgestellt war, in den Fluss. Wir eilten hinunter, riefen einem Mann, der zwischen den Kähnen und Nachen am Ufer hantierte, zu, dass wir ein kleines Ruderboot leihen müssten, und setzten damit dem davontreibenden Bild nach. Als wir es endlich eingeholt und herausgezogen hatten, bot sich uns ein, für meine Begriffe, faszinierender Anblick: Das Wasser der Themse hatte aus den noch frischen Ölfarben einer naturalistischen Darstellung ein perfektes impressionistisches Meisterwerk gezaubert! Nein, ganz im Ernst, ich hätte mir vorstellen können, dass so mancher Experte, ohne Zögern, in diesem Werk Claude Monet erkannt hätte! War er nicht der Meister des Wassers gewesen, der, nahezu völlig losgelöst von jeder Gegenständlichkeit, „nichts als flüchtige Reflexionen auf dem Wasser" malte (wie es noch voriges Jahr, anlässlich einer großen Ausstellung seiner Werke in Paris hieß)? Leider konnte mein Freund jedoch meine begeisterte Interpretation nicht teilen und war, ob des Missgeschicks, so erzürnt, dass es mir nicht gelang, ihn dazu zu bewegen, mir das außergewöhnliche Stück zu überlassen. Vielmehr kreuzte er das Bild, in wildem Grimm, mit zwei dicken Pinselstrichen über die gesamte Fläche durch.

Man sieht, wir hatten es nicht immer einfach miteinander. Enttäuscht war er auch, als, bei der Wahl eines von ihm mir angebotenen Klaviervortrages, diese auf Chopin fiel. Das war wohl eher nicht sein Geschmack.

Auch seine Versuche, mich in die Geheimnisse der Weissagung per Kristallkugel einzuführen, verliefen nicht zu seiner vollsten Zufriedenheit, weil es mir nicht gelingen wollte, meine leise Belustigung diskret genug zu verbergen.

Nun, wenn er sich wieder gefasst hatte, renkte er dafür alles wieder ein, mit den unglaublichen Kunststücken, Theaterkarten für Vorstellungen zu besorgen, die bereits seit fünf Jahren ausverkauft waren, wie zum Beispiel die Musicals „My Fair Lady" oder „West Side Story".

Während dieser Zeit lernte ich auch ein Mädchen aus Norddeutschland kennen, das in London einige Zeit als „Au-pair-Girl" verbrachte.

Sie war ein sommersprossiges, munteres, rühriges und unternehmungslustiges Geschöpf, das stets gute Laune verbreitete und eine gewisse Begabung dafür besaß, mögliche Belastungen durch unnötige gedankliche Tiefgänge geschickt zu vermeiden; wenngleich das Mysterium des ersten Kusses bereits der Vergangenheit angehörte, damals.

Vor nicht allzu langer Zeit bin ich dem Mädchen mit dem langen braunen Haar völlig unerwartet wiederbegegnet. Während ich in meinem Heimatdorf, in das ich nun, als alter Knabe, im Ruhestand wieder zurückgekehrt bin, im Garten arbeitete, sah ich eine auffallend hübsche und elegante Frau einen Rollkoffer den Weg hinter der Gartenhecke entlangziehen. Das kann doch nicht sein, dachte ich, das ist doch ... oder etwa nicht? Rasch trat ich durch die schmale Pforte hinaus, in meinem rustikalen Aufzug, den Rechen noch in der Hand, lief hinterher und fragte ganz einfach: „Kann es sein, dass Sie ...?" – „Ja, das bin ich", war die Antwort, „und du bist der ..." Sie war immer noch von außergewöhnlicher jugendlicher und gewinnender Ausstrahlung, zwei Jahre jünger als ich – niemals hätte man das vermutet. Sie befand sich in Begleitung eines Verwandten und erzählte, dass sie schon länger geschieden sei und im Augenblick ihre hochbetagte Mutter hier besuche.

Wir umarmten uns, wie damals, vor über fünfzig Jahren auf dem Friedhof, eine Ewigkeit lang, wie mir wieder schien, wenn auch ohne Kuss. Der erste Kuss war, in diesem Falle, der letzte gewesen. Dann gingen wir wortlos auseinander.

Ihr letzter Freund hier war der unglückselige Junge aus dem vorhergehenden Kapitel gewesen, sagte sie mir noch. Dann hatte sie, blutjung, einen amerikanischen Soldaten geheiratet und war mit ihm in die Staaten gezogen.

DANK

sage ich, für die Hilfestellung bei der Textverarbeitung, meiner Frau Roswita, meiner Tochter Susi und insbesondere Christa Thalheimer, für ihren stets geduldigen und hilfreichen Beistand.

War die Erstfassung 1987 noch eine tatsächlich handschriftliche, also ein wirkliches Manuskript gewesen, so ergab sich freilich, beim stetig rasanter werdenden Veränderungstempo der Datenverarbeitung, mehrmals die Notwendigkeit, das Ganze auf den jeweils aktuellen Stand der Technik zu übertragen. Zuletzt besorgte dies, so kompetent wie selbstlos, Karl Julius Giloi, dem an dieser Stelle ebenfalls herzlich gedankt sei.

Dank sage ich aber auch allen Jugendfreunden und -gefährten für die wunderschönen Tage und Jahre, die sie, fantasievoll und tatkräftig, mit mir zu einem unvergesslichen Erlebnis gestaltet haben, zu einem Schatz des Lebens und für`s Leben.

Großen Dank, nicht zuletzt, meinem Freund Uli Giloi, für die Unterstützung bei der Herausgabe der Erinnerungen und die hilfreichen Gespräche in diesem Zusammenhang.

Ihm gebührt vor allem das Verdienst das Ganze, trotz fast 25-jähriger Ruhepause der Erstniederschrift, mit dem ihm eigenen Beharrungsvermögen, doch noch zur Realisierung getrieben zu haben.

Unverhoffte Hilfestellung wurde mir schließlich durch meinen Freund Wolfgang Seipenbusch zuteil, der „eigentlich nur die Illustrationen der Erzählung beisteuern sollte." Mit bewundernswertem Fleiß und unermüdlicher Ausdauer, arbeitete er bei dieser Gelegenheit „so nebenher" den gesamten Text nochmals formal auf, was Anlass zu zahlreichen, kleinen sprachtechnischen Verbesserungen und Korrekturen gab. Seine ausgeprägte Einfühlsamkeit führte dann auch zu pointierten, oft hintersinnig-verschmitzten Visualisierungen, die dem Text deutlich Leben einhauchen. So umfangreich, arbeitsintensiv und teils durchaus strapaziös unsere hierzu erforderlichen gemeinsamen

Sitzungen in seinem Atelier auch waren: sie blieben, stets auf`s Neue, im besten Sinne anregend und ein kreativer Genuss, der viel Freude bereitet hat.

Zuletzt hat Gunter Franck sich noch mit einer Durchsicht und, vor allem, mit Rat und Tat zur Herausgabe verdient gemacht.

Ganz allgemein sei, als Fazit der daraus resultierenden, bedenkenswerten, interessanten und hilfreichen Anmerkungen, Vorschläge, Wünsche und Ideen noch Folgendes gesagt:

Auf den Leser bezogen:

In dem für Lesefreunde sehr empfehlenswerten Buch des polyglotten Argentiniers Alberto Manguel (Berlin, 1998): EINE GESCHICHTE DES LESENS heißt es: „Wenn 100 Leute das gleiche Buch lesen, liest doch jeder ein anderes".

Der im Vorwort enthaltene Verweis auf anonym gebliebene Personen und Örtlichkeiten, hat dem Autor nicht wenig Kopfzerbrechen bereitet. Dies zumal Vorab-Leser auch den verständlichen Wunsch nach konkreten Angaben äußerten: für viele Schriftsteller kein seltenes Problem. Schließlich habe ich mich, nach langem Ringen, für die dsbzgl. Sicht des russischen Autors Iwan Sergejewitsch Turgenjew entschieden. Er beginnt die Einstimmung seiner wundervollen Erzählungen AUFZEICHNUNGEN EINES JÄGERS (1852) manchmal mit der Bemerkung: „Namen und Daten sind bedeutungslos für den, der das Leben in seiner Verschwendung liebt."

Auf den Autor bezogen:

darf vielleicht, mit gewissen Einschränkungen, der französische Schriftsteller Paul Lèautand (Pseudonym Maurice Boissard, gest. 1956) zitiert werden:

„Ein Schriftsteller hat Persönlichkeit, wenn man bei der Lektüre seines Buches an den Menschen denkt, der es geschrieben hat: Sei es im Guten oder Bösen, sei es voller Sympathie oder Antipathie. Persönlichkeit haben heißt: sich so auszudrücken, wie man ist – ohne sich darum zu kümmern, ob man gefällt, oder missfällt, ob man Zustimmung oder Ablehnung erntet, in erster Linie um des Vergnügens willen ..."

Und was der Autor weder soll, noch kann: Er kann nicht jedem Leser sein eigenes Buch schreiben. Der Autor hat sein Buch geschrieben. Jeder Leser hätte ein anderes geschrieben.

Und um noch ein allerletztes Mal auf die Anonymität der Orte und Personen zurück zu kommen, darf ich mich dem (vielleicht nicht allzu elegant formulierten) Nachwort von Cornelia Mörbels, in ihrem, auf einer historischen Begebenheit basierenden, Roman „GÄNSEKRIEG" (2012) anschließen: „Ich bitte alle Nachfahren der Figuren, die im Roman nicht gut wegkommen, um Verständnis."